铁路工程施工技术与工程项目管理研究

谢小山 编著

吉林科学技术出版社

图书在版编目（CIP）数据

铁路工程施工技术与工程项目管理研究 / 谢小山编著. -- 长春：吉林科学技术出版社，2019.8
 ISBN 978-7-5578-5883-4

Ⅰ.①铁… Ⅱ.①谢… Ⅲ.①铁路工程－工程施工－研究②铁路工程－基本建设项目－项目管理－研究 Ⅳ.①U215②F530.31

中国版本图书馆 CIP 数据核字（2019）第 167028 号

铁路工程施工技术与工程项目管理研究

编　　著	谢小山
出 版 人	李　梁
责任编辑	杨超然
封面设计	刘　华
制　　版	王　朋
开　　本	185mm×260mm
字　　数	360 千字
印　　张	16
版　　次	2019 年 8 月第 1 版
印　　次	2019 年 8 月第 1 次印刷
出　　版	吉林科学技术出版社
发　　行	吉林科学技术出版社
地　　址	长春市福祉大路 5788 号出版集团 A 座
邮　　编	130118
发行部电话/传真	0431—81629529　81629530　81629531
	81629532　81629533　81629534
储运部电话	0431—86059116
编辑部电话	0431—81629517
网　　址	www.jlstp.net
印　　刷	北京宝莲鸿图科技有限公司
书　　号	ISBN 978-7-5578-5883-4
定　　价	65.00 元

版权所有　翻印必究

编委会

主 编
谢小山 郑州铁路职业技术学院

前　言

随着社会的发展，越来越多的人开始关注铁路的安全，铁路是国家重要的交通运输和基础设施、是国民经济大众化交通工具。近年来，我国的铁路建设发展突飞猛进，进入了一个跨越式发展的新时期。然而在我国铁路面临大发展的同时，铁路工程施工管理方面的弊端却一直未得到根本消除。因此，探索铁路工程施工和工程项目管理的创新与变革，就显得十分迫切和必要。

我国铁路施工单位积累了丰富的施工经验。随着现代铁路施工需求的不断提高，新的铁路高标准设计及施工技术对施工方面的工作提出了新的要求。针对近年来铁路施工中新技术中存在的问题，加快相关施工中存在问题的整理与分析，对我国铁路建设质量的提高有着至关重要的意义。而且，铁路工程建设施工中存在的问题，对施工单位的成本、质量控制、施工人员控制、综合市场竞争力的提高有着重要的意义。

本书将通过路基施工、特殊土地区的路基施工、特殊条件下的路基施工、路基沉降观测与治理、轨道施工、铁路桥梁基础及墩台身施工、铁路桥梁预制法施工、铁路桥梁现浇法施工、铁路隧道施工、铁路隧道施工辅助作业、不良及特殊地质地段铁路隧道施工、工程项目管理等方面进行简要的阐述。

目 录

第一章 路基施工 ··· 1
第一节 路基施工基本概念 ··· 1
第二节 施工准备工作 ··· 4
第三节 土石方调配 ·· 6
第四节 路堤施工 ·· 10
第五节 路堑施工 ·· 12
第六节 路基边坡及挡土墙 ·· 14

第二章 特殊土地区的路基施工 ··· 22
第一节 软土地基施工概述 ·· 22
第二节 土质改良法 ·· 40
第三节 复合地基 ·· 44
第四节 多年冻土地区路基施工 ··· 53
第五节 裂隙黏土地区路基施工 ··· 56
第六节 盐渍土地区路基施工 ·· 59

第三章 特殊条件下的路基施工 ··· 64
第一节 崩塌地段的路基施工 ·· 64
第二节 风沙地区的路基施工 ·· 67
第三节 滑坡地段的路基施工 ·· 70
第四节 泥石流地区的路基施工 ··· 72

第四章 路基沉降观测与治理 ··· 76
第一节 路基土的变形特性 ·· 76
第二节 路基沉降的常见病害与防治 ······································· 78

第三节　路基的沉降与变形监测…………………………………………86

　　第四节　路基的沉降计算………………………………………………103

第五章　轨道施工……………………………………………………………107

　　第一节　轨道施工综述…………………………………………………107

　　第二节　有砟轨道施工…………………………………………………109

　　第三节　无砟轨道施工…………………………………………………114

　　第四节　道岔铺设………………………………………………………119

　　第五节　铺碴整道………………………………………………………122

第六章　铁路桥梁基础及墩台身施工………………………………………126

　　第一节　明挖基础施工…………………………………………………126

　　第二节　沉入桩施工……………………………………………………133

　　第三节　沉井基础施工…………………………………………………136

　　第四节　墩台身施工……………………………………………………138

第七章　铁路桥梁预制法施工………………………………………………141

　　第一节　钢筋混凝土简支梁制造………………………………………141

　　第二节　预应力钢筋混凝土简支梁制造………………………………143

　　第三节　简支梁的架设…………………………………………………148

第八章　铁路桥梁现浇法施工………………………………………………152

　　第一节　就地浇筑施工…………………………………………………152

　　第二节　逐孔施工法……………………………………………………153

　　第三节　悬臂法施工……………………………………………………155

　　第四节　顶推法施工……………………………………………………158

第九章　铁路隧道施工………………………………………………………161

　　第一节　隧道施工概述…………………………………………………161

　　第二节　隧道基本施工方法……………………………………………163

　　第三节　隧道施工爆破技术……………………………………………165

第四节　洞口施工························180

　　第五节　洞身开挖························184

　　第六节　隧道装、运渣······················186

　　第七节　支护工程························188

第十章　铁路隧道施工辅助作业····················192

　　第一节　通风与防尘························192

　　第二节　供　风··························196

　　第三节　施工供水与防排水····················198

　　第四节　施工供电与照明·····················202

第十一章　不良及特殊地质地段铁路隧道施工···············205

　　第一节　溶洞地段施工处置方法··················205

　　第二节　岩爆的处理························209

　　第三节　施工遇有流砂治理措施··················211

　　第四节　瓦斯隧道施工预防对策··················213

　　第五节　坍方的处理························217

第十二章　工程项目管理·······················223

　　第一节　概　述··························223

　　第二节　施工组织设计······················225

　　第三节　工程项目进度控制····················228

　　第四节　工程项目成本控制····················231

　　第五节　工程项目质量控制····················234

　　第六节　工程项目安全控制····················237

　　第七节　工程项目合同控制····················240

第一章 路基施工

第一节 路基施工基本概念

路基是公路线形建筑物的主体,路基是公路最基本的组成部分,是路面的基础。坚实而稳定的路基是减少路面变形、保证行车通畅和安全、使道路达到使用年限的前提。道路质量的好坏在很大程度上取决于路基质量。基础不牢,高楼必倒,路基不好,路面难跑。重视路基质量可以起到事半功倍的效果。

一、路基施工特点

1. 工程条件复杂,施工困难大。路基施工需要在各种地形、地质条件下进行,条件复杂多变,较其他各项工程施工,虽然技术不是很复杂,但具有较大的难度。
2. 工作量大,一般占建安工作量的50%以上,投资金额大,需要施工时间较长。
3. 作业面大,需要的人员、设备多,设备种类型号也多种多样,施工管理复杂、难度大。
3. 施工变数大,施工过程中设计变更多,受气候影响大,质量进度较难控制。
4. 路基质量缺陷修复难、修复时间长,因而损失严重、不良影响大。

二、路基在管理上的特点

路基施工的以上特点决定路基施工在管理上有着不同于其他工程的特点。
1. 最能体现管理水平,路基施工的难度、复杂性使它最能体现施工单位的能力、经验和管理水平。
2. 最有潜力可挖,最有文章可做。
3. 施工最需统筹、协调、进行系统管理,这是路基施工加快进度、保证质量、提高效益的有力保障。
4. 技术最有创新之处,复杂的地形、地质条件,多样的填筑材料,不同的机械设备决定着路基施工方法和工艺存在着很多可创新之处。
5. 路基施工的特点决定它的质量比较难以保证,在施工中应作为管理的重点。

6. 施工人员的素质、能力和责任心对施工效果影响最大，所以需要加强管理，选择优秀的队伍。

三、路基施工管理要点

1. 精心规划

根据路段具体情况，在施工前进行精心规划。制定详尽的施工方案，统筹安排，有序施工。

2. 明确标准

根据设计文件、合同和施工规范，明确施工标准，保证施工人员按此施工。

3. 完善方法

完善施工方法，制定与现场情况相适应具有指导意义的作业指导书，保证施工工艺先进、施工方法得当。

4. 配备资源

根据确定的施工方法和工艺配备足够数量的精良设备、称职的人员是保证施工质量的关键。

5. 确定责任

明确施工中各级人员的责任，保证分工负责，层层把关。

6. 抓好落实

施工中抓好规划、方案和制度的落实是关键，应及时检查、总结、改进和提高，作好检验工作，提高工作质量，保证工序质量。

四、路基施工的要点

1. 规范施工

在施工中各工序、各环节按确定的方法和规定的标准严格进行规范施工，确实保证质量。要做到有无监督一个样、白天夜间一个样、特殊情况与正常情况一个样。

2. 平行填筑

各层填土均与设计线平行，可以使路基施工层次分明、提高承载力、线形美观，施工中应加强规划和管理，保证实现路基填筑平行设计线施工。

3. 保证"五度"

一般称平整度、密实度、宽度、厚度、横坡度为路基施工的"五度"，它是保证路基质量的几项关键因素,在施工中必须严格控制。特别是密实度,它是重中之重,应确实保证其达到规定要求。必要时可以采用一些特殊的方法提高密实度,如采用大吨位压路机、冲击压实、夯实、挤密、填土预压等。

4. 控制重点

对路基中存在质量通病、对质量影响较大的部位进行重点控制,如桥涵头填土、软弱地基处理、帮宽路基、低填浅挖段、特殊路段(如鸡爪岗)、高填方路基等,应完善作业指导书,明确责任人,配备合理的设备,确保施工质量。

5. 突出治水

水是影响路基强度和稳定性的关键因素,很多路基病害均与地表水或地下水有关,如塌方、沉陷、翻浆、冰湖等,在路基施工中必须做好治水工作,防止水害。治水包含如下几方面:控制路基填筑材料含水量、雨季施工做好各项排水、地表水的排除和截流、路基边坡的防护和排水、地下水排除和水位降低等都要使用合理的方法、进行妥善处置。

五、路基施工的几点探讨

1. 关于帮宽路基施工

帮宽路基施工关键在于台阶开挖、接缝压实和排水。

挖台阶的宽度要得当,保证能够使用大型机械进行压实;台阶的侧壁不宜垂直,应略有倾斜,使得压路机能够靠近边缘进行压实,保证接缝处密实。旧路边缘应设拦水埂,防止雨水等浸入接缝,同时接缝处填土应略高一些,便于排水。

2. 关于桥涵头填土

桥涵头填筑要注意"留、清、填、压、料、法"六个方面。

留就是预留,路基施工时在桥涵头留有足够的作业面,便于桥涵头填筑时进行机械作业。清就是清理,桥涵头填土之前要认真清除桥涵施工中留下的淤泥、杂物和地表上的不适宜材料,清除必须认真彻底。填就是填筑,要严格按照规定的厚度进行分层填筑。压就是压实,认真控制压实质量,边角等部位可以采用小型机械。桥涵头填土的压实度应比同等路基的压实度有所提高。料就是材料,选择适宜的材料填筑桥涵头,也是减小沉降的重要所在,应尽可能使用透水性好、易密实、强度高的填筑材料。法就是方法和工艺,桥涵头施工可以采用一些特殊的工艺和方法,如先填筑土方后进行桥台盖梁施工、进行预压、延长沉降时间等。

3. 关于路基施工与防护工程结合

挖方路基施工,当开挖深度较大时,采用边开挖边进行防护,可以减少雨水冲刷,避免重复削坡,降低边坡防护时的劳动强度和成本。

填方路基施工,及早整形,植草或进行其他防护,可以防止冲刷,保护路基,美化路容。

锥坡填土之前，先进行锥坡片石基础施工，锥坡填土完成后主梁安装之前利用挖掘机削坡，即可利用机械，提高效率，又可减少损失土方数量。

4. 关于挂线施工

为了保证路基分层填土不超过规定厚度，一般采用挂线进行控制，挂线分边线和中线。中线在车辆卸土、推土机和其他机械作业时容易破坏而起不到作用，可以采用左右两幅交错施工解决这一问题。

左右两幅交错施工即以中线为界把路基分成两幅，先进行一幅施工，这样挂线不易破坏。施工一段后，再以此为参照进行另一幅施工。两幅交错进行，可以比较好地控制填土厚度。

第二节 施工准备工作

一、路基施工的基本程序与内容

1. 施工前的准备工作

施工前的准备工作主要包括以下内容：劳动组织的准备、物资的准备、技术的准备、施工现场和施工场外的准备。合理的施工前准备为整个工程的顺利施工提供了必要的保障。

2. 修建小型构造物

小型构造物包括小桥、涵洞、挡土墙、盲沟等。这些工程通常与路基施工同时进行，但要求小型构造物先行完工，以利于路基工程不受干扰的全线展开，并避免路基填筑之后又开挖修建涵洞、盲沟等构造物。

3. 路基工程的竣工检查与验收

竣工检查与验收应按竣工验收规范规定进行。其检查与验收的主要项目有：路基及其有关工程的位置、高程、断面尺寸、压实度或砌筑质量等及其相关的原始记录、图纸及其他资料等，所有检验项目均应满足规定的要求。

二、路基施工的特点和原则

其一，路基工程范围广，线路地质条件复杂多变，必须采用合理的施工方法，选择适的施工材料，采用先进的施工工艺和机械设备，进行周密的施工组织和科学的管理。

其二，路基工程施工不仅需考虑对自身技术问题的解决，而且要考虑其他设施和项目的影响及保护生态环境。

其三，在保证施工质量符合工艺要求和标准的条件下，应积极推广使用经过鉴定的新材料、新设备、新工艺和新的检验方法，并因地制宜合理利用当地材料和工业废料。

三、路基施工的基本方法

1. 简易机械化施工

本方法以人力为主，配以机械或简易机械，能减轻工人的劳动强度，加快施工进度。

2. 机械化施工或综合机械化施工

本方法是使用配套机械，主机配以辅机，相互协调，共同形成主要工序的综合机械化作业，能极大地减轻劳动强度，显著加快施工进度，提高工程质量和劳动生产率，降低工程造价，保证施工安全。

3. 爆破法施工

本方法主要用于石质路基和冻土路基开挖，在隧道工程中，广泛应用，并配以相应的钻岩机钻孔与机械清理。此外，亦可用于石料的开采与加工等。

4. 水力机械化施工

本方法是使用水泵、水枪等水力机械，喷射强力水流，冲散土层并流运至指定地点沉积，亦可作采取砂料或地基加固之用。

四、施工前的准备工作

（一）劳动组织准备

建立健全施工队伍和组织机构，明确施工任务，制定必要的规章制度，确立施工应达到的目标等。

1. 建立健全施工组织机构

建立施工组织机构，要依据拟建工程的规模、结构特点的工程整体的复杂程度，寻找适合的人员做该项目的项目经理，成立项目经理部。

2. 组建施工队伍

确定项目后，要根据所承接的工程的大小和施工期限，来制定出施工的总体进度，并做出进度图。还要估算整个工程需要的用工天数，用工人数的相关比例等。

3. 建立健全各项管理制度

通过建立健全各项管理制度，为施工前的劳动组织准备做好基础，主要包括以下内容：工程质量检验与验收制度，工程技术档案管理制度，技术责任制度，施工图纸学习与会审制度，技术交底制度，职工考勤、考核制度等。

（二）物资准备

物资准备是工程能够正常实施的基础。在工程实施之前，准备好必要的物资是很重要的，比如：材料、制品、机具等。这些准备工作必须在工程开工之前完成。并安排好相关的运输和储备工作，适应连续施工的要求。

（三）技术准备

1. 原始资料的调查分析

在开始建造前，对拟建工程进行实地勘察，通过调研分析，得到一手的资料，以拟定一个符合施工实际需求还是很有必要的。

2. 熟悉、审查施工图纸

熟悉和审查施工图纸是施工前的重要准备工作。我们要根据建设单位和设计单位提供的图纸，还有根据国家施工验收的相关规定、城市规划的相关规定来熟悉施工图纸，使施工图纸务必符合城市和国家的相关规定。同时，还要对施工的特点、要求和内容要进行掌握。

3. 编制施工预算

编制施工预算有利于整体控制成本，要根据合同价、施工组织设计、施工图纸、施工定额等编制预算报表。

第三节　土石方调配

路基工程是铁路工程的重要组成部分，土石方调配则是路基工程设计的关键环节。科学合理、技术和经济较优的调配方案不仅能降低工程造价，还能减少取土场的开挖量和弃土场的弃土量，减少对周边地表的影响，对保护生态环境有重要意义。

一、土石方调配影响因素分析

1. 子系统划分

铁路建设往往工程浩大，全线土石方调配需要统筹考虑，运用系统工程思想分析。由于行政区划、施工主体及投资主体等多方面原因，需要对全线划分为多个概算单元，各个概算单元又可以划分为若干区段及子区段，因而可以划分为若干子系统。全线土石方调配成为该项目最顶层的土石方平衡系统，不同概算单元下的土石方调配则成为全线土石方调配的各个子系统。子系统越多，土石方调配越复杂；反之，子系统较少时，土石方调配则相对容易。

2. 填挖方量及利用率

土石方调配系统的本质使整个系统的土石方费用最少。填挖方数量及是否能移挖做填、移挖做填后剩余取弃土量对整个铁路路基调配的影响至关重要，因此，在考虑调配前需要准确掌握路基地质资料，分析路基填料类型，判断路基挖方利用率。

3. 取弃土场参数

取弃土场的距离、可用的填料类型及数量直接影响整个土石方调配系统。取弃土场越近，可用填料类型越多，则整个调配系统费用最少。

4. 其他

土石方调配系统还与全线桥隧分布、各种调配方式的单价（移挖做填单价和取弃土场单位千米运价、外购土单位千米运价等）因素有关。

二、土石方计算

由于路基的自然地面起伏多变，路基填方不是简单的几何图形，土石方体积如要精确计算往往很复杂。因此，在公路测设中，土石方体积计算常采用近似公式。计算精度一级断面面积取至 $0.1m^2$，体积取至 $1m^3$。计算时，一般不考虑弯道部分以及路基中心填挖过渡段的零填或零横检断面对计算土石方的影响。

1. 路基横断面图的绘制

路基横断面图的绘制工作，一般形象化地称之为"戴帽子"。检断面戴帽子是在每一个桩号已绘有地面线的图上进行的。绘出的横断面包括路基宽（包括加宽）、超高、边沟、边坡、开挖土质台阶、为保证视距所切除的障碍（路堑边坡开挖视距台）等。在某些路段，须做挡土墙、护坡等特殊构造物，均绘在图上，并注明起讫桩号、污土种类及断面尺寸。横断面图比例尺一般采用 1∶200。横断面图的绘制步骤如下：

（1）根据路基设计及纵断面设计成果，在已绘好的横断地面线图上标出填（+）或挖（−）的数值。如有特殊的边沟设计，亦须说明。

（2）由地质调查人员根据调查资料，标注各断面的覆盖层厚度或土石方成分，设计边坡坡度、土石方分界线等。

（3）依上述设计资料，利用横断面"帽子板"成三角形绘出横断面设计线。一般有超高绘出超高横坡，无超高断面不必绘出路拱坡度。

（4）平曲线地段的横断面，对其内侧应检查能否保证视距要求，如需设置视短台则应在图上绘出。

（5）每一横断面上应填的项目是填挖高度、边坡坡度、路基填或挖断面积等。一般皆注在横断面图下。

2. 路基横断面面积计算

路基填挖的断面积，就是横断面图中原地面线与路基设计线所包围的面积。横断面积的计算方法很多，现将常用的几种方法介绍如下：

（1）积距法。积距法的原理是，按单位横宽 b 把横断面切分为若干个梯形与三角形条块，则每个小条块的近似面积等于其平均高度 h，乘以横距 b，断面积总和等于各条块面积的累加，以下式表示：

$$A = h_1 b + h_2 b + \cdots + h_n b = b \sum_{i=1}^{n} h_i$$

通常横断面图绘在方格计算纸上，当填挖断面较大时，使用卡规就不方便，可用方格计算纸折成窄条作为量尺，即"纸条法"代替卡规量取积距，可直接得出填挖面积。积距法计算迅速，简单方便，常被公路测设人员普遍采用。

（2）混合法。对于一些面积较大的断面，常将断面中间部分划分成一个规整的几何图形，然后按几何公式计算其面积，余下部分用积距法计算其面积，两部分面积之和便是整个断面的面积。

三、土石方调配

根据设计和施工的要求，将路基土石方从一处运到另一处的情况称为土（石）方调配，通过调配以便确定填方用土的来源，挖方弃土的去向，以及计价土石方的数量和运量等，合理地解决各路段土石方平衡与利用问题，达到填方有所"取"，挖方有所"用"，避免不必要的路外借土和弃土，尽量减少占用耕地。

在路基土石方工程中，都是将挖方路基挖出的土方合理地移用填方路基，这种移挖作填的土方称为利用方。挖多于填时，则将多余的挖方废掉，称为废方。填多于挖方时，需要另外取土来填，称为借方。

1. 土石方调配原则

（1）土石方调配尽可能移挖作填，减少废方和借方。在半填半挖断面中，应首先考虑在本路段内移挖作填进行横向平衡，然后再作纵向调配，以减少总的运输量。

（2）为使土石方调配合理，必须根据地形情况和施工条件，选用适当的运输方式，确定合理的经济运距，用以分析工程用土是调运还是外借，以便决定取舍。

（3）在进行土石方调配时，既要考虑经济运距，还要综合考虑废方或借方占地及对农业生产影响等问题，尽可能利用废方填洼造田，借土还田，使废方不占或少占耕地。同时也不应使废方堵塞河流，以免造成提高水位或引起河流改道。

（4）在横坡较陡的挖方路段，施工中会有部分土石散落，所以不应把全部挖方数量作为调用数量。

（5）不同的土方和石方应根据工程需要分别进行调配，以保证路基稳定和人工构造物的材料供应。在次坚石、坚石的挖方路段，开挖出来的岩石，需留下足够数量作筑路材料，并选好堆放地点。

（6）土石方调配应考虑桥涵位置对施工运输的影响。一般大沟不作跨越调运。应注意运输方向，尽可能避免和减少上坡运输。

（7）位于山坡上的回头曲线路段，要优先考虑上下线的土石竖向调运。

2. 关于调配计算的几个问题

（1）经济运距

一般情况下，调运路堑挖方来填筑相距较近的路堤是比较经济的。如果调运的距离过长，以致运价超过了在填方附近借土所需要的费用时，移挖作填就不如在路堤附近就地借土经济。因此，采取"询"还是"借"，有个限度距离，这个限度距离称为经济运距，其值按下式计算：

$$L_{经} = B/T + L_{免}$$

式中：B——借土单价，元/m³；

T——远运运费单价，元/（m³·km）；

$L_{经}$——经济运距，km；

$L_{免}$——免费运距，km。

按交通部《公路工程预算定额》规定，人工挖运土方，第一个20m为免费运距。

（2）平均运距

土石方调配的运距，一般是指平均运距。所谓平均运距是指从挖方体积的重心到填方体积的重心之间的距离，在公路工程中为简化起见，平均运距可简单地按挖方断面间距中心至填方断面问题中心的距离计算。在纵向调配时，当其平均运距超过定额规定的免费运距，则用平均运距减去免费运距称之为调配的计价运距，按计价运距计算土石方运量。

（3）运量

土石方运量为平均运距与土石方调配数量的乘积。在生产中，工程定额是将平均运距每10m划为一个运输单位，称之为"级"，在土石计算表内可用符号①②表示，不足10m时，仍按一级计算或四舍五入，于是：

平均运距单位 =（平均运距 – 免费运距）/10

总运量 = 调配（土石方）方数 × 平均运距单位

（4）计价土石方在土石方调配中，所有挖方无论是"弃"或"调"，都应予以计价，但对于填方则不然，要根据用土来源决定是否计价，如果是路外借土，当然要计价，若是移挖作填调配利用，则不再计价。

第四节　路堤施工

一、施工方法

1. 施工原则

施工时，按照《公路路基施工技术规范》(JTJF10—2011)组织安排。

（1）路基施工，集中力量连续快速施工，分段完成；

（2）冬季施工时，不安排路基填筑施工，雨季尽量不进行路基填筑施工。

（3）作好截防排水措施，填筑面横向设置3%左右流水坡度，雨前碾压，路堤两侧做好排水沟及坡面防护；

（4）对施工用水、生活用水严格管理，防止地表水渗入和冲刷边坡。

（5）路堤基底及路堤每一层施工完成后，需将该层宽度，填筑厚度压实厚度，逐桩标高和压实度等检测资料报监理工程师审查批准后，才能进行上一层的施工。

（6）路基压实机械：填土路堤的碾压采用激振力35吨以上（含35吨）的重型振动压路机，较大面积填土宜用平地机或较大功率推土机先行整平；填石路堤采用重型羊足碾（激振力40吨以上）或冲击夯式压路机先行碾压，随后用石渣等嵌缝填坑，再用激振力40吨以上（含40吨）的重型振动压路机加压。

2. 施工工序

路堤施工的工艺流程为：施工准备→运料→摊铺→大粒径石料破碎→采用细粒料填空隙→局部找平→碾压→局部空隙细料找平→碾压→检测→下一层施工。

3. 路基填筑

施工中采取横断面全宽、纵向分层填筑方法施工。填料采用挖掘机配合自卸汽车运输，推土机、平地机进行摊铺，分层填筑，振动压路机碾压。按"四区段、八流程"作业法组织各项作业均衡进行，合理安排施工顺序、工序进度和关键工序的作业循环，做到挖、装、运、卸、压实等工序紧密衔接连续作业，尽量避免施工干扰，做到路基施工的正规化、标准化。

填方路基按路基平行线分层控制填土标高，分层进行平行摊铺，压实方法、虚铺厚度按照试验段确定的参数进行控制。

（1）本合同段内高填路基采用石料填筑，坡面采用大块石码砌。路基高度$H \leqslant 5m$时，填石边坡码砌厚度为1m，$5m < H < 12m$时，填石边坡码砌厚度为1.5m，$H > 12m$时，填石边坡码砌厚度为2m。

（2）路基填筑每 8m 左右各设一护坡道，宽度不小于 2m，$H<8m$ 路堤边坡为 1：1.5~1.75，$H>8m$ 路堤边坡为 1：1.3~1.5。

（3）填石路基填筑时石块大面向下摆放平稳，紧密靠拢，所有缝隙用小石块或石屑填塞。超粒径石料在填筑前先进行破碎。所用石料最大粒径小于层厚的 2/3。填石路基最后一层的铺筑厚度应不大于 40cm，过渡层碎石料粒径应小于 15cm。

（4）填石路基采用自重大于 20 吨、激振力大于 500kN 的压路机进行碾压。碾压时采用静碾压+震动碾压+静碾压相结合的碾压方法，碾压顺序从路基左侧依次向右推进，压痕横向搭接不小于 1m 或大于大半个轮迹。对于每层施工压路机碾压不到位或难以碾压的施工边角，填铺厚度适当减小。

（5）填石路基的压实度检测：采用压实沉降差和水袋法检测压实空隙率。

（6）在压实质量合格后，按照设计要求位置沿路基横向铺设土工格栅，并注意格栅间拉直平顺。施工土工格栅是要注意以下几点：

①格栅的纵、横向接缝可采用尼龙绳或涤纶线缝接或 U 型钉连接等方法使格栅连成整体，格栅间互相搭接宽度不小于 20cm，在受力方向连接处的强度不得低于材料设计抗拉强度。格栅严禁扭曲、皱褶、重叠，铺设时应用手拉直，使格栅平顺均匀，铺好的土工格栅每隔 1.5~2.0m 用钉头固定填方表面。

②土工格栅上、下侧填料的最大粒径不得大于规范规定的路床范围内的粒径要求，在距格栅层 8cm 内的填料粒径不得大于 6cm。

③格栅铺完后，应及时填筑填料，每层按照"先两边，后中间"的原则对称进行，严禁先填路堤中部。填料不允许直接卸在格栅上，必须卸在已摊铺的土面上，卸土高度不大于 1m。一切车辆、施工机械不得直接在铺好的土工格栅上行走，只容许沿路堤轴线方向在土面上行驶。

4. 检验签证

填石路基的压实度检测：采用压实沉降差和水袋法检测压实空隙率。

路基每层填筑压实质量经监理工程师检验批准后，再进行下一层填筑施工，否则下达质量不合格通知单，要求重新压实，直到合格为止。

5. 路堤边坡修整

（1）按设计图纸要求检查路基的中线位置、宽度、纵坡、横坡、边坡及相应的标高。

（2）在整修需加固的坡面时，预留出加固位置，对填土不足或边坡受雨水冲刷形成小冲沟的地段，采取边坡挖台阶，分层填补，仔细夯实的方法处理。

（3）路基两侧超填的宽度予以切除，边坡缺土时，要挖成台阶，分层填补夯实。

（4）挂线进行边沟整修，路基整修完毕后，堆于路基范围的废弃土料弃置指定的弃土场。

二、路堤填筑雨季施工措施

在填筑路堤前，应在填方坡脚以外挖掘排水沟，保持场地不积水。如果原地面松软，还应采取换填等措施进行处理。

填料选择：在路堤填筑时，应选用透水性好的碎石土、卵石土、砂砾、石方碎渣和砂类土作为填料。利用挖方土作填方时，应随挖随填及时压实。含水量过大无法晾干的土不得用作雨季施工填料。

填筑方法：路堤应分层填筑。每一层的表面，应做成 2%~4% 的排水横坡。当天填筑的土层应当天完成压实。防止表面积水和渗水，将路基浸软。路堤填筑完成后，为防止路床积水，应在路肩处每隔 5~10m 挖一道横向排水沟，将雨水排出路床。

第五节　路堑施工

一、路堑开挖

路堑地段开挖前或开挖过程中优先做好排水沟及临时排水沟，排水系统注重永临结合，路堑土石方和爆破后的石方采用推土机配合挖掘机装车，自卸汽车运输，卸至填方段、改良土拌和站或弃土场；一般土质路堑采用挖掘机、推土机拉槽开挖，边坡采用人工挂线清刷；机械设备挖不动的石方路堑采用深孔梯段爆破或浅孔台阶松动爆破，边坡采用光面爆破，用于填方的超标大石块需经改小后再推运或装车运输至填筑工作面。路堑基床采用小排炮爆破，人工整修。

浅路堑开挖采用横向台阶开挖，深挖路堑采用"横向分层、纵向分段，阶梯掘进"的方式施工，自上而下分层开挖。石质路堑采用潜孔钻或风钻钻孔，浅孔松动爆破，纵向梯段法开挖。路堑底面预留 30cm 厚的人工找平层，边坡采用光面爆破成型，支挡结构在路堑开挖完成后组织施工。

二、一般土质路堑开挖

一般土质路堑开挖采用推土机配合挖掘机装车，自卸汽车运输进行。开挖前首先做好路堑顶天沟，再自上而下开挖，分段流水作业。施工中做好临时排水设施，保持排水畅通和边坡稳定。

施工时根据测设边桩位置，采用机械开挖，并留 0.2~0.3m 的保护层以利于人工修坡。施工时边坡逐层控制，每 10m 插杆挂线人工修刷。边坡上若有坑穴，采用挖台阶浆砌片石嵌补。

路堑开挖至路肩设计高程以下 0.6m 时，表面做成 4% 人字排水坡，表面以下地层不得扰动和泥化，可预先保留 10~20cm 厚暂不开挖，待基床施工时，将其挖除。

三、石质路堑开挖

表层土方开挖前堑顶排水系统先行施工，以拦截地表水并随时注意检查，用人力配合推土机施工，石方地段采用深孔爆破，两侧边坡线采用预裂爆破，以确保边坡稳定，坡度符合施工设计，对于较长路堑，采用分段施工。对于平缓、短而浅的土石路堑采用全断面开挖。施工方法以钻爆为主。

爆破孔网参数选择：施工过程中根据岩石软硬程度通过试爆调整孔网参数。

起爆网路：起爆网路采用非电微差分段并联起爆网路，降低爆破震动，能确保邻近建筑物安全。

当表层为全强风化岩石地层时，采用大功率挖掘机、带松土器的大功率推土机开挖。开挖时自上而下分层拉槽开挖；当下层为强弱风化层基岩时采用松动爆破开挖，边坡采用光面爆破。边坡光爆孔孔距控制在 40~50cm，松爆孔距控制在 50~70cm，炸药用量控制在 $0.4~0.6kg/m^3$。

当路堑较深且岩石为弱风化硬质岩时，采用深孔爆破，钻孔深度 5~7m。现场进行爆破施工前，应先对该段石质进行爆破试验，确定适当的爆破参数，提高爆破效果，使每次爆破产生的岩石大小满足装运机械工作要求，并适于路基填筑。开挖深度至路肩设计高程，表面做成 4% 人字排水坡。

四、半填半挖路基及不同岩土组合路基施工

陡坡地段的半填半挖路基或横向不同岩土组合时，为保证路基横向刚度及避免横向差异沉降的产生，路基面以下挖除换填一定厚度。采用符合基床条件要求的填料进行换填。换填底部设 4% 的向外排水坡。

路堑地段硬质岩石路基与土质路基纵向连接时，应由土质路基的换填底面向硬质岩石换填底面顺坡设置过渡段，其长度≮10cm。过渡段范围内的填料应满足路基各部位的填料要求。

半填半挖地段施工时，在填方边坡开挖台阶，台阶宽度 1~2m，其高度与自然填筑层厚度相同，坡度较陡时台阶高度可以做成自然填筑层厚度的 2~3 倍。台阶应根据填筑进度实时开挖，做到随填随挖，避免一次性开挖后裸露久置。填筑前用小型碾压设备对台阶进行就地碾压。

五、深路堑、顺层路堑的施工

深路堑施工突出的问题是保持高边坡的稳定。对土质或岩石风化地段，尽量减少边坡的暴露面及暴露时间，及时进行坡面植被及防护，挡护工程要紧跟成型，以保持边坡稳定；当防护不能紧跟开挖施工时，应暂时留置一定厚度的保护层，待做护坡时再刷坡挖够。同时尽量回避雨季施工，尽可能安排在旱季完成。

线路走向与岩层走向夹角＜45°、岩层视倾角为10°~40°（部分极软岩地层放宽至10°以下）路堑地段按顺层路堑施工。为保证边坡稳定，避免滑塌，顺层路堑施工时自上而下逐层开挖、逐层施工支挡结构防护工程加固边坡，并设置变形位移监测网，进行坡表位移、深部位移监测，当地下水活动明显时进行渗压监测。当有条件时采用顺层刷方。

对于采取控制爆破进行开挖施工的路基段，应编制爆破专项设计，经公安部门批准后实施。

六、过渡段路堑施工

过渡段路堑类型有：桥路过渡段、路堤与横向结构物过渡段及不同岩土组合的横向过渡段等。严格按设计要求施工过渡段路堑，确保线下工程刚度的均匀、合理过渡，将工后沉降和不均匀沉降控制在规定要求以内，确保线路运营安全。过渡段路堑采用相应路堑施工方法施工后，采用级配碎石分层填筑，填筑压实满足压实度标准。

过渡段填筑与路基本体同步，其拌和、运输、压实与基床表层施工基本相同。

第六节 路基边坡及挡土墙

一、路基边坡

1.路基边坡常见破坏形式

路基边坡常见破坏形式分为以下几种：

（1）剥落。这种破坏形式主要是由于路基边坡表层的土体、岩体在长期受到雨水冲刷、风化、自身重力等的作用，导致其中一些土屑、岩块等随着边坡滚落、下跌，最终在坡地沉积，就将其称之为剥落；

（2）崩塌。这主要是局部的岩块整体从边坡母体上脱离，进而从比较陡的边坡上崩落，最终全部在边坡底部沉积所形成的；

（3）滑坡。边坡上的土体及岩石在自身重力作用之下，会沿着某一个特定的软弱面整体的向下移动，整个过程经历蠕动变形、滑动破坏、逐渐稳定几个变化阶段，最终导致滑坡的形成。

2. 路基边坡稳定性影响因素

（1）路基边坡的组成成分及强度参数

对路基边坡稳定性具有影响的一个非常关键的因素就是路基边坡自身的组成成分及强度参数。就我国目前的路基边坡来说，很多边坡的结构都是土质结构，土质结构受到土层强度的影响比较大，而影响土层强度的主要因素是土层内部的黏聚力与摩擦力、土体组成成分、土体颗粒大小等，其中土体颗粒大小会影响到边坡土层结构的种类，进而对边坡抗剪强度产生影响。例如，沙土当中的水分含量不及黏土，这就导致其抗滑能力低于黏土，再加上其内摩擦力及内聚力比较低，导致其抗剪强度也比较低。

（2）路基边坡坡度

路基边坡有两种形式，分别为天然边坡和人造边坡，边坡的底部宽度和高度决定了坡度，比值越小，边坡稳定性越好。在实际路基边坡施工过程中，为保证边坡的稳定性，应避免对边坡坡度的过度削减，应及时采取有效的措施施工控制边坡坡度。不过实际施工中部分单位为了节约资金和时间，存在着边坡附近废料堆积的问题，也没有进行相关支护和加固，这会影响到边坡的稳定性。

（3）水文地质条件及地理环境的影响

在开展路基边坡施工的过程中就能够看到路基边坡的施工环境是比较复杂的，其不同地区、不同季节的水文地质条件都存在明显的差异，其中最为明显的特点就是土质的含水量会在不同时期出现明显的变化。例如，对于不同地区来说，其降雪量、降雨量等气候环境是存在明显的差别的，在实际运行过程中，降水会与地下水相互作用。这会导致坡体的重量明显加大，进而导致土层内部的摩擦力明显降低，使得坡体出现断裂、剥落等现象的概率明显加大，严重时导致滑坡的出现。此外，泥石流、地震等自然灾害对于路基边坡稳定性的影响也是非常大的。

环境因素对于路基边坡稳定性的影响不容忽视，其中风化作用会对边坡路基稳定性产生明显的影响，要是由于边坡岩体长期在地表暴露，受到气象变化以及水文的影响较大，最终就会出现化学风化或者物理风化，边坡岩体风化后相对于风化前，其稳定性会明显降低。地下水一方面会对边坡岩体产生冲击作用；另一方面也会通过自身的浮力，降低土体本身的自重，降低边坡的稳定性。地表水流对岩坡冲刷后，坡脚可出现临空面，上部岩体会临空，影响到边坡岩体的稳定性。此外，边坡的平面形状、高度、坡度、周边条件等都会影响到实际边坡稳定型。

（4）人类活动因素的影响

随着社会市场经济的快速发展，我国在公路工程方面的建设力度不断加大，但是在一些工程开展建设的过程中，没有对边坡地质条件予以全面的考量，所制定出的施工方案并不合理，会路基边坡的稳定性产生明显影响。例如：在一些工程操作的过程中，没有对边坡的承载能力予以充分的考虑，施工过程中对路基边坡进行随意挖掘，甚至是将一些大型工程建在路基边坡附近。这会导致边坡的侧压力增大，容易引发路基边坡崩塌、下滑等问题，进而给整个路基边坡留下安全隐患。此外，一些工程施工时，没有对地质条件予以全面考察，施工设计方案不合理、施工过程中无防护无定向爆破等都会对边坡的内力产生影响，进而影响到边坡的抗滑能力、剪力等，导致边坡的稳定性受到影响。

3. 路基边坡稳定性防治措施

（1）支挡

在支挡部分的边坡稳定防治措施中，主要可以分为以下方面，首先就是抗滑挡土墙，这种措施主要应用在中小型的边坡滑坡地区。在具体的防治过程中，主要是通过进行片石跺以及抗滑挡土墙等方式进行边坡的支挡防护加固。在这种措施中，重力式挡土墙的应用最为普遍。在大型滑坡防治进行中，应该尽可能的根据实际需要科学的对具体的防治措施进行确定，比如锚索挡土墙、加筋土挡土墙、预应力锚杆以及锚定板挡土墙等；其次，抗滑桩也是进行边坡失稳防治措施中的一个重要途径，在对一些中层或者深层的滑坡的治理中，如果不能用抗滑挡墙进行有效的治理，就可以选择使用抗滑桩进行治理，抗滑桩对于边坡稳定性的治理中主要是通过对坡体侧向荷载作用的承受能力进行强化，从而达到防治边坡滑坡的目的，在防治措施的进行中，穿越边坡滑体进入滑床达到一定的深度以后就需要进行锚固，这样才能促进抗滑坡推力的提升。利用抗滑桩对边坡的稳定性进行强化，主要是通过周边岩石和桩身或者土体本身之间的协同作用，导致边坡滑体的推力在经过抗滑桩以后向滑动面进行传递，这种情况下由于滑床地层的锚固作用以及抵抗反力，就能与边坡滑体的下推力进行平衡；再次，框格的防护。在进行框格防护的施工中，通常情况下都是用浆砌块石以及混凝土等材料，使其能够在边坡变成的土体上形成骨架。这样就能有效地降低边坡坡面受到雨水冲刷的程度，同时对提高边坡坡表的粗度系数，将雨水冲刷力度降低。在对边坡进行防护以后，就可以将雨水的冲刷限制在框格内部。框格防护进行中，如果能够将其与种草防护结合起来进行，就可以有效的促进防护效果的提升，通过这种方式也能使铁路、水利以及公路等基础设施的边坡环境得到优化。

（2）排水

有研究结果证实，边坡遭到滑坡体破坏主要是由于过于集中的水活动影响，这也使得路基边坡稳定性防治工作中，一项非常重要的内容就是排水。在边坡实际运行过程中，其中存在多种不同类型的活动，如：雨水的冲刷作用、坡内地下水的冲刷作用、坡体地表水作用等。若是能够采取有效的排水措施，成功将边坡表面的水流截流排泄，并将滑坡体当中的地下水成功引出，这将有利于减少滑坡体当中由于长期水埋作用所导致的失稳现象，对于维持路基边坡稳定性具有非常重要的意义。

（3）加载反压

由于边坡前缘失稳所导致的牵引式滑坡破坏，可以采用在滑坡坡体前缘修建相应片石跺的方式进行加载反压。通过这种处理方式能够促使抗滑坡体部分自身土重的有效增加，有利于其中一些容易失稳的滑坡体重新获得稳定平衡。

（4）减载

常用的边坡减载方法有两种，削坡减载与削头减载，其中削坡减载是通过削坡去土的方式将边坡的坡度逐渐放缓，而削头减载主要是将边坡上部一定区域范围当中的岩体或者是边坡土体削掉，从而将边坡坡体的有效高度予以降低。不管是采用这两种哪一种减载方法，都能够将容易导致边坡出现滑坡破坏的下滑力予以有效地减小。通常情况下，对于路基边坡来说，由于其受到路基附近建筑物的制约作用，导致其坡度值受到了严格的控制，若是应用削坡减载的方式，往往难以取得理想的效果，而削头减载的方式往往应用效果比较好，这也使得其在实际应用当中具有非常广泛的应用。

（5）绿化

路基边坡的稳定性在一定程度上和路基边坡结构中的绿化有着很大的关系，因为绿色植物能够对边坡进行巩固，降低水土流失程度，对加固边坡也有积极的意义。但是在进行路基边坡施工的时候，往往会对绿色植被造成破坏，如果要想提高路基边坡的稳定性，就需要及时的对已经破坏的植被进行完善。但是就实际的施工现状而言，大多数施工队伍在施工以后都不会及时地对损坏的植被进行修缮，这样就会直接影响路基边坡的稳定性。为了使路基边坡的稳定性得到保证，就需要适当的采取有效的措施，及时地对已经造成的破坏进行补救，使植被的面积得到保证。另外，还需要对路基边坡的绿色植被科学地进行规划，通过这种方式能够有效地防止边坡周围出现水土流失的问题，与此同时也能提高观赏性，达到美化环境的目的，尽管绿化本身的成本不高，但是其对路基边坡的稳定性有着积极的意义，同时还能够更好的实现对生态环境的保护。

（6）提升工程设计方案的合理性

在对路基边坡的稳定性进行设计的时候，需要从以下方面着手，首先，非标设计，因为路基边坡施工本身存在一定的复杂性。在设计的过程中，需要采取针对实际情况科学地进行设计，保证设计的合理性，尽可能地降低失误的出现。另外，风险性设计，在实际的设计中，不同的地区，不同性质的路基，在对边坡进行设计的时候，需要对其的安全性、承载能力以及不同的风险进行评估，这样才能提高对风险系数的调控能力；其次，为了尽可能地降低由于路基边坡稳定性造成的损失，还需要进行应急预警方案的制定，尽可能地降低损失；最后，还需要进行综合防治设计，因为单一的进行工程的治理很难实现对各种情况的有效应对。这种情况下就需要进行综合防治设计，保证对路基边坡的每一个点或者特点都需要进行分析，有效地进行防治措施的制定，并且保证相应的措施能够按照相应的程序进行。

二、挡土墙

1. 挡土墙的用途

（1）降低挖方边坡高度，减少挖方数量，避免山体失稳坍塌。

（2）收缩路堤坡脚，减少填方数量或减少拆迁和占地面积，保证路堤稳定性。

（3）避免沿河路基挤缩河床，防止水流冲刷路基。

（4）防止山坡覆盖层下滑和抵抗滑坡。

2. 不同位置挡土墙的类型

按照挡土墙在道路工程中的不同位置，可分为路肩墙、路堑墙、路堤墙、浸水挡土墙和山坡墙。

（1）路堑墙用于陡峭山坡的路堑底部，收缩坡脚。降低边坡高度、减少开挖或者防止边坡地质不良地段的滑坡。

（2）路堤墙设置在高填土或陡坡路堤的下方。用于地形受限，需要收缩路堤坡脚，减少填方数量，防止陡坡下滑。

（3）路肩墙设置在路肩部位，墙顶不应占据硬路肩、行车道和路缘带的路基宽度范围。

（4）浸水挡土墙沿河路堤、在傍水一侧设置。可以防止水流对路基的冲刷、冲淘和侵蚀，是减少压缩河床的有效措施之一。

（5）山坡墙设置在路堤或路堑上方。用于支撑山坡上可能坍滑的覆盖层、破碎岩层或山体滑坡。需要时可分设数道。

3. 不同结构类型的挡土墙

（1）重力式挡土墙

它是以自身重力来维持挡土墙在力的作用下的平衡和稳定。通常浆砌片砌筑而成，缺乏石料地区有时可用混凝土预制块作为砌体，也可直接用混凝土浇筑，一般不配钢筋或只在局部范围配制少量钢筋，因而抗拉强度较小。作用于墙背的土压力所引起的倾覆力矩全靠墙身自重产生的抗倾覆力矩来平衡。因此，其墙身必须做成厚而重的实体才能保证其稳定，这样墙身的体积和重量都比较大。

半重力式由立壁和地板组成，按受力需要，不设钢筋或在受拉区应力较大处局部设置钢筋而将墙背建造成折线型的重力式挡土墙。在地下水位较高或较软弱的地基上，不适宜采用重力式，可采用该类型。

其特点是结构简单，施工方便。能够就近取材，施工工期短。但其对地基承载力要求高，沉降量大。适合于墙高 5~8m 且地基承载力高的地段。

（2）薄壁式挡土墙

包括悬臂式和扶壁式两种形式。一般墙高 6m 以内采用悬臂式，以上采用扶壁式。

①悬臂式一般用钢筋混凝土建造，由三个悬臂板组成。墙的稳定性主要靠墙踵地板上的土重，而墙体内的拉应力则由钢筋承受。其特点是能充分利用钢筋混凝土的受力特性，墙体截面较小。适用于墙高大于 5m，地基土质较差的地段。

②当墙后的填土比较高时，为了增强悬臂式中立臂的抗弯性能，常沿墙的纵向每隔一定距离设置一道扶壁，称之为扶壁式。其主要依靠踵板上的填土质量来保证，而且墙趾板也显著地增大了抗倾覆稳定性，并大大减少了基底应力。

（3）锚定式挡土墙

包括锚杆式和锚定板式两种形式。

①锚杆式主要由预制的钢筋混凝土立柱或挡土板墙面，与水平或倾斜的钢锚杆联合作用支挡土体，主要是靠埋置在岩土中的锚杆的抗拉力拉住立柱保证土体稳定。锚杆的一端与立柱连接，另一端被锚固在山坡深处的稳定岩层或土层中。墙后侧向压力由挡土板传给立柱，由锚杆与稳定岩层或土层间的锚固力，使墙获得稳定。适用于墙高较大，缺乏石料或挖基困难地区，具有锚固条件的路堑挡墙。

②锚定板式是由钢筋混凝土墙面、钢拉杆、锚定板以及其间的填土共同形成的一种组合结构。它借助于埋在填土内的锚定板的抗拔力来抵抗侧向土压力。锚定板式则将锚杆换位拉杆，在其土中的末端连上锚定板。它不适用于路堑，路堤施工容易实现。

（4）加筋土式挡土墙

它是填土、拉筋和面板的结合体。是在土中加入拉筋，依靠拉筋与填料间的摩擦力来抵抗侧向土压力，改善土体变形条件和提高土体的工程特性。拉筋材料通常为镀锌薄钢带、铝合金、高强度塑料及合成纤维等。墙面板一般用混凝土预制，也可采用半圆形铝板。其属于柔性结构，对地基变形适应性大，建筑高度大，具有省工、省料、施工方便快速的优点，适用于填土路基、加固河堤、围堰等。

（5）排水设施

挡土墙应设置排水设施，以疏干墙后土体和防止地表水下渗，防止墙后积水形成净水压力，减少寒冷地区回填土的冻胀压力，消除黏性土填料浸水后的膨胀压力。其措施主要包括：设置地面排水沟，引排地面水；夯实回填土顶面和地面松土，防止雨水及地面水下渗，必要时可加设铺砌；对路堑挡土墙墙趾前的边沟应予以铺砌加固，以防边沟水渗入基础；设置墙身泄水孔，排除墙后水。

4. 挡土墙初定尺寸

以常用的重力式、悬臂式和扶壁式挡土墙为例，研究挡土墙形式选定后，初定其尺寸。

（1）挡土墙的高度 H

通常挡土墙的高度是由任务要求确定的，即使墙后被支挡的填土呈水平时为墙顶的高度。有时，对长度很大的挡土墙，也可使墙顶低于填土顶面，而用斜坡连接，以节省工程量。

（2）挡土墙的顶宽

挡土墙的顶宽为构造要求确定，以保证挡土墙呈整体性，具有足够的强度。对于砌石重力式挡土墙，顶宽应大于 0.5m，即 2 块块石加砂浆。对素混凝土重力式挡土墙顶宽也不应小于 0.5m。至于钢筋混凝土悬臂式或扶壁式挡土墙顶宽不应小于 300mm。

（3）挡土墙的底宽

挡土墙的底宽由整体稳定性确定。初定挡土墙底宽 $B≈0.5H \sim 0.7H$，挡土墙底面为卵石、碎石时取小值；墙底为黏性土时取高值。

5. 挡土墙的验算

挡土墙的形式与尺寸初定后，需要验算抗滑稳定和抗倾覆稳定等。

（1）作用在挡土墙上的诸力

①墙身自重。墙身自重 W 竖直向下，作用在墙体的重心。挡土墙形式与尺寸初定后，W 确定。若经验算后，尺寸修改，则 W 需重新计算。

②土压力。这是挡土墙的主要荷载。根据挡土墙的位移来确定土压力的种类，应用相应的公式计算。通常墙向前移动，墙背作用主动土压力 P_a。若挡土墙基础有一定埋深，则埋深部分前趾上因整个挡土墙前移而受挤压，故对墙体作用着被动土压力 P_p，但在挡土墙设计中常因基坑开挖松动而忽略不计，使结果偏于安全。

（2）挡土墙稳定验算

挡土墙的作用力确定后，需要验算抗滑稳定和抗倾覆稳定。抗滑稳定和抗倾覆稳定验算应按照《建筑地基基础设计规范》中的 6.6.5 条进行验算。

6. 墙后回填土的选择

根据土压力理论，希望作用在挡土墙上的土压力值越小越好。这样可以使挡土墙的断面小。土压力中，主动土压力 P_a 对挡土墙影响最大，而 P_a 的产生与数值的大小与墙后的填土的种类和性质密切相关。由此可见，挡土墙后的填土并非无关紧要，更不能随便用什么土填平即可，需要正确的设计和选择。

（1）理想的回填土

卵石、砾石、粗砂、中砂的内摩擦角大，主动土压力系数小，则作用在挡土墙上的土压力小，使墙节省工程量保持稳定。无疑，上述粗粒土为挡土墙后理想的回填土。

（2）可用回填土

细砂、粉砂、含水量接近最优含水量的粉土、粉质黏土和低塑性黏土为可用回填土，如当地无粗粒土，外运不经济，就地取材。

（3）不能用的回填土

凡软黏土、成块的硬黏土、膨胀土和耕植土，因性质不稳定，在冬季冰冻时或雨季吸水膨胀都将产生额外的土压力，对挡土墙的稳定不利，故不能作为回填土。

7. 墙后排水措施

在挡土墙建成使用期间，如遇暴雨，有大量雨水渗入挡土墙后的填土中，结果使挡土墙后的填土重度加大，内摩擦角减小，土的强度降低，导致填土对挡土墙的土压力加大，对墙的稳定产生不利影响。因此挡土墙设计中必须设置排水。

（1）截水沟

凡挡土墙后有较大的面积或山坡，则应在填土顶面，离挡土墙适当的距离设置截水沟，把坡上、外部径流截断排除。截水沟断面尺寸应根据水力计算确定。

（2）泄水孔

若已渗入墙后填土中的水，则应将其迅速排出，通常在挡土墙的下部设置泄水孔。当墙高大于12m时，可在墙的中部加一排泄水孔，一般泄水孔的直径为5cm~10cm，间距为2m~3m。泄水孔应高出墙前水位，以免倒灌。此外，在泄水孔入口处，应设置反滤层，并在泄水孔入口下方铺设黏土夯实层，防止积水渗入地基不利于墙体稳定。同时，墙前亦应做散水、排水沟或黏土夯实层，避免墙前水渗入地基。

第二章　特殊土地区的路基施工

第一节　软土地基施工概述

一、软土地基的生成原因

软土地基，是指在静水或者缓慢流水环境中沉积而成的、天然含水量较大、压缩性高、承载力低、透水性差的一种软塑到流塑状态的饱和黏性土层，包括在河流沿岸、湖泊塘地等沉积的各种淤泥和淤泥质黏性土。按照软土中的有机质含量，可以将软土分为两大类，一是不含或者含有很少有机质的软黏土和粉质软黏土，二是含有大量有机质的泥炭土。所有的软土都是在水体中沉积的，其空间范围和天然性状也因为水动力条件和沉积环境的变化而存在很大的差异。在我国工程建设领域，将比较松软的吹填土和杂填土也列入了软土的范围。不同软土地基的生成原因也是各不相同的，这里分别对其进行简单分析：

1. 软黏土

软黏土是在静水或非常缓慢的流水环境中沉积而成的，属于第四纪后期形成的海相、泻湖相、湖泊相以及三角洲相的黏性土沉积物或者河流冲积物。

2. 人工填土

包括了素填土、杂填土和冲填土三种类型，素填土多是由碎石、粉土、黏性土等共同构成，不含杂质或者杂质较少，一般会采用大小不一的开山石料，填筑厚度非常不均匀；杂填土是由于人类活动所形成的无规则堆积物，成分非常复杂，性质也存在很大的差异，多数情况下杂填土是比较疏松的，而且很不均匀；冲填土多是利用航道治理和疏浚时挖出的泥沙，由水力冲填到陆地或者岸滩而形成的冲积土。冲填土的成分通常比较复杂，其强度和压缩性指标与同类天然沉积土相比都比较差。

3. 松散砂土和粉土

松散的砂土和粉土是指饱和粉砂土、饱和细砂土以及砂质粉土。此类软土的形成，可能是自然沉积而成，也可能是人工回填的，在静载作用下，虽然具备较高的强度，但是一且受到机器振动、车辆荷载等的反复作用，则可能产生液化或者较大的震陷变形，从而使地基失去承载能力。

二、软土地基的工程特性

淤泥、淤泥质土及天然强度低、压缩性高、透水性小的一般黏土统称为软土。大部分软土的天然含水量 30%~70%，孔隙比 1.0~1.9，渗透系数为 10^{-8}~10^{-7} cm/s，压缩性系数为 0.005~0.02，抗剪强度低（快剪黏聚力在 10kPa 左右，快剪内摩擦角 0°~5°），具有触变性，流变性显著。

对于高速公路，标准贯入击实次数小于 4，无侧限抗压强度小于 50kPa 且含水量大于 50% 的黏土或标准贯入击实次数小于 4 且含水量大于 30% 的砂性土统称为软土。

修建在软土地区的路基，主要有填筑荷载引起的滑动破坏稳定问题和沉降问题。

软土地基处置方法可按滑动破坏（稳定性）处治与按沉降计算处治来区分。

稳定性处治的有效方法大致有垫层处理法（表层排水、砂垫层、土工聚合物、加固土）；反压护道法；慢速加载法（控制路堤填筑速度）等。

沉降处治的有效方法有路堤加载法（等载或超载）和垂直排水法（砂井，袋装砂井，塑料排水板）等。

在稳定和沉降处治两方面都有效的方法有挤密砂桩法、振动置换法（碎石桩、钢渣桩）和加固土桩（水泥粉喷桩）等。

三、软土地基的危害

在软土地基上修筑路堤，如不采取有效的加固措施，就会产生不同程度的坍滑或沉陷等病害。软土地基处理不好，会出现路基的滑移，开裂，路面起伏不平，桥涵通道等人工构造物处的跳车颠簸等质量通病，给公路行车安全带来不同程度的危害。另外，如果不处理或处理不当，就会造成地基失稳，使构造物沉降过大或不均匀沉降，对构造物造成不同程度的危害。路基施工时要对软土地基进行处理，保证道路的稳定性，使来往车辆及司乘人员安全，快速，舒适地行驶在道路上。

四、软土地基处理的重要性

软土中含有大量亲水胶体微粒，土体多呈海绵状结构，因其孔隙比大、含水量多、透水性小、抗剪强度低、压缩性强在路堤高填土的自重作用下，要经过较长时间才能趋地压密稳定、因此其沉降稳定要花费长时间。此外软土结构在大交通量，重载车辆的作用下，路基容易产生侧向膨胀挤出滑动，基底沉降现象也严重，为了增强压密稳定力度和较短时间达到最终沉降，消除侧向滑动位移，以免堤向两侧膨胀挤出，确保路基及其外侧建筑物，或其他农田、虾池、鱼塘的安全，因此必须对软基进行处理。

五、软土地基处理原则

我国软土多分布在江河湖海等处,但也在丘陵低洼和山区谷地赋存。由于其成因类型不同,厚度不一,性质各异,因此不能一律对待,首先应查明各地区特点和地质、土质条件,有针对性地进行有效对策,做出合理的处理。

1. 软土地区的地质情况首先要弄清楚,工程地质条件复杂,还应进行工程地质分区,以便按分区不同再区别地予以处理。在勘察设计时如地质工作做得不够深,在施工时一旦发现,可作些补充勘察及勘探工作,对地质情况作进一步了解。

2. 设计方案要经济又要合理切合当地实际情况。

3. 所用材料数量要够、质量要保证;施工机械数量、规格、性能均要满足要求。

4. 施工时要严格遵守施工技术规范和操作规程办事,以保证良好的质量,软土地段特别要注意控制填土速率,避免和产生路堤滑移或发生其他意外事情。如能树立质量第一的思想,严格将上述几项工作做好,应该说软土路基施工,可以达到安全、优质的目的。

六、软土地基处理方法

(一)表层处理法

1. 垫层处治

垫层处治施工通常用于松软过湿地表面,在地基表面采用排水、铺设填料或以掺加剂加固使地表层强度增加,防止地基局部剪切变形,从而保证重型机械通行,使填土荷载均匀分布在地基上。

通常意义上的垫层有两种。一种是指地面上设置的砂垫层、砂砾垫层、碎石垫层、灰土或素土垫层、矿渣垫层以及其他性能稳定、无侵蚀性材料垫层。另一种垫层通常指换土垫层处治,就是把基底下一定浅层范围内的软弱土基全部或部分挖除,用砂、碎石等强度高、性能好的粒状材料回填,这实际上是浅层处治措施。

垫层的厚度以保证不致因沉降发生断裂为宜,宽度适当大于路宽度,以防止在施工过程中由于施工机械的破坏而影响对垫层的有效作用。

(1)砂垫层

在软、湿地基上铺以0.3~0.5m厚度的砂(砾)垫层排水层,有利于软湿表层的固结,并形成填土的底层排水,在一定程度上能提高地基强度,使施工机械可以通行。

机理:在软土层顶面铺砂垫层,主要起浅层水平排水作用,使软土中的水分在路堤自重的压力作用下,加速沉降发展,缩短固结时间,但对基底应力分布和沉降量的大小无显著影响。

适用条件:该法适用于路堤高度小于两倍极限高度(在天然软土地基上,基底不作特殊加固处理而用快速施工方法修筑路堤的填筑最大高度），软土层及其硬壳较薄，或软土表面渗透性很低的硬壳等情况。亦适用于软土层稍厚但具有双面排水条件的地基。

特点：砂垫层施工简便，不需特殊机具设备，占地较少。但需放慢填筑速度，严格控制加荷速率，使地基有充分时间进行排水固结。因此，适用于施工期限不紧迫、砂料来源充足、运距不远的施工环境。

形式：有排水砂垫层、换土砂垫层、砂垫层和土工布混合使用等形式。

对砂垫层下设置土路拱的问题，各地看法不尽一致。一种看法认为：对砂垫层的排水作用，由于盆形沉降可能会受到影响，主张在地基上做土路拱的办法是没有必要的。因为孔隙水是在地基中孔隙水压力消散过程中排出的，是有压水，只要排水通道不断开，孔隙水就能排出地基，因而认为做土路拱无效果。另一种看法认为设计土路拱对砂垫层的排水肯定是有利的，而且路堤各层施工形成的表面路拱，有利于地表雨水的排除。

①垫层材料宜采用无杂物的中、粗砂，不许掺有细砂及粉砂，含泥量应小于5%；也可采用天然级配砂砾料，其最大粒径应小于50mm，砾石强度不低于四级（即洛杉矶法磨耗率小于60%）。

②砂垫层施工中的关键，是将砂加密到设计要求的密实度。加密的方法常用的有振动法（包括平振、插振、夯实）、水撼法、碾压法等。这些方法要求分层铺砂，然后逐层振密或压实，碾压到规定的压实度。分层的厚度视振动力划定，一般为15~20cm。

③垫层宽度应宽出路基边脚500~1000mm，两侧宜用片石护砌或采用其他方式防护。

④碾压法施工时最佳含水率一般控制在8%~12%，无明显粗细粒料分离。

（2）碎石、岩渣垫层：一般厚度为0.4m左右，并铺设单层或双层土工织物，或土工网格。有利于均匀支承填土荷载，提高地基承载力，减少地基的沉降量。

（3）掺和料垫层：利用掺和料（石灰、粉煤灰、水泥、土、加固剂）以一定剂量混合在填料土中，可改变地基的压缩性和强度特性，从而保证施工机械的通行，若垫层大部分松散，应进行大部分或全部防护。

石灰土是一种传统的建筑材料，它是在原地面上用一定体积比拌和、在最佳含水率情况下压实，能提高地基承载力，减少沉降，当软弱土层的厚度不大（1~3m）时，能取得较好效果。

①石灰应为消石灰$Ca(OH)_2$或生石灰粉CaO，石灰质量应达到三级以上标准。活性成分有效钙镁含量对生石灰≥65%，消石灰≥50%，残渣含量、含水量、细度（过筛、粒径不得大于5mm）等满足要求。当活性氧化物含量不高时，应相应增加石灰的用量。石灰的储存时间不宜超过3个月，长期存放将会使其活性降低。

石灰土中的石灰剂量，以石灰中活性CaO和MgO的含量与土质情况而定，约为石灰土压实干密度的10%左右。

灰土中石灰的用量在一定范围内，其强度随用灰量的增大而提高，但当超过一定限值后，强度增加很小，并有逐渐减小的趋势。石灰剂量较低时（3%~4%）主要起稳定作用，对黏性土、粉性土最佳剂量（8%~14%），对砂性土9%~16%。

一般情况下2∶8和3∶7的灰土可作为最佳含灰率，而1∶9的灰土，虽然强度低一些，但能改善土的压实性能。

②土料。灰土中的土不仅作为填料，而且参与化学作用，尤其是土中的黏粒（＜0.005mm）或胶粒（＜0.002mm）具有一定活性和胶结性，含量越多（即土的塑性指数越高），则灰土强度也越高，通常采用黏性土（土塑性指数大于4）拌制灰土，应予粉碎，其团粒不得大于50mm。

③施工时应将灰土拌和均匀，控制含水率，如土料水分过多或不足时应晾干或洒水润湿。一般可按经验在现场直接判断，其方法为手捏灰土成团，两指轻捏即碎，或落地粉碎，这时，灰土基本上接近最佳含水率。

④掌握分层松铺厚度，按采用的压实机具现场试验来确定，一般情况下松铺30cm，分层压实厚度为20cm。

⑤灰土垫层铺筑完毕后，要防止日晒雨淋，及时铺筑上层。压实后的灰土应采取排水措施，3d内不得受水浸泡。

2. 反压护道

当在施工过程中填土将使土基产生的滑动破坏达不到要求时，在填方路堤两侧一定宽度范围内平衡反压填土，以谋求填土的稳定。利用这种方法用地宽度显著增加，为此需要大量的土方。在用地困难、征地费高以及难以得到价廉填土材料的情况下是很不经济的。因此这种方法大多是用在施工过程中已经明显出现不稳定的填方，或发生了滑坍破坏的填方时，作为应急措施和修复措施。

（1）机理：在路堤两侧填筑一定宽度和高度的护道，以改用路堤荷载方式来增加抗滑力的方法，使路堤下的软基向两侧隆起的趋势得到平衡，从而保证路堤的稳定性。

（2）适用条件：路堤高度不大于1.5~2倍的极限高度，非耕作区和取土不太困难的地区。

（3）特点：采用反压护道加固地基，不需特殊的机具设备和材料，施工简易方便，但占地多，土用量大，后期沉降大，以后的养护工作量也大。

（4）施工：反压护道的施工应与路堤本身同时填筑，分开填筑时，必须在路堤达到临界高度前筑好。其他的施工工艺和要求与路堤填筑要求相同。

3. 土工合成材料处治

（1）土工布

机理：土工布铺设于路堤底部，在路基自重作用下受拉产生抗滑力矩，提高路基稳定性。土工布在软土地基加固中的作用包括排水、隔离、应力分散和加筋补强。

土工布连接一般采用搭接法或缝接法。目前缝接法有一般缝法、丁缝法和蝶形法。

（2）土工格栅

机理：土工格栅加固土的机理存在于格栅与土的相互作用之中。一般可归纳为格栅表面与土的摩擦作用；格栅孔眼对土的锁定作用和格栅肋的被动抗阻作用。三种作用均能充分约束土的颗粒侧向位移,从而大大地增加了土体的自身稳定性,对土的加固效果,明显高于其他土工织物。

优点:可迅速提高地基承载力,加快施工进度;控制软基地段沉降量发展,缩短工期,使公路及早投入使用。

(3)土工合成材料施工

①铺设土工合成材料,应在路堤每边各留一定长度,回折覆裹在已压实的填筑层面上,折回外露部分应用土覆盖。

②采用搭接时,搭接长度宜为300~600mm;采用缝接时,缝接宽度应不小于50mm,缝接强度应不低于土工合成材料的抗拉强度;采用黏结时,黏合宽度应不小于50mm,黏合强度应不低于土工合成材料的抗拉强度。

③施工中应采取措施防止土工合成材料受损,出现破损时应及时修补或更换。

④双层土工合成材料上、下层接缝应错开,错开长度应大于500mm。

4. 开挖换填法

浅层处治一般指从地表下30~300cm之间,可用浅层拌和、换填抛石等方法进行处治,例如,日本沟槽型的石灰土拌和机,能进行浅层拌和,深度为地面以下1.3cm,而叶轮回转型则可达1.8m。

换填法一般适用于地表下0.5~3.0m之间的软土处治。

将软弱地基层全部挖除或部分挖除,用透水性较好的材料(如砂砾、碎石、钢渣等)进行回填。对于软基较浅(1~2m)的泥沼地特别有效。但对于深层软基处理,要求沉降控制较严的路基、桥涵构造物、引道等,应考虑采用其他方法。

(1)换填料应选用水稳性或透水性好的材料。

(2)回填应分层填筑、压实。

5. 抛石挤淤法

在路基底部抛投一定数量片石,将淤泥挤出基底范围,以提高地基的强度。

现行公路规范、铁路规范都规定了当软土厚度小于3m时可用抛石挤淤措施。

本方法适用于常年积水的洼地,排水困难,泥炭呈流动状态,厚度较薄,表层无硬壳,片石能沉达底部的泥沼或厚度为3~4m的软土;在特别软弱的地面上施工由于机械无法进入,或是表面存在大量积水无法排除时;石料丰富、运距较短的情况。

或适用于软土层位于水下、更换土壤施工困难或基底直接落在含水率极高的淤泥中。稠度远超过液限,呈流动状态的路段。一般地讲,抛石是经济的,但技术上缺少把握,使用时要慎重。

(1)应选用不易风化的片石,片石厚度或直径不宜小于300mm。

(2)软土地层平坦、软土成流动状时,填筑应沿路基中线向前成三角形方式投放片石,再渐次向两侧全宽范围扩展。当软土地层横坡陡于1:10时,应自高侧向低侧填筑,并在低侧坡脚外一定宽度内同时抛填形成片石平台。

（3）片石抛填出软土面后，应用较小石块填塞垫平，并碾压密实。

6. 爆破排淤法

（1）机理及特点：将炸药放在软土或泥沼中爆炸，利用爆炸时的张力作用，把淤泥或泥沼扬弃，然后回填强度较高的渗水性土壤，如砂砾、碎石等。爆破排淤是换土的一种施工方法，较一般方法换填深度大、工效较高，软土、泥沼均可采用。

（2）适用条件：当淤泥（泥炭）层较厚，稠度大，路堤较高和施工期紧迫时；路段内没有桥涵等构造物，路基承载力均衡一致，因整体沉降对道路不会产生破坏，也可考虑换填。但对桥涵构造物及两侧引道等，应考虑采用其他方法。

（3）施工要点：爆破排淤分为两种，一种方法是先在原地面上填筑低于极限高度的路堤，再在基底下爆破，适用于稠度较大的软土或泥沼。另一种方法是先爆后填，适用于稠度较小，回淤较慢的软土。

（二）真空预压、真空堆载联合预压（重压法）

1. 堆载预压法

（1）机理：在软基上修筑路堤，通过填土堆载预压，使地基土压密、沉降、固结，从而提高地基强度，减少路堤建成后的沉降量。

（2）特点及适用范围：堆载预压法对各类软弱地基均有效；使用材料、机具简单，施工操作方便。但堆载预压需要一定的时间，适合工期要求不紧的项目。对于深厚的饱和软土，排水固结所需要的时间很长，同时需要大量的堆载材料，在使用上会受限。

（3）方式：进行预压的荷载超过设计的道路工程荷载，称为超载预压；预压荷载等于道路工程荷载，称为等载预压。

2. 真空预压法

利用大气压强0.098MPa等效堆载预压法对软基进行加固。即依靠真空抽气设备，使密封的软弱地基产生真空负压力，使土颗粒间的自由水、空气沿着纵向排水通道，上升到软基上部砂垫层内，由砂垫层内过滤再排离软基密封膜以外，从而使土体固结。该法适用于含水量高、孔隙比大、强度低、渗透系数和固结系数均较小的黏土。

3. 真空预压加堆载预压法

真空预压加堆载预压法是堆载预压和真空预压两种方法的结合，原理与真空预压相同，但加载更大，预压时间缩短了一半。

压重法施工：

（1）垫层材料宜采用中、粗砂，泥土杂质含量小于5%，严禁砂中混有尖石等尖利硬物。

（2）密封膜厚度宜为0.12~0.17mm，密封膜每边长度应大于加固区相应边3~4m。薄膜加工后不得存在热穿、热合不紧等现象，不宜有交叉热合缝。

（3）每个加固区用2~3层密封膜，具体层数可根据密封膜性能确定。

（4）滤管应不透砂。滤管距泥面、砂垫层顶面的距离均应大于50mm。滤管周围必须用砂填实，严禁架空、漏填。

（5）密封沟与围堰施工要求如下：

①沿加固边界开挖密封沟，其深度应低于地下水位并切断透水层，内外坡应平滑。沟底宽度应大于400mm，密封膜与沟底黏土之间应进行密封处理。

②密封沟回填料应为不含杂质的纯黏土，不得损害密封膜。

③筑堰位置应跨密封沟的外沟沿，堰体应密实牢固。

④铺膜前，应把出膜弯管与滤管连接好，并培实砂子，同时处理好出口的连接。

（6）真空表测头应埋设于砂垫层中间，每块加固区不少于2个真空度测点，真空管出口须防止弯折或断裂。

（7）抽真空施工要求如下：

①抽真空持续时间应符合设计要求，设计无规定时可持续2~5个月。

②覆盖厚度宜为200~400mm，膜下真空压力应持续稳定在80kPa以上。

③应注意观察负压对其相邻结构物的影响。

（8）真空堆载联合预压施工要求如下：

①路堤填筑宜在抽真空30~40d后开始进行，或按设计规定开始堆载。

②路堤填筑速率应符合设计规定。

③路堤填筑期间，应保持抽真空。

④路堤填筑高度达到设计标高（考虑沉降）后，应继续抽真空，路堤沉降值（或地基固结度）达到设计要求后方可停止抽真空。

（9）施工监测要求如下

①预压过程中，应进行孔隙水压力、真空压力、深层沉降量及水平位移等预压参数的监测。真空压力每隔4h观测一次，表面沉降每2d测一次。

②当连续五昼夜实测地面沉降小于0.5mm/d、地基固结度已达到设计要求的80%时，经验收，即可终止抽真空。

③停泵卸荷后24h，应测量地表回弹值。

（三）垂直排水固结法

垂直排水法的原理是软土地基在路堤荷载作用下，水从孔隙中慢慢排出，孔隙比减小，地基发生固结变形，同时随着超静水压力逐渐扩散，土的有效应力增大，地基土强度逐步增长。

排水固结法可以解决两个问题。沉降问题，使地基的沉降在加载预压期间大部分或基本完成，使建筑物在使用期间不致产生不利的沉降和沉降差。稳定问题，加速地基土的抗剪强度的增长，从而提高地基的承载力和稳定性。

垂直排水法是由排水系统和堆载（加压）系统两部分组合而成的，设置排水系统主要在于改变地基原有的排水边界条件，增加孔隙水排出的途径，缩短排水距离。该系统是由水平排水体（通道）（垫层、排水沟）和竖向排水体（通道）（普通砂井、袋装砂井、塑料排水板等）构成的。

堆载系统为路堤填料的填筑，可以有欠载、等载、超载预压，也可采用真空预压法用于软黏土地基，施工期间保证有足够的预压期。

根据我国应用排水固结法加固软土地基多年的实践经验，以及国内外发展情况，竖向排水体在工程上的应用有以下几种：30~50cm直径的普通砂井，7~12cm直径的袋装砂井和塑料排水板。

利用砂井、袋装砂井、塑料排水板增加土层竖向排水途径，缩短排水距离、加速地基固结。

1. 砂井

砂井施工工艺恰当与否，直接影响到砂井的排水效果，施工工艺的选择主要考虑3个问题：

①保证砂井连续、密实，并且不出现颈缩现象；

②施工时尽量减小对周围土的扰动；

③施工后砂井的长度、直径和间距应满足设计要求。

用振动打桩机、柴油打桩机（冲击式和振动式），以及下端装有活瓣钢桩靴的桩管将砂（含泥量不大于3%）或砂和角砾混合料（含泥量不大于5%）形成砂井。在施工时考虑避免"缩颈"和减少对土的扰动。

（1）套管法：将带有活瓣管尖或套有混凝土端靴的套管沉到预定深度，然后在管内灌砂后，拔出套管，形成砂井。根据沉管工艺的不同，又分为静压沉管法、振动沉管法等。

①静压、锤击联合沉管法。用该法施工往往在提管时，由于砂的拱作用及与管壁的摩阻力，将管内砂柱带上来，使砂井断开或缩颈，影响砂井排水效果。

②振动沉管法。以振动锤为动力，将套管沉入到预定深度，灌砂后振动提管形成砂井。采用该法施工不仅避免了管内砂随管带上，保证井的连续性，同时砂受到振密，砂井质量好。

（2）水冲成孔法：通过专用喷头，在水压力作用下冲孔，成孔后清孔，再向孔内灌砂形成。适用于土质较好且均匀的砂性土。

采用该法施工时，有两个环节需特别注意，一是控制好冲孔时水压力大小和冲水时间，这和土层性质有关，当分层土的性质不同而用相同水压时，会出现成孔直径不同的现象。二是孔内灌砂质量。如孔内泥浆未清洗干净，砂中含泥量增加，会使砂井渗透系数降低，这对土层的排水固结是不利的，并且如泥浆排放疏导不好，也会对水平排水垫层带来不利影响。

水冲成孔工艺，对土质较好且均匀的黏性土地基是较适用的，但对土质很软的淤泥。因成孔和灌砂过程中容易缩孔，很难保证砂井的直径和连续性。对于夹有粉砂薄层的软土地基，若压力控制不严，冲水成孔时易出现串孔，对地基扰动比较大，应引起注意。

水冲成孔法设备比较简单，对土的扰动较小，但在泥浆排放、塌孔、缩颈、串孔、灌砂等方面还存在一定的问题。

（3）螺旋钻成孔法：以动力螺旋钻钻孔，提钻后灌砂成砂柱，适用于陆上工程，砂井长度 10m 以内，且土质较好，不会出现缩颈、塌孔现象的软弱地基。

优点是设备简单机动，成孔规则。缺点是灌砂质量较难掌握，不太适用于很软弱的地基。此法在美国应用较广泛，工艺所用设备简单而机动，成孔比较规整，但灌砂质量较难掌握，对很软弱的地基也不太适用。

施工要点：

①材料要求：采用中、粗砂，大于 0.6mm 颗粒含量宜占总重的 50% 以上，含泥量应小于 3%，渗透系数大于 5×10^{-2} mm/s。也可使用砂砾混合料，含泥量应小于 5%。

②砂桩施工应符合以下规定：

①采用单管冲击法、一次打桩管成桩法或复打成桩法施工时，应使用饱和砂；采用双管冲击法、重复压拔法施工时，可使用含水量为 7%~9% 的砂；饱和土中施工可用天然湿砂。

②地面下 1~2m 土层应超量投砂，通过压挤提高表层砂的密实程度。

③成桩过程应连续。

④实际灌砂量未达到设计用量时，应进行处理。

③砂桩施工质量，应符合规定。

表 2-1-1　砂桩施工质量标准

项次	检查项目	规定值或允许偏差	检查方法和频率
1	桩距（mm）	±150	抽查 3%
2	桩长	不小于设计值	查施工记录
3	桩径	不小于设计值	抽查 3%
4	竖直度（%）	1.5	查施工记录
5	灌砂量	不小于设计值	查施工记录

2. 袋装砂井

（1）施工工序

①施工设备的准备。此工序包括整平施工场地，机具配备，砂料和砂袋以及成孔套管、桩尖等一系列准备工作的完成，并对井孔定位放样经过复核无误。

②沉入套管。将带有可开闭底盖的套管或带有预制桩尖的套管（内径略大于砂袋直径）按井孔定位沉入到要求的深度。

③袋子灌砂压重沉放管内，扎好砂袋（袋长比井深约长 2m）下口后，在其下端放入 20cm 左右高的砂子作为压重，将袋子放入套管中沉入到要求的深度。如不能沉至要求深度，会有部分拖留在地面，此时须作排泥处理，直至砂袋沉达预定深度。

④就地填砂入袋成井。将袋口固定在装砂用的漏斗上，通过振动将砂填满袋中，卸下砂袋，拧紧套管上盖，然后一边把压缩空气送进套管，一边提升套管至地面。

⑤用预制砂袋沉放，也可采用预先在袋内装满砂料，扎好上口，成为预制砂袋，运往

现场，弯成圆形，成圈堆放，成孔后将砂袋立即放入孔内。

（2）袋装砂井成孔方法及主要机具

袋装砂井的成孔方法，可根据机械设备条件进行比较选择。目前，我国所采用的有如下几种施工方法：锤击沉入法、射水法、压入法、钻孔法以及振动贯入法等。且均有专用的施工设备，一般为导管式的振动打设机械，只是在进行方式上有差异。各种成孔方法所选用机械及工效见表2-1-2所列。

表 2-1-2 成孔方法及主要机械和工效参考表

成孔方法	机具总质量（t）	主要机械设备	平均成孔时间
锤击沉入法	1.0	1t绞车（卷扬机）1台，55kW电机1台，0.6t锤1个	12min43s
射水法	0.5	0.5t缆车1台，75TSW-7水泵1台	100min
压入法	4.0	1t绞车2台，3t绞车2台	15min
钻孔法	1.0	100型钻机1台	60min
振动贯入法		WM2-12000A型振动打桩机1套	30s

（3）确定袋装砂井施工长度时，应考虑袋内砂体积减小，袋装砂井在孔内的弯曲、超深及伸入水平排水垫层内的长度等因素，避免砂井全部深入孔内，造成与砂垫层不连接。

（4）中、粗砂中大于0.6mm颗粒的含量宜占总重的50%以上，含泥量小于3%，渗透系数大于5×10^{-2}mm/s。砂袋的渗透系数应不小于砂的渗透系数。

（5）袋装砂井施工应符合以下规定：

①砂袋露天堆放时，应有遮盖，不得长时间暴晒。袋中砂宜用风干砂，不宜采用潮湿砂，以免袋内砂干燥后，体积减小，造成袋装砂井缩短与排水垫层不搭接等质量事故。

②砂袋应垂直下井，不得扭结、缩颈、断裂、磨损。砂袋入口处的导管口应装设滚轮，避免砂袋刮破漏砂。

③拔钢套管时，如将砂袋带出或损坏，应在原孔位边缘重打；连续两次将砂袋带出时，应停止施工，查明原因并处理后方可施工。施工中要经常检查桩尖与导管口的密封情况，避免导管内进泥太多，影响加固深度。

④砂袋在孔口外的长度，应能顺直伸入砂垫层至少300mm。

⑤袋装砂井施工质量应符合规定。

表 2-1-3 袋装砂井施工质量标准

项次	检查项目	规定值或允许偏差	检查方法和频率
1	井距（mm）	±150	抽查3%
2	井长	不小于设计值	查施工记录
3	井径（mm）	+10，-0	挖验3%
4	竖直度（%）	1.5	查施工记录
5	灌砂率（%）	-5	查施工记录

3. 塑料排水板

塑料排水板由芯板和滤膜组成，芯板是由聚丙烯和聚乙烯塑料加工而成，且两面有间隔沟槽的板体，土层中固结渗流水通过滤膜渗入到沟槽内，并通过沟槽从排水垫层中排出。

目前我国生产的塑料板有两种，即南京生产的聚氯乙烯梯形槽塑料板及天津塘沽塑料制品厂生产的聚丙烯、聚乙烯梯形槽塑料板（100mm×4~7mm）。

利用塑料排水板打入（用插板机插入）土中，作为垂直排水通道，可代替常用的排水砂井法，其滤水性好，可确保排水效果，塑料排水板有一定的强度和延伸率，适应地基变形的能力强，插板截面尺寸不大，插入时地基扰动小，施工方便。

（1）塑料板排水法的施工机械，基本上可与袋装砂井打设机械共用，只是将圆形导管改为矩形导管。日本使用一种专门插板机，其机械化和自动化程度较高。

对于目前我国应用的两用打设机械，其振动打设工艺、锤击振力大小，可根据每次打设根数、导管断面大小、入土长度及地基均匀程度具体确定。

（2）塑料排水板导管靴与桩尖塑料排水板通过导管，从导管靴穿出并与桩尖相连，导管连同塑料板顶住桩尖压入土中。

（3）塑料排水板打设顺序包括：定位→将塑料板通过导管从管靴穿出→将塑料板与桩尖连接贴紧管靴并对准桩位→插入塑料板→拔管剪断塑料板等。

施工过程中还应注意以下几点：

①塑料板插入过程中防止淤泥进入板芯，堵塞输水通道，影响排水效果；塑料板与桩尖连接要牢固，避免提管时脱开将塑料板带出。

②桩尖与导管配合要适当，避免错缝，防止淤泥进入，增大塑料板与导管壁的摩擦力造成塑料板带出。

③现场堆放的塑料排水板，应采取措施防止损坏滤膜，露天堆放应有遮盖，不得长时间暴晒。

④塑料排水板超过孔口的长度应能伸入砂垫层不小于500mm，预留段应及时弯折埋设于砂垫层中，与砂垫层贯通，并采取保护措施。塑料排水板不得搭接。

⑤严格控制间距和深度，凡塑料板带上2m的应作废补打；打设形成的孔洞应用砂回填，不得用土块堵塞。

表 2-1-4　塑料排水板施工质量标准

项次	检查项目	规定值或允许偏差	检查方法和频率
1	板距（mm）	±150	抽查3%
2	板长	不小于设计值	抽查3%
3	竖直度（%）	1.5	查施工记录

（四）振冲碎石桩（振冲置换法）

振冲碎石桩是指利用一个产生水平方向振动的管状设备，在高压水流下边振动冲在软弱黏性土地基中成孔，再在孔内分批填入碎石等坚硬材料制成一根根桩体，桩体和原来的黏性土构成复合地基，以提高地基承载力，并减少压缩性。

碎石桩的承载力和沉降量在很大程度上取决于周围软土对碎石桩的约束作用，如周围土过于软弱，对碎石桩的约束作用就差。

振冲碎石桩的适用土质主要是软弱黏性土地基，当然在砂土中也能应用，但此时挤密作用的重要性远大于置换作用。对于抗剪强度较低的软黏土采用本法务必慎重。

利用振动和水冲加固土体的方法叫作振冲法。该法最早是用来振密松砂地基的，后来将其应用于黏性土地基。在黏性土中以石块、砂砾等散粒材料组成桩体，这些桩与原地基土构成所谓复合地基，使沉降量减少，承载力提高。它的加固机理与振冲砂基完全不同，前者是利用振冲在地基中以紧密的桩体材料置换一部分地基土，而后者是用振冲法使松砂变密。

在制桩过程中，填料在振冲器的水平向振动作用下挤向孔壁的软土中，从而使桩体直径扩大。当挤入力与土的约束力平衡时，桩径不再扩大。显然，原土强度越低，也就是抵抗填料挤入的约束力越小，造成的桩体就越粗。如果原土的强度过于低弱（如刚吹填的软土），以致土的约束力始终不能平衡使填料挤入孔壁的力，那就始终不能形成桩体，这种办法不再适用。土的强度至少要有多少才能成桩，各种说法不一。

1. 施工机具

主要机具是振冲器、吊机或施工专用平气和水泵。振冲器是利用一个偏心体的施转产生一定频率、和振幅的水平向振力并进行振冲挤密或振冲置换施工的一种专用机械。目前用于振冲置换施工的振冲器主要有 ZCQ-13、ZCQ-30 和 ZCQ95 三种型号，其中最常用的为 ZCQ30。ZCQ30 的潜水电机功率为 30kW，转速 1450r/min。额定电流约 60A，振幅 4.2mm，最大水平向振力 60kN，外壳直径 3551mm，长 2150mm，总重 9.4kN。

起吊机械有履带或轮胎吊机、自行井架式专用平车或抗扭胶管专用汽车。选用吊机时，吊机的起吊能力需大于 100~200kN。

水泵的规格是出水压 400~600kPa，流量 20~30mm³/h。每台振冲器配一台水泵。如果工地有数台振冲器同时施工，也可用集中供水的办法。

其他设备有运料工具（手推车、装卸机或皮带运输机）、泥浆泵、配电板等。

2. 填料

制作桩体的填料宜就地取材，如碎石、卵石、砂砾、矿渣、碎砖等均可使用，但不宜采用风化石块，粒径宜为 19~63mm。含泥量均不得大于 10%。最大粒径不大于 5cm。粒径太大不仅容易卡孔，而且能使振冲器外壳强烈磨损。

3. 加料方式

加料一般有 3 种方式。第一种是把振冲器提出孔口，往孔内倒入约 1m 堆高的填料，然后下降振冲器使填料振实。第二种是振冲器不提出孔口，只是向上提 1m 左右，然后向孔口倒料，再下降振冲器使填料振实。第三种是边把振冲器缓慢向上提升，边在孔口连续加料。就黏性土地基来说，多数采用第一种加料方式，因为后两种方式不能保证桩体质量。

对较软的土层，宜采用"先护壁，后制桩"的办法施工。即成孔时，不要一下达到设计深度，而是先达到软层上部1~2m范围内，将振冲器提出孔口加一批填料；下降振冲器使这批填料挤入孔壁，把这段孔壁加强以防塌孔；然后使振冲器下降至下一段软土中，用同样方法加料护壁。如此重复进行，直达设计深度。孔壁护好后，就可按常规步骤制桩了。

4.施工顺序

桩的施工顺序一般采用由里向外、由一边推向另一边，或间隙跳打的方式。

5.制桩操作步骤

先用振冲器成孔，而后借循环水清孔，最后倒入填料，再用振冲器沉至填料进行振实成型。

碎石桩密实度抽查频率为2%，用重型动力触探测试，贯入量100mm时，击数应大于5次。

表2-1-5 碎石桩施工质量标准

项次	检查项目	规定值或允许偏差	检查方法和频率
1	桩距（mm）	±150	抽查3%
2	桩径	不小于设计值	查施工记录
3	桩长	不小于设计值	抽查3%
4	竖直度（%）	1.5	查施工记录
5	灌碎石量	不小于设计值	查施工记录

水泥粉煤灰碎石桩

（1）材料要求如下：

①集料：应根据施工方法，选择合理的集料级配和最大粒径。

②水泥：宜选用普通硅酸盐水泥。

③粉煤灰：宜选用袋装二、三级粉煤灰。

（2）施工前应进行成桩试验，试桩数量宜为5~7根。

（3）水泥粉煤灰碎石桩施工应符合以下规定：

①桩体施工应选择合理的施打顺序，避免对已成桩造成损害。

②成桩过程中，应对已打桩的桩顶进行位移监测。

③混合料应拌和均匀。

（4）水泥粉煤灰碎石桩施工质量，应符合规定。

表2-1-6 水泥粉煤灰碎石桩施工质量标准

项次	检查项目	规定值或允许偏差	检查方法和频率
1	桩距（mm）	±100	抽查桩数3%
2	桩径	不小于设计值	抽查桩数3%
3	桩长	不小于设计值	查施工记录

续表

项次	检查项目	规定值或允许偏差	检查方法和频率
4	竖直度（%）	1	抽查桩数3%
5	桩体强度	不小于设计值	取芯法，总桩数的5%
6	单桩和复合地基承载力	不小于设计值	成桩数的0.2%，并不少于3根

（五）水泥粉喷桩（深层搅拌法）

粉体喷射搅拌桩加固软土地基，主要是以粉体物质作加固料和原状软土进行强制搅拌，经过物理化学作用生成一种特殊的、具有较高强度、较好变形特性和水稳定性的混合柱体（粉喷桩），它对提高软土地基承载能力、减少地基的沉降量有明显效果。

水泥粉喷桩是利用水泥粉作为固化剂，通过特别的深层搅拌机械，在地基深处将水泥粉和软土强制搅拌，利用固化剂和软土之间产生一系列物理、化学反应，形成坚硬拌和柱体，与周围土体形成复合地基作用，以提高地基承载能力，并减少压缩性。

本法适用于淤泥质土、黏性土、粉土、杂填土天然含水率大于30%等软弱性黏性土的加固。据研究表明对含有多水高岭石、蒙脱石等松土矿物的软土，效果较好，对含有氯化物和水铝英石等黏土矿物的黏性土、有机质含量高pH酸碱度低的黏土加固效果较差。

1. 特点

粉喷桩加固法与其他软基处置方法相比较，具有下列特点：

（1）由于该法以粉体作为加固料，不需向地基注入附加水分，可以充分地吸取地下水，因此加固后地基柱体承载力与相类似的浆喷柱相比要高，其固结效果要好。

（2）该法加固水泥土柱与周围土体形成的复合地基，不需预压即可获得较高的复合地基承载力及复合变形模量，加固土柱体的压缩量仅为0.6%左右，下卧层的沉降量一般情况也能减少地基沉降总量的1/3~2/3。

（3）施工时低压操作，安全可靠，无污染，无振动，无噪声，对周围环境及建筑物无不良影响。

（4）本法可以根据不同土质条件及设计要求，分别选择加固料种类（水泥粉、石灰粉、钢渣粉等）及其合理的配比。

本法可以解决下列工程问题：

①增加软土地基承载力；

②减少软土地基的压缩量；

③加快软土地基的沉降速率（石灰系列）；

④作侧向支护以增加开挖边坡的稳定性。

施工前清场准备

施工机械进场前，必须做好下列施工场地准备工作：

（1）施工机械进出场的道路条件。对道路及桥梁的要求，一般应满足10t卡车及汽车吊机的行走要求。

（2）电力供应。一台粉喷桩施工机械其用电功率为50kW，在没有电源的地区，应配备75kW柴油发电机组。

（3）查明障碍物。地下有无大块石、树根、地下管线等，空中有无高压线。障碍物均应事先消除。

（4）料库及工具间。施工场地的料库及工具间应便利加固料的运输及工作方便，并有防火、防盗设施。

（5）施工场地。地面土质较差、承载力较低时，应铺设山皮土或碎石垫层，以满足施工机械场地的行走要求。

2．施工机械

粉喷桩施工主要机具是钻机、粉体发送器、空气压缩机和搅拌钻头。

（1）钻机

钻机是粉体喷射搅拌法施工的主要成柱机械。为便于运输，钻机及桅杆架可安装在载体汽车上，也可用汽车单独运至工地后，移置于地面上进行操作。它必须满足：

①动力大、扭矩大，适合大直径钻头成柱；钻头直径一般为500mm。

②具有正向钻进、反转提升的功能。

③提升力大，并能实现匀速提升。目前使用的钻机大多是上海探矿机械厂和铁道部第四勘测设计院联合研制的GPP5型Ⅰ、Ⅱ种，加固深度分别为12.5m、18m。

（2）粉体发送器

粉体发送器是定时设置发送粉体材料的设备，它是粉体喷射搅拌法加固软土地基施工机械中的关键设备。由空气压缩机输送来的压缩空气，通过节流阀调节风量的大小，进入"气水分离器"，使压缩空气中的气水分离。然后，"干风"到达粉体发送器喉管，与"转鼓"定量输出的粉体材料混合，成为气粉混合体，进入钻机的"旋转龙头"，通过空心钻杆喷入地下。

粉体的定量输出，由控制转鼓的转速来实现。施工前必须按照加固工程的地质条件，通过室内试验，找出最佳粉体掺入量（如石灰粉的最佳掺入量，采用相当于干土量的4%～15%）。根据施工时钻机的提升速度、钻机的转速、搅拌钻头的类型，选用合理的粉体发送。

（3）空气压缩机

粉体喷射法的粉体喷出，是以空气压缩机作为风源。空压机的选型，主要受加固工程的地质条件和加固深度所控制。

粉体喷射搅拌法与旋喷法（CCP工法）不同。粉体喷射搅拌法是以机械强制搅拌，气粉混合体只需克服喷灰口处土及地下水的阻力而喷入土中，通过搅拌叶片的机械搅拌作用，使灰土混合，形成加固柱体；旋喷法则是依靠高压脉冲泵所喷射的高压水来破坏土层。因此，粉体喷射搅拌法所用空气压缩机的压力不需要很高。此外，空气压缩机的风量也不宜太大。

（4）搅拌钻头

粉体喷射搅拌法凭借搅拌钻头叶片的搅拌作用使灰粉与软土混合，因此搅拌钻头的形状良接影响灰、土的搅拌效果。钻头的形式应保证反向旋转提升时，对柱中土体有压密作用，而不是使灰、土向地面翻升而降低桩体质量。

（5）计量装置

是用于监测粉喷桩施工中粉体输入量的连续性及均匀性的装置，及时掌握钻机在喷粉过程中喷入软土层的水泥数量，它能逐段按层分析粉体的输入量，通过安装在粉体发送机上的调孔装置，使输入量能满足设计要求，并能自动记录打印。

3. 粉喷桩施工工艺流程

钻机就位→空气压缩机送气、钻进至设计孔深→喷灰、搅拌、提升→成桩、至设计桩顶→复搅 1/3 桩长→停灰、停气→下一循环。

但在有些情况下，亦可采用在下钻时就喷水泥或复喷复搅、压桩、加水等其他工艺。

（1）柱体对位：根据设计，确定加固机体的位置，使搅拌轴保持垂直。

（2）下钻：启动搅拌钻机，钻头边旋转边钻进。为了不致堵塞喷射口，此时并不喷射加固材料，而是喷射压缩空气。钻进时喷射压缩空气，可使钻进顺利，负载扭矩小。随着钻进，准备加固的土体在原位受到搅动。

（3）钻进结束：钻至设计高程后停钻。

（4）提升启动搅拌钻机，钻头呈反向边旋转、边提升，同时通过粉体发送器将加固粉体料喷入被搅拌的土体中，使土体和粉体料进行充分拌和。沿深度方向，加固材料的混合量系根据发送器输出的加固材料数量与搅拌叶片提升速度的关系确定。

（5）提升结束：柱体形成当钻头提升至距离地面 30~50cm 时，发送器停止向孔内喷射粉料，成柱结束。由于装置的回路是封闭的，在回路内的输送过程中，粉体不会向空中喷发与飞散。实践证明向土体喷射过程中的提升最后阶段，若在搅拌钻头距地表 30~50cm 处停止喷粉，则粉粒不会溢出地面。一般常限制在距地表 50cm 处停止喷粉。

（6）复拌：根据设计要求在地面下一定深度范围内需进行重复搅拌，此时，停止喷粉，钻头边旋转边钻进至设计要求复拌的深度，再提升反向边旋转边提升。使土体和粉体充分拌和，土块被充分粉碎。水泥粉均匀分布在地基土中。

4. 施工要点

（1）材料要求如下：

①生石灰粒径应小于 2.36mm，无杂质，氧化镁和氧化钙总量应不小于 85%，其中氧化钙含量应不小于 80%。

②粉煤灰中二氧化硅和三氧化二铝含量应大于 70%，烧失量应小于 10%。

③水泥宜用普通或矿渣水泥，强度等级为 42.5 或 32.5 级。

（2）加固土桩施工前必须进行成桩试验，桩数不宜少于 5 根，且满足以下要求：

①应取得满足设计喷入量的各种技术参数，如钻进速度、提升速度、搅拌速度、喷气

压力、单位时间喷入量等。

②应确定能保证胶结料与加固软土拌和均匀性的工艺。

③掌握下钻和提升的阻力情况，选择合理的技术措施。

④根据地层、地质情况确定复喷范围。

（3）应根据固化剂喷入的形态（浆液或粉体），采用不同的施工机械组合。

（4）采用浆液固化剂时，制备好的浆液不得离析，不得停置过长。超过2h的浆液应降低等级使用。浆液拌和均匀、不得有结块。供浆应连续。

（5）采用粉体固化剂时，应符合以下规定：

①严格控制喷粉标高和停粉标高，不得中断喷粉，确保桩体长度；严格控制粉喷时间、停粉时间和喷入量。应采取措施防止桩体上下喷粉不匀、下部剂量不足、上下部强度差异大等问题，应按设计要求的深度复搅。

②当钻头提升到地面以下小于500mm时，送灰器停止送灰，用同剂量的混合土换填。

③如喷粉量不足，应整桩复打，复打的喷粉量不小于设计用量。因故喷粉中断时，必须复打，复打重叠长度应大于1m。

④施工设备必须配有自动记录的计量系统。

⑤钻头直径的磨损量不得大于10mm。

（6）加固土桩施工质量，应符合规定。

表 2-1-7　加固土桩施工质量标准

项次	检查项目	规定值或允许偏差	检查方法和频率
1	桩距（mm）	±100mm	抽查桩数3%
2	桩径	不小于设计值	抽查桩数3%
3	桩长	不小于设计值	喷粉（浆）前检查钻杆长度，成桩28d后钻孔取芯3%
4	竖直度（%）	1.5	抽查桩数3%
5	单桩每延米喷粉（浆）量（%）	不小于设计值	查施工记录
6	桩体无侧限抗压强度	不小于设计值	成桩28后钻孔取芯，桩体三等分段各取芯样一个，成桩数3%
7	单桩或复合地基承载力	不小于设计值	成桩数的0.2%，并不少于3根

（六）强夯与强夯置换

也叫动力固结法。它是将很重的夯锤从高处自由落下，给土体以冲击和振动，从而提高地基强度，降低土体的压缩性。其强度提高过程分为以下几个阶段：夯击能量转化，同时伴随强制压缩或振密包括气体的排除，孔隙水压力上升；土体液化或土体结构破坏，表现为土体强度下降或抗剪强度丧失；排水固结压密，表现为渗透性能改变，土体裂缝发展，强度提高；触变恢复并伴随固结压密，包括自由水又变成薄膜水，土的强度提高。

强夯置换的加固机理与强夯法不同，它利用了重锤高落差产生的高冲击能将碎石、片石、矿渣等性能较好的材料强力挤入地基中，在地基中形成一个一个的粒料墩，墩与墩间土形成复合地基，地提高地基承载力，减少沉降，对墩周土体作用同强夯法。在强夯置换过程中，土体结构破坏，地基土体产生超孔隙水压力，随着时间增加，土体结构强度得到恢复。粒料墩有较好的透水性，利于土体超孔隙水消散固结。

（1）应采取隔振、防振措施消除强夯对邻近建筑物的有害影响。

（2）施工前应选择有代表性并不小于 500m² 的路段进行试夯，确定最佳夯击能、间歇时间、夯间距等参数。

（3）夯击次数应按现场试夯得到的夯击次数和夯沉量关系曲线确定。

（4）垫层材料应采用透水性好的砂、砂砾、石屑、碎石土等。

（5）强夯施工应符合以下规定：

①施工前应检查锤重和落距，单击夯击能量应符合设计要求。

②夯击前，应对夯点放样并复核，夯完后检查夯坑位置，发现偏差或漏夯应及时纠正。

③施工过程中应记录每个夯点的夯沉量，原始记录应完整、齐全。

（6）强夯施工完成后，应通过标准贯入、静力触探等原位测试，测量地基的夯后承载能力是否达到设计要求。

第二节　土质改良法

土质改良亦称地基处理，是人为的用物理、化学等方法改善天然土的某些性质。土质改良可提高土的抗剪强度；改善土的水理性质；防止土壤振动液化等。有的成为复合地基，使之适应工程需要。土质改良不仅用于拟建工程，也可用于已建工程的地基加固。

（一）施工准备

1.施工组织机构及质量保证体系

路基施工由项目经理部统筹管理，工程部、试验室、安质部、物资设备部、综合办公室统一协调工作，现场设立临时办公室，成立施工调度保障组，下设 2 个路基施工作业组。

2.临时道路

标段内的施工便道已贯穿整个标段并与邻近乡村道路连接，路宽 4.5m，并设有足够的会车平台，可以满足施工需要，临时道路设专人维修养护，设置路标及防护措施，另外派专人负责指挥。

3.测量放样

导线和水准点复测完毕，资料已上报监理工程师批复，恢复中桩、加桩，并测绘横断面图，现场放出路基边坡脚线、排水沟、护坡道，并将施工中所有标桩做固定性保护。

4. 技术交底

施工开始前，由项目部技术员、质检员、安全员对全体施工人员进行技术交底，交底内容包括技术、质量、安全等各个方面，交底详细、具体。使每个施工员了解施工规范标准，建立技术及岗位责任制。

经监理工程师批准后，开始土质改良填筑施工。用水准仪和标杆控制填铺厚度和高程。

（二）改良土施工

1. 石灰消解

生石灰进场后经试验室检测、试验监理工程师抽检，确定生石灰质量合格后。立即在堆料场进行加水消解，生石灰消解用水量约为石灰重量的1～5倍，一般至少得石灰质量的2～3倍。待生石灰加水消解后，进行闷料1～2天，并进行过筛，未经消解的石块或粒径大于25mm灰块不得用于施工，并进行清除。

2. 路拌法施工

路拌法施工先将素土填筑至路基，经摊铺整平后采用轻型压路机先稳压1～2遍，使其表面平整，然后用石灰在土层上打上方格网（方格网根据路基宽度变化现场确定），同时画出摊铺石灰的边线，根据7%灰剂量准确计算出每个方格网内所需石灰质量来进行均匀布灰，布灰后用刮板将石灰均匀摊开，石灰摊铺完后表面应没有空白位置，石灰松铺厚度均匀，然后量测石灰的松铺厚度，根据石灰的含水量和松密度，校核石灰用量是否合适。布灰完成后立即进行拌和，暂按拌和两遍考虑（具体遍数由试验确定），拌和过程中不得留有素土夹层，要拌入到下一层约10mm深。在拌和过程中及时检查含水量，含水量应略大于最佳含水量，拌好后及时进行灰剂量检测，使灰剂量必须满足要求，否则必须进行二次布灰。

3. 路基填筑

填筑材料用自卸车运至施工现场，采用边运、边铺的施工程序。按照车辆的装载量确定填料的卸土间距和卸土量，并在地面上用白灰撒出网格图。卸料后用推土机推平。采取全幅施工法。每层填料铺设的宽度，超出每层路堤设计宽度30cm×2，以保证修整后路堤边缘有足够的压实度。填筑按松铺厚度20cm、压实厚度15cm控制。

填筑过程中加强下层路基面的洒水湿润，避免因下层表面干燥而导致上下层不能良好结合，出现夹层。

4. 摊铺整平

计划用两台T-160推土机进行摊铺。先用推土机初平，当卸料开始后推土机就可以工作了，推土机手要参照标杆顶面摊铺土料，摊铺过程中，注意标高控制杆的保护。在推土机摊铺平整的同时，对路基边缘部分进行预压，保证压路机进行压实时压到路基边缘不致滑坡。施工时采用边卸料边摊铺的施工方法。

初平后由人工对填料进行检查，对杂物及填料颗粒直径≥15cm的石块进行清除，对于初平后路基局部欠土的部位需人工填平。初平后应使路基表面基本平整、平顺。针对本标段内填料含水量普遍偏高的情况，一方面采用存土场翻晒，另一方面对摊铺完毕的填料即时监测含水率，以铧犁配合旋耕机翻晒。对于级配不良的局部地区，人工进行换填，沉降观测装置附近，用人工摊铺、整平、夯压密实。

初平并翻晒至含水量满足施工要求时，以推土机预压后由测量人员跟班作业，根据设计标高在路基表面用白灰做成标高控制点，然后用平地机进行二次找平即精平，平地机司机参照标高控制点认真操作，以推到与白灰点相同水平高度为宜。对于标高不够的地区，用平地机或人工进行填补，预压后再用平地机进行精平。精平后面层平整、厚度均匀，以保证压路机的碾压效果。

精平后由队质检员对摊铺层的厚度、尺寸、平整度进行检查，然后报现场质检工程师复检。复检合格即可进行压实作业。石灰土施工中严禁用薄层贴补的方法进行找平。施工过程中除工作人员外，其他人员不得进入施工现场；在机械作业区段除安全员及调度员外其他人员不得进入作业区。

5. 碾压

压实作业按照先压路基边缘，后压路基中间，纵向进退的原则进行，石灰土主要为改良后的低液限粉土（亚粉砂、粉砂、细砂），根据路基试验段所得数据，碾压工艺采用低频高振幅即直接强振碾压2~3遍。

碾压施工中，压路机往返行驶的轮迹必须重叠一部分，振动压路机重叠40~50cm，相邻两区段纵向重叠2.0m。碾压必须均匀，按部就班一遍一遍地操作，做到无偏压、无死角。复压完成后用12吨静力光轮压路机对路基进行终压，终压后应使压实层表面平整、平顺，无明显的轮迹。

机械碾压时应有专人进行指挥，非施工人员禁止进入施工现场。碾压完成后再由质检工程师、试验室、监理工程师进行一次质量检查。

6. 接缝和调头处的处理

同日施工的两个工作段的衔接处，应采用搭接形式。前一段拌和整形后，留5~8m不进行碾压，后一段施工时，应与前一段留下来未压的部分一起拌和碾压。

拌和机械及其他机械不宜在已碾压完成的路基面上调头，如需调头尽可能在未碾压工作面上进行。

7. 质量检查内容

（1）现场实测

现场由试验室会同监理工程师，再一次按照《公路工程质量检验评定标准》（JTJ071—98）的规定，检查路基的压实度是否满足规范的要求。

根据测量人员所定的边桩、中桩、标高控制桩，检查路基宽度，路基表面平整度、横坡、纵断高程、中心偏位及边线直顺情况。

检测项目如下表：

表 2-2-1　土方路基实测项目

项次	检查项目			规定值或允许偏差	使用的检查方法和频率
1	压实度（%）	零填及挖方（cm）	0~30	≥96	按 JTGF80/1—2004 检查 密度法：每200m每压实层测4处
		路堤（cm）	0~80	≥96	
			80~150	≥94	
			>150	≥93	
2	纵断高程（mm）			土方路基 +10，-15	水准仪：每200m检测4个断面
3	弯沉（0.01mm）			不大于设计值	用贝克曼梁每50m测8点
3	中线偏差（mm）			≤50	全站仪：每200m测4点， 弯道加 HY、YH2 点
4	宽度（mm）			符合设计要求	钢尺：每200m测4处
5	平整度（mm）			土方路基≤15	3m 直尺：每200m测2处×10尺
6	横坡（%）			±0.3	水准仪：每200m测4断面
7	边坡			符合设计要求	尺量：每200m测4处

（2）外观检查

路基表面平整，边线直顺；路基边坡坡面平顺稳定，不得亏坡，曲线圆滑；取土场、弃土场和护坡道的位置适当，外形整齐、美观、防止水土流失。

8. 整形、边坡整修

在路基填筑过程中，随时检查路基中心线和标高以及路基宽度和边坡坡度，在路基基本成型检查完后进行路基修整工作。

路基整形须保证基床表层质量，做好路拱、路肩的整修压实。边坡整修须按设计坡率刷除超填部分，要尽力避免超刷并及时整修夯拍。

9. 养护

路基碾压、检测完毕视天气情况进行洒水养护，使路基保持一定湿度，不应过湿或忽干忽湿，养护期间除洒水车外禁止其他车辆通行，尤其禁止重型车辆通行。但当下层石灰土碾压完成后立即铺筑上一层时可不需专门养护。

第三节 复合地基

在建筑施工中，工作人员为了能够对普通地基进行强度增加处理，会将一些技术手段与普通地基置换，或者将天然的地基中加入一些特殊材料，例如钢筋，让地基的强度得到提升，这种经过改造的地基就是所谓复合地基。相对来说，复合地基更稳定，质量更好，而且对沉降的承载力更强。复合地基对建筑质量的提升非常明显，因此出现了复合地基技术，这方面的研究无论是相关学者还是施工人员都非常重视。

一、复合地基的本质

通过分析浅基础、桩基础和复合地基在荷载作用下的荷载传递路线和传递规律可以较好认识复合地基的本质，并获得浅基础、桩基础和复合地基三者之间的关系。

对浅基础，荷载通过基础直接传递给地基土体。桩基础可分为摩擦桩基础和端承桩基础两大类。对摩擦桩基础，荷载通过基础传递给桩体，桩体主要通过桩侧摩阻力将荷载传递给地基土体；对端承桩基础，荷载通过基础传递给桩体，桩体主要通过桩端端承力将荷载传递给地基土体。因此对桩基础可以说，荷载通过基础先传递给桩体，再通过桩体传递给地基土体。对桩体复合地基，荷载通过基础将一部分荷载直接传递给地基土体，另一部分通过桩体传递给地基土体。由上面分析可以看出，浅基础、桩基础和复合地基三者的荷载传递路线是不同的。从荷载传递路线的比较分析可看出复合地基的本质是桩和桩间土共同直接承担荷载。这也是复合地基与浅基础和桩基础之间的主要区别。

二、复合地基的形成条件

在荷载作用下，桩体和地基土体是否能够共同直接承担上部结构传来的荷载是有条件的，也就是说在地基中设置桩体能否与地基土体共同形成复合地基是有条件的。这在复合地基的应用中特别重要。

保证在荷载作用下，增强体与天然地基土体能够共同直接承担荷载的作用。在图2-3-1中，$E_p > E_{s1}$，$E_p > E_{s2}$，其中E_p为桩体模量，E_{s1}为桩间土模量，图2-3-1（a）和（d）中E_{s2}为加固区下卧层土体模量，图2-3-1（b）中E_{s2}为加固区垫层土体模量。散体材料桩在荷载作用下产生侧向鼓胀变形，能够保证增强体和地基土体共同直接承担上部结构传来的荷载。因此当增强体为散体材料桩时，图2-3-1中各种情况均可满足增强体和土体共同承担上部荷载。然而，当增强体为黏结材料桩时情况就不同了。在图2-3-1（a）中，在荷载作用下，刚性基础下的桩和桩间土沉降量相同，这可保证桩和土共同直接承担荷载。在图2-3-1（b）中，桩落在不可压缩层上，在刚性基础下设置一定厚度的柔性垫层。一般情况在荷载作用下，通过刚性基础下柔性垫层的协调，也可保证桩和桩间土两者共同承担荷载。但需要注意分析柔性垫层对桩和桩间土的差异变形的协调能力，和桩间土之间可能产生的最大差异变形两者的关系。如果桩和桩间土之间可能产生的最大差异变形超过柔性垫层对桩和桩间土的差异变形的协调能力，则虽在刚性基础下设置了一定厚度的柔性垫层，在荷载作用下，也不能保证桩和桩间土始终能够共同直接承担荷载。在图 2-3-1（c）中，桩落在不可压缩层上，而且未设置垫层。在刚性基础传递的荷载作用下，开始时增强体和桩间土体中的竖向应力大小大致上按两者的模量比分配，但是随着土体产生蠕变，土中应力不断减小，而增强体中应力逐渐增大，荷载逐渐向增强体上转移。若 $E_p > E_{s1}$，则桩间土承担的荷载比例极小。特别是若遇地下水位下降等因素，桩间土体进一步压缩，桩间土可能不再承担荷载。在这种情况下增强体与桩间土体两者难以始终共同直接承担荷载的作用，也就是说桩和桩间土不能形成复合地基以共同承担上部荷载。在图 2-3-1（d）中，复合地基中增强体穿透最薄弱土层，落在相对好的土层上，$E_{s2} > E_{s1}$。在这种情况下，应重视 E_p、E_{s1} 和 E_{s2} 三者之间的关系，保证在荷载作用下通过桩体和桩间土变形协调来保证桩和桩间土共同承担荷载。因此采用黏结材料桩，特别是对采用刚性桩形成的复合地基需要重视复合地基的形成条件的分析。

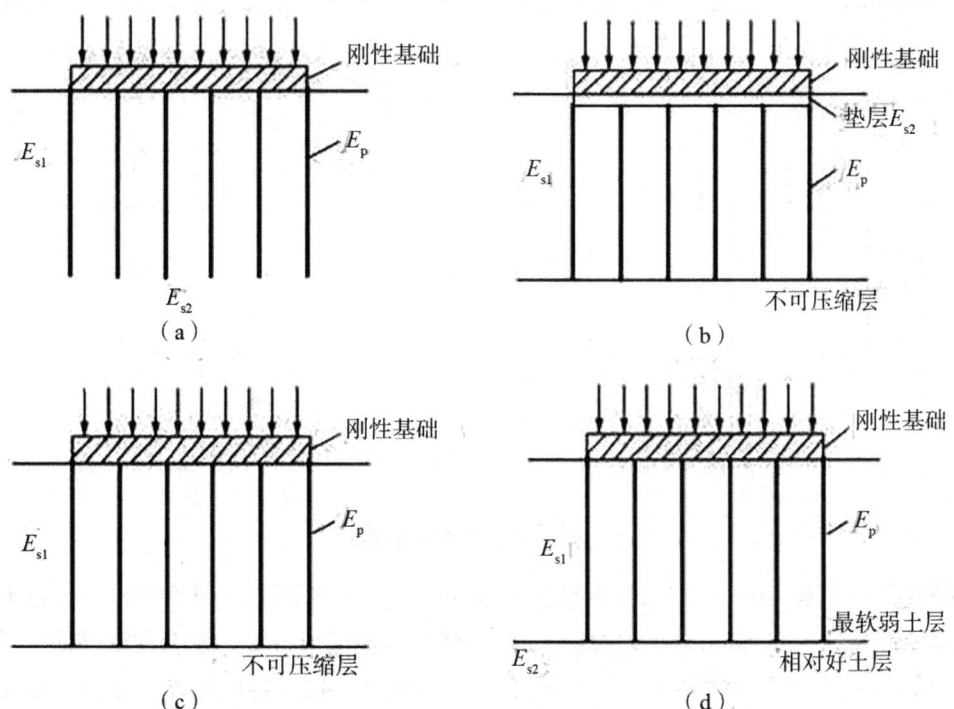

图 2-3-1 复合地基形成条件示意图

在实际工程中设置的增强体和桩间土体不能满足形成复合地基的条件，而以复合地基理念进行设计是不安全的。把不能直接承担荷载的桩间土承载力计算在内，高估了承载能力，降低了安全度，可能造成工程事故，应引起设计人员的充分重视。

三、复合地基与地基处理

当天然地基不能满足建（构）筑物对地基的要求时，可采用物理的方法、化学的方法、生物的方法，或综合应用上述方法对天然地基进行处理以形成可满足要求的人工地基称为地基处理。按照加固地基的机理，常将地基处理技术分为六类：置换，排水固结，灌入固化物，振密，挤密，加筋和冷，热处理。

经各类地基处理方法处理形成的人工地基粗略可以分为两大类：①在地基处理过程中地基土体的物理力学性质得到普遍的改良，通过改善地基土体的物理力学指标达到地基处理的目的；②在地基处理过程中部分土体得到增强，或被置换，或在天然地基中设置加筋材料，形成复合地基达到地基处理的目的。后一类在地基处理形成的人工地基中占有很大的比例而且呈发展趋势。因此，复合地基技术在地基处理技术中有着非常重要的地位，复合地基理论和实践的发展将进一步促进地基处理水平的提高。

四、复合地基与双层地基

在荷载作用下，复合地基与双层地基的性状有较大区别，在复合地基计算中直接应用双层地基计算方法有时是偏不安全的，应予以重视。

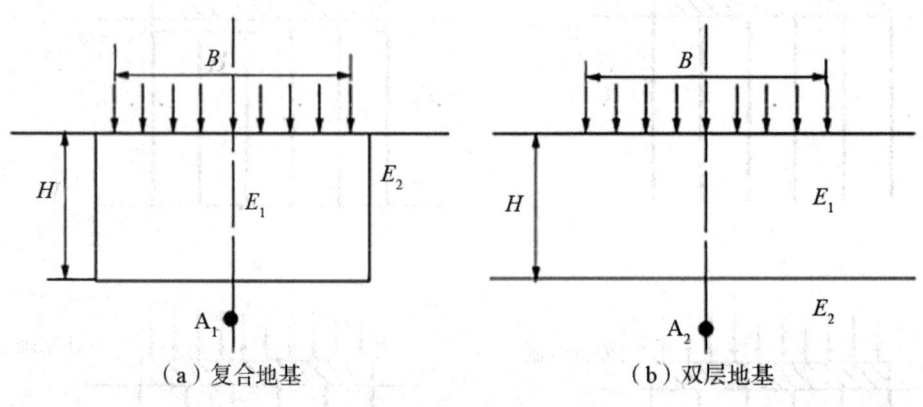

图 2-3-2　复合地基与双层地基

图 2-3-2（a）和（b）分别为复合地基和双层地基的示意图。为便于分析，讨论平面应变问题。设复合地基加固区和双层地基上层土体复合模量均为 E_1，复合地基其他区域土体模量和双层地基下层土体均为 E_2，$E_1 > E_2$。双层地基上层土体的厚度与复合地基加固区深度相同，记为 H。荷载作用面宽度均为 B，而且荷载密度相同。现分析在荷载作用中心线下复合地基加固区下卧层中 A1 点图 2-3-2（a）和双层地基中对应的 A2 点图 2-3-2（b）处的竖向应力情况。不难判断复合地基中 A1 点的竖向应力 σ_{A1} 比双层地基中 A2 点的竖向应力 σ_{A2} 要大。如果增大 E_1/E_2 值，则 A1 点 σ_{A1} 值增大，而 A2 点 σ_{A2} 值减小。理论上当 E_1/E_2 趋向无穷大时，双层地基中 A2 点的竖向应力 σ_{A2} 趋向零，而复合地基中 A1 点的竖

向应力 σ_{A1} 是不断增大的。由上述分析可以看出复合地基与双层地基在荷载作用下地基性状的差别是很大的。

荷载作用下均质地基中的附加应力可用布西涅斯克解求解，双层地基中的附加应力可用当层法计算。由上面分析可知，将复合地基视为双层地基采用当层法计算地基中的附加应力可能带来很大的误差，而且是偏不安全的。

五、复合地基与复合桩基

在深厚软黏土地基上采用摩擦桩基础时，为了节省投资，管自立采用稀疏布置的桩基础（桩距一般在 5~6 倍桩径以上）并称为疏桩基础。疏桩基础要比按传统桩基理论设计的桩基础沉降量要大，但考虑了桩间土对承载力的直接贡献，可以节省工程费用。事实上桩基础的主要功能有两个：提高承载力和减小沉降。以前人们往往重视前一功能而忽视后一功能。将用于以减小沉降量为目的的桩基础可称为减少沉降量桩基。在减小沉降量桩基设计中考虑了桩土共同作用。在桩土共同作用分析中主要也是考虑桩间土直接承担荷载。疏桩基础、减小沉降量桩基和考虑桩土共同作用都是主动考虑摩擦桩基础中一般存在的桩间土直接承担荷载的性状。考虑桩土共同直接承担荷载的桩基称为复合桩基。是否可以说复合桩基的本质也是考虑桩和桩间土共同直接承担荷载，而在经典桩基理论中，不考虑桩间土直接承担荷载。复合桩基也可以认为是一种广义的桩基础。

由上面分析可知，复合桩基的本质与复合地基的本质是一样的，它们都是考虑桩间土和桩体共同直接承担荷载。因此是否可以认为复合桩基是复合地基的一种，是刚性基础下不带垫层的刚性桩复合地基。

目前在学术界和工程界对复合桩基是属于复合地基还是属于桩基础是有争议的，认为复合地基既可将复合桩基视作桩基础，也可将其视为复合地基的一种形式。复合桩基属于桩基还是属于复合地基并不十分重要，重要的是弄清复合桩基的本质、复合桩基的形成条件、复合桩基的承载力和变形特性、复合桩基理论与传统桩基理论的区别。

六、基础刚度和垫层对桩体复合地基性状影响

复合地基早期多用于刚度较大的条形基础或筏板基础下地基加固。在荷载作用下，复合地基中的桩体和桩间土的沉降量是相等的。早期一些关于复合地基的设计计算方法，和相应的计算参数都是基于对刚性基础下复合地基性状的研究得出的。

随着复合地基技术在高等级公路建设中的应用，人们发现将刚性基础下复合地基承载力和沉降计算方法应用到填土路堤下的复合地基承载力和沉降计算，得到的计算值与实测值相差较大，而且是偏不安全的。

为了探讨基础刚度对复合地基性状的影响，吴慧明采用现场试验研究和数值分析方法对基础刚度对复合地基性状影响作了分析。试验内容包括：①原状土地基承载力试验；②单桩竖向承载力试验；③刚性基础下复合地基承载力试验（置换率 $m=15\%$）；④柔性基础

下复合地基承载力试验（置换率 $m=15\%$）。试验研究表明基础刚度对复合地基性状影响明显，主要结论如下：

1. 在荷载作用下，柔性基础下和刚性基础下桩体复合地基的破坏模式不同。当荷载不断增大时，柔性基础下桩体复合地基中土体先产生破坏，而刚性基础下桩体复合地基中桩体先产生破坏。

2. 在相同的条件下，柔性基础下复合地基的沉降量比刚性基础下复合地基沉降量要大，而承载力要小。

3. 当复合地基各种参数都相同的情况下，在荷载作用下，复合地基的桩土荷载分担比，柔性基础下的要比刚性基础下的小，也就是说刚性基础下复合地基中桩体承担的荷载比例要比柔性基础下复合地基桩体承担的荷载比例大。

4. 为了提高柔性基础下复合地基桩土荷载分担比，提高复合地基承载力，减小复合地基沉降，可在复合地基和柔性基础之间设置刚度较大的垫层，如灰土垫层、土工格栅碎石垫层等。不设较大刚度的垫层的柔性基础下桩体复合地基应慎用。

下面先分析刚性基础下设置柔性垫层对刚性基础下复合地基性状的影响，然后分析柔性基础下设置刚度较大的垫层对柔性基础下复合地基性状的影响。

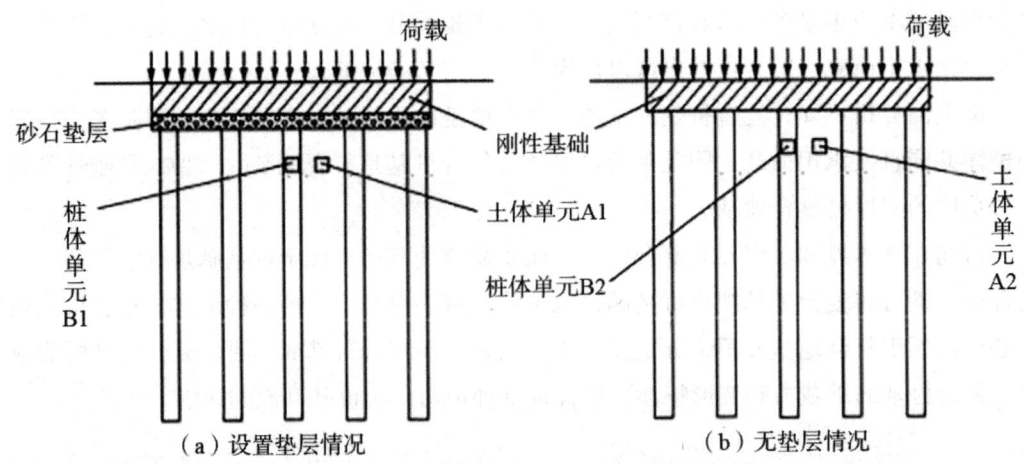

图 2-3-3　刚性基础下复合地基示意图

图 2-3-3（a）和（b）分别表示刚性基础下复合地基设置垫层和不设置垫层两种情况的示意图。刚性基础下复合地基中柔性垫层一般为砂石垫层。由于砂石垫层的存在，使图 2-3-3（a）中桩间土单元 A1 中的附加应力比图 2-3-3（b）中相应的桩间土单元 A2 中的要大，而图 2-3-3（a）中桩体单元 B1 中的竖向应力比图 2-3-3（b）中相应的桩体单元 B2 中的要小。也就是说设置柔性垫层可减小桩土荷载分担比。另外，由于砂垫层的存在，使图 2-3-3（a）中桩间土单元 A1 中的水平向应力比图 2-3-3（b）中相应的桩间土单元 A2 中的要大。图 2-3-3（a）中桩体单元 B1 中的水平向应力比图 2-3-3（b）中相应的桩体单元 B2 也要大。由此可得出：由于砂垫层的存在使图 2-3-3（a）中桩体单元 B1 中的最大

剪应力比图2-3-3(b)中相应的桩体单元B2中的要小得多。换句话说,柔性垫层的存在使桩体上端部分中竖向应力减小,水平向应力增大,造成该部分桩体中剪应力减小,这样就有效改善了桩体的受力状态。

从上面分析可以看到,在刚性基础下复合地基中设置柔性垫层,一方面可以增加桩间土承担荷载的比例,较充分利用桩间土的承载潜能;另一方面可以改善桩体上端的受力状态,这对低强度桩复合地基是很有意义的。

刚性基础下设置柔性垫层对刚性基础下复合地基性状的影响程度与柔性垫层厚度有关。以桩土荷载分担比为例,垫层厚度愈厚,桩土荷载分担比愈小。但当垫层厚度达到一定数值后,继续增加垫层厚度,桩土荷载分担比并不会继续减小。在实际工程中,还需考虑工程费用。综合考虑,通常采用300~500mm厚度的砂石垫层。

路堤下复合地基中设置垫层和不设置垫层两种情况,在路堤下复合地基中常设置刚度较大的垫层,如灰土垫层、土工格栅加筋垫层。比较两种情况在荷载作用下的性状,不难理解与刚性基础下设置砂石柔性垫层作用相反,在路堤下复合地基中设置刚度较大的垫层,可有效增加桩体承担荷载的比例,发挥桩的承载能力,提高复合地基承载力,有效减小复合地基的沉降。

七、复合地基形式

目前在我国工程建设中应用的复合地基形式很多,可以从下述4个方面来分类:①增强体设置方向;②增强体材料;③基础刚度以及是否设置垫层;④增强体长度。

复合地基中增强体除竖向设置和水平向设置外,还可斜向设置,如树根桩复合地基。在形成桩体复合地基中,竖向增强体可以采用同一长度,也可以采用不同长度,如长短桩复合地基。长短桩复合地基中的长桩和短桩可以采用同一材料制桩,也可以采用不同材料制桩。通常短桩采用柔性桩或散体材料桩,长桩采用钢筋混凝土桩或低强度混凝土桩等。长短桩复合地基中长桩和短桩布置可以采用三种形式:长短桩相间布置、外长中短布置和外短中长布置。

对增强体材料,水平向增强体多采用土工合成材料,如土工格栅、土工布等;竖向增强体常采用砂石桩、水泥土桩、低强度混凝土桩、薄壁筒桩、土桩与灰土桩、渣土桩、钢筋混凝土桩等。

为了减小柔性基础复合地基的沉降,应在桩体复合地基加固区上面设置一层刚度较大的"垫层"防止桩体刺入上层土体,并充分发挥桩体的承载作用。对刚性基础下的桩体复合地基有时需设置一层柔性垫层以改善复合地基受力状态。

由以上分析可知在工程中得到应用的复合地基具有多种类型,应用时一定要因地制宜,结合具体工程实际情况进行精心设计。

八、复合地基承载力

桩体复合地基承载力的计算思路通常是先分别确定桩体的承载力和桩间土的承载力,然后根据一定的原则叠加这两部分承载力得到复合地基的承载力。复合地基的极限承载力 P_{cf} 可表示为

$$P_{cf} = K_1\lambda_1 m P_{pf} + K_2\lambda_2(1-m)P_{sf} \quad (1)$$

式中:P_{pf} 为单桩极限承载力(kPa);P_{sf} 为天然地基极限承载力(kPa);K_1 为反映复合地基中桩体实际极限承载力与单桩极限承载力不同的修正系数;K_2 为反映复合地基中桩间土实际极限承载力与天然地基极限承载力不同的修正系数;λ_1 为复合地基破坏时,桩体发挥其极限强度的比例,称为桩体极限强度发挥度;λ_2 为复合地基破坏时,桩间土发挥其极限强度的比例,称为桩间土极限强度发挥度;m 为复合地基置换率,$m=A_p/A$,其中 A_p 为桩体面积,A 为对应的加固面积。

复合地基的容许承载力 P_{cc} 计算式为

$$P_{cc} = \frac{P_{cf}}{K} \quad (2)$$

式中:K 为安全系数。

当复合地基加固区下卧层为软弱土层时,按复合地基加固区容许承载力计算基础的底面尺寸后,尚需对下卧层承载力进行验算。

式(1)中,桩体极限承载力可通过现场试验确定。如无试验资料对刚性桩和柔性桩的桩体极限承载力可采用类似摩擦桩的极限承载力计算式估算。散体材料桩桩体的极限承载力主要取决于桩侧土体所能提供的最大侧限力。

散体材料桩在荷载作用下,桩体发生鼓胀,桩周土进入塑性状态,可通过计算桩间土侧向极限应力计算单桩极限承载力。其一般表达式可表示为

$$P_{pf} = \sigma_{ru} K_p \quad (3)$$

式中:σ_{ru} 为桩侧土体所能提供的最大侧限力(kPa);K_p 为桩体材料的被动土压力系数。

计算桩侧土体所能提供的最大侧向力常用方法有 Brauns 计算式,圆筒形孔扩张理论计算式等。

式(1)中,天然地基的极限承载力可以通过载荷试验确定,也可以采用 Skempton 极限承载力公式进行计算。

水平向增强体复合地基主要包括在地基中铺设各种加筋材料。如土工织物、土工格栅等形成的复合地基。加筋土地基是最常用的形式。加筋土地基工作性状与加筋体长度、强度、加筋层数以及加筋体与土体间的黏聚力和摩擦系数等因素有关。水平向增强体复合地基破坏可具有多种形式。影响因素也很多。到目前为止,水平向增强体复合地基的计算理论尚不成熟,其承载力可通过载荷试验确定。

在复合地基设计时有时还需要进行稳定分析。如路堤下复合地基不仅要验算承载力，还需要验算稳定性。稳定性分析方法很多，一般可采用圆弧分析法计算。

九、复合地基沉降计算

在各类实用计算方法中，通常把复合地基沉降量分为两部分，复合地基加固区压缩量和下卧层压缩量，其中 h 为复合地基加固区厚度，Z 为荷载作用下地基压缩层厚度。复合地基加固区的压缩量记为 S_1，地基压缩层厚度内加固区下卧层厚度为（$Z-h$），其压缩量记为 S_2。于是，在荷载作用下复合地基的总沉降量 S 可表示为这二部分之和，即：

$$S = S_1 + S_2$$

若复合地基设置有垫层通常认为垫层压缩量较小，而且在施工过程中已基本完成，故可以忽略不计。

复合地基加固区土层的压缩量 S_1 的计算方法主要有下述三种：复合模量法（E_c 法）、应力修正法（E_s 法）和桩身压缩量法（E_p 法）。三种方法中复合模量法应用较多。在复合模量法中，将加固区中增强体和基体两部分视为一复合土体，采用复合压缩模量 E_{cs} 来评价复合土体的压缩性，并采用分层总和法计算加固区土层的压缩量。

加固区下卧层土层压缩量 S_2 的计算常采用分层总和法计算。在工程应用上，作用在下卧层上的荷载常采用下述三种方法计算：压力扩散法、等效实体法和改进 Geddes 法。在采用压力扩散法计算时，要注意复合地基中压力扩散角与双层地基中压力扩散角数值是不相同的。在采用等效实体法计算时，要重视对侧摩阻力 f 值的合理选用，特别当桩土相对刚度比较小时，f 值变化范围很大，选用比较困难。

复合地基的沉降计算也可采用有限单元法。在几何模型处理上大致上可以分为两类：①把单元分为增强体单元和土体单元两类，增强体单元如桩体单元、土工织物单元等，并根据需要在增强体单元和土体单元之间设置或不设置界面单元；②可以把单元分为加固区复合土体单元和非加固区土体单元两类，复合土体单元采用复合体材料参数。

十、复合地基优化设计思路

复合地基优化设计分两个层面，一是复合地基形式的合理选用，二是复合地基形式确定后，复合地基设计参数的优化。

复合地基形式的合理选用主要依据工程地质条件、荷载水平、上部结构及基础形式、加固地基机理，通过综合分析确定。

加固地基的主要目的可以分三种情况：①提高地基承载力；②减小沉降量；③两者兼而有之。对上述不同情况，优化设计的思路是不同的。

由桩体复合地基承载力公式可知，提高复合地基中桩的承载力和提高置换率均可有效提高复合地基承载力。

对在复合地基中应用的不同类型的桩，提高桩的承载力的机理是不同的。

对散体材料桩，桩的极限承载力主要取决于桩周土对它的极限侧限力。饱和黏性土地基中的散体材料桩桩体承载力基本上由地基土的不排水抗剪强度确定。对某一饱和黏性土地基，设置在地基中的散体材料桩的桩体承载力基本是定值。提高散体材料桩复合地基的承载力只有依靠增加置换率。在砂性土等可挤密性地基中设置散体材料桩，在设置桩的过程中桩间土得到振密挤密，桩间土抗剪强度得到提高，桩间土的承载力和散体材料桩的承载力均得到提高。

对黏结材料桩，桩的承载力主要取决于桩侧摩阻力和端阻力之和，以及桩体的材料强度。刚性桩的承载力主要取决于桩侧摩阻力和端阻力之和。因此增加桩长可有效提高桩的承载力。柔性桩的承载力往往制约于桩身强度，有时还与有效桩长有关，因此有时增加桩长不一定能有效提高桩的承载力。对上述黏结材料桩，如能使由摩阻力和端阻力之和确定的承载力和由桩身强度确定的承载力两者比较接近则可取得较好的经济效益。基于这一思路，近年来各种类型的低强度桩复合地基得到推广应用。

在复合地基设计时，首先要充分利用天然地基的承载力，然后通过协调提高桩体承载力和增大置换率两者来达到既满足承载力的要求，又达到比较经济的目的。

当加固地基的主要目的是减小沉降量时，复合地基优化设计显得更为重要。从复合地基位移场特性可知，复合地基加固区的存在使地中附加应力高应力区应力水平降低，范围变大，向下伸展，影响深度变深。从对复合地基加固区和下卧层压缩量的分析可知，当下卧层为软弱土层而且较厚时，下卧层土体的压缩量占复合地基总沉降量的比例较大。因此，为了有效减小深厚软黏土地基上复合地基的沉降量最有效的方法是减小软弱下卧层的压缩量。减小软弱下卧层压缩量的最有效的方法是通过加大加固区深度，减小软弱下卧土层的厚度。当存在较厚软弱下卧层时，采用增加复合地基置换率和增加桩体刚度对减小沉降量效果不好，有时甚至导致总沉降量变大。

考虑到荷载作用下复合地基中附加应力分布情况，复合地基加固区沿深度最好采用变刚度分布。这样不仅可有效减小压缩量，而且可减小工程投资，取得较好的经济效益。为了达到加固区的刚度沿深度变刚度分布可以采用下述两个措施：①桩体采用变刚度设计，浅部采用较大刚度，深部采用较小刚度，例如采用深层搅拌法设置水泥土桩时，浅部采用较高的水泥掺和量，深部采用较低的水泥掺和量，或水泥土桩浅部采用较大的直径，深部采用较小的直径；②沿深度采用不同的置换率，例如采用由一部分长桩和一部分短桩相结合组成的长短桩复合地基。

对加固地基的目的既为了提高地基承载力又为了减小地基沉降量时，则首先要满足地基承载力的要求，然后再考虑满足减小地基沉降量的要求，其优化设计思路应综合前面讨论的两种情况。

十一、复合地基按沉降控制设计思路

无论按承载力控制设计还是按沉降控制设计都要满足承载力的要求和小于某一沉降量的要求。

例如，在浅基础设计中，通常先按满足承载力要求进行设计，然后再验算沉降量是否满足要求。如果地基承载力不能满足要求，或验算沉降量不能满足要求，通常要对天然地基进行处理，如：采用桩基础、采用复合地基、对天然地基进行土质改良。又如：在端承桩桩基础设计中，通常按满足承载力要求进行设计。对一般工程，因为端承桩桩基础沉降较小，通常认为沉降可以满足要求，很少进行沉降量验算。上述设计思路是先按满足承载力要求进行设计，再验算沉降量是否满足要求。上述设计思路实际上是目前多数设计人员的常规设计思路。为了与按沉降控制设计对应将其称为按承载力控制设计。

按沉降控制设计思路特别适用于深厚软弱地基上复合地基设计。

按沉降控制设计对设计人员提出了更高的要求，要求更好地掌握沉降计算理论，总结工程经验，提高沉降计算精度，要求进行优化设计。按沉降控制设计理念使工程设计更为合理。

第四节 多年冻土地区路基施工

一、在保证地基土壤处于冻结状态下路基的施工

在道路施工过程中，使土基保持冻结状态，即永冻土的上限不下降，创造土基夏季不融化条件，其施工期宜先在冬季，因此冬季必须完成大量土方工程。如在融期施工，则应采取快速分修的施工方法，以免冻层暴露太久，冻土上限下降，引起沉陷被破坏。施工中应注意，此种状态下施工，必须在路基底面上整个公路用地范围内从路基中心算起的两侧，各 50~100m 范围内保持青苔植被不被破坏，其作用是隔热及保护冻土和减弱地表水的下渗，同时排水系统与路基坡角应保持足够的距离，《公路路基施工技术规范》（JTJ033—95）要求，高含水量冻土集中路段，严禁坡角滞水，路侧积水，饱水冻土及含土冻层地段，应避免修建排水沟和截水沟，宜修挡水埝，距坡脚不小于 6m，若修排水沟应不小于 10m。

路基填方作业时，应采用端部卸土的方法填筑，汽车、拖拉机等带轮子的设备，在前面尚未铺设足够的填料以支持它以前，严禁在坡道上进出，一般应掌握：①土基冻结深度大于 30cm 后开始取土；②路堤下部各层高为 0.5m 时，按逐步向前法填土，以后的各层按纵向法施工。

净砂和砂砾石最宜作路基填料，因为这种填料具有排水冻结性，排水性能好，在冻结季节便于开挖和运输。当路基高度较小时（应大于保护多年冻土上限不下降的最小填土高度）可在路基下部先填一部分细粒土，厚度一般不小于1.0m。

保证足够厚度的路堤是为了有效对冻土隔热，国外经验有采用苯乙烯泡沫隔热层、卵石隔热层等做法，以维持地下土壤处于冰冻状态。

二、限制土基融化深度下的路基施工

在限制土基融化深度的路段，路基应当采用当地的黏土质和无黏性的碎屑土修筑，高速公路和一级公路宜设集中取土场，富冰冻土，饱冰冻土以及含土冰层路段确需就近解决部分土源时，必须在路基坡脚10m以外取土；斜坡地表路堤取土坑应设在上坡一侧，取土坑深度场不得超过当年多年冻土限以上土壤厚度的80%，坑底应有坡度，积水应有出口，取土完成后，应立即将取土坑挖出的草皮填入坑中紧靠粘堤的一侧，铺成斜坡。

使用黏土质土时，施工工艺按土壤含水量来确定。春季，在解冻天所到来之前，须将取土坑上的积雪和青苔植被清除（堆放在一起），以加快土壤的融化，土料应选用保湿隔水性好的细颗粒土。采用黏性土或透水不良土壤填筑路堤时，要控制土的湿度，碾压时含水量不超过最佳含水量±2%，不得将冻土块或草皮层及沼泽地含草根的湿土填筑，通过热融湖（塘）的路堤，水下部分必须用渗水良好的土壤填筑，并高出最高水位0.5m。靠近基底部位有薄冰层且有可能融化时，可设保温护道和护脚，保湿材料就地取材。用草皮时，草根向上一层一层叠铺，最外一层要带泥，以便拍实形成保护层。沿线两侧20m范围内植被和原生地貌要严加保护，山区位于河滩台地、斜坡、分水岭上的路段，土壤为碎石或砾石时，采用一般方法取土筑堤，但是，考虑到冻土和湿土在挖掘上的困难，春节应预先清除苔植被，使融水沿沟流向低处，把土壤排干。

三、挖方路基施工

地下水发育阶段，路基边沟应有防渗措施，路堑顶宜设挡水埝，与坡顶距离不小于6m；若必须修排水沟或截水沟时，在挡水埝4m以外设置。路堑边坡应边挖边修坡，冬季开挖作业边坡容易鼓肚。若不及时抢修容易冻结。边坡加固铺砌厚度均应满足保温要求，如用草皮铺砌应水平叠砌，错缝嵌紧，缝隙用黏土或草皮填塞严密，以形成整体。饱冰冻土和含土冰层地段路堑，为防止开挖后基底冻胀翻浆，可根据需要换填足够厚度的渗水黏土。

四、冬季施工排水

冬季施工排水，是在天寒地冻的特殊条件下采取的特殊排水方法。

1. 冻土墙截水

适用于大面积的沼泽区，积水深度大于80cm，施工排水量大，气温在-10℃以下，水下淤泥厚度不超过50cm，沼泽地表层冻结厚度超过30cm，机车可以通行作业的条件下。

（1）作业方法

在施工段周围，采用冻土锯或冻土犁破冻开挖一条环形闭合沟，然后用推土机推运大小不等的冻土块填入沟内，边填边用木棍捣实，将冻土块挤入稀泥，直达硬化层，照此方法在水下填筑成一密实的冻土墙，墙顶面与冰层顶面水平。由于冻土块的温度很低，水的正温不高，冻土浸水后，土水进行热交换，冻土骤然吸热，致使冻块表层水很快冻结，产生新的黏聚力，将相互接近的冻土块凝结成一整体，这种冻结一般在短时间内不容易融化，因此，冻土墙可以较快地结成一道不透水的隔墙，能够堵截外水浸入。

（2）施工注意事项

最好采用负温大的冻土块筑墙，因为冻土块比重较大，比冰块、草筏筑墙质量好，冻土温度越低，冻块在水中凝结越快，越稳定，截水效果越好。

2. 排炮封水

适用于积水深度小于80cm，并有外水出入，施工段水下稀泥厚度超过50cm，底部为硬黏土，表层冻结厚度超过20cm，能支承施工人员作业的条件下。

（1）作业方法

在工段周围，破冰打炮眼，用直径为20cm左右的长木杆，淤泥打入硬黏土层内1m左右，拔出木杆，随即塞入用塑料布包好的炸药包，回填黏土捣实。照此方法布置排炮，施工完毕以后，采取电爆同时起爆，利用爆破力将底层黏土压向爆破坑四壁，可使坑壁不透水，即可形成一道隔水墙。

（2）注意事项

①炸药包必须埋在黏土层内。

②炸药必须密封防水，可用塑料布包扎。炮眼四周密实，但不能损坏药包及导火索，更应注意雷管安全，包装前要进行严格检查。

③每个药包内最少用两个雷管。

3. 机械排水

在冻土墙截水或排水流量炮封水处理后，采用水泵排除施工区段内部的积水。水泵可选用离心式水泵。

水泵站设在施工段的冰面上，水泵抽水，可排放到工段旁边沼泽地的水面上，边排放边冻结，水结成冰，排水出路问题也随之解决。应当指出的是，多年冻土地区冬季施工排水的方法很多，除此之外还有促冻揭冰、层层扒冻冰层等方法，具体选用时，要因地制宜。

第五节　裂隙黏土地区路基施工

裂隙黏土是在最近 10~20 年内，铁路路基施工中越来越多地遇到的一种具有特殊性质的土。它的裂隙非常发育，土粒度成分黏粒比重较大，一般占 30% 以上，多以成为裂隙黏土。由于裂隙黏土的湿涨、干缩现象很显著，能引起路基基底或结构物地基基础变形甚至破坏，所以根据这些特征也称之为膨胀土。

裂隙黏土在我国分布很广，从东南沿海到川西平原，从太行山到云贵高原均可见到。在以往的铁路建设中，把它作为一种黏土对待，未引起足够的重视。自 20 世纪 60 年代以后，在实践中开始认识到裂隙黏土的特殊性，才开始对它进行研究。

一、裂隙黏土的主要特征

1. 裂隙发育

裂隙黏土中的裂隙主要为成岩裂隙和构造裂隙，另外还有各种杂乱无章的风化裂隙。裂隙的形成与其成土过程、涨缩效应、风化作用等许多因素有关。土体被各种裂隙割裂成柱状、板状和鳞片状，裂隙间常夹有软弱的填充物，故削弱了土体强度，且土体易沿裂隙产生变形。

2. 干缩湿涨

裂隙黏土的矿物成分以伊利石为主，混有蒙脱石，而蒙脱石系膨胀性黏土矿物，吸水时体积膨胀，失水时则收缩出现裂缝，裂隙黏土暴露在自然界中，易于崩解软化，工程性质很差，即使边坡坡度很缓时，仍不免发生边坡溜坍。

3. 强度差异

裂隙黏土的单独原状土块强度高，但由于许多土块组成的土体，强度较低，其原因是受了裂隙的影响。裂隙黏土土体的强度还随裂隙各向分布的不同而有所差别，故用一般力学检算裂隙黏土边坡的稳定性尚有一定困难。

4. 裂隙黏土的胀缩特征

裂隙黏土的胀缩性是土和水相互作用时所表现的一种特性，取决于土的物质组成和天然状态，土的年历含量愈高，强亲水性矿物愈多，则胀缩变形愈大。对于矿物成分相同的土，含水量愈低，孔隙比愈小，则膨胀性愈强。从土胀缩性的指标看，裂隙黏土一般具胀缩性，但不一定属于膨胀土，应根据土的矿物成分、化学成分、土的膨胀性和天然状态进行判别。在裂隙黏土中，发育斜交裂隙的硬黏土，一般为高塑性和强胀缩性的黏土，具有高塑性和较强的胀缩性。

二、裂隙黏土的工程性质

1. 裂隙黏土大部分分为第四系中更新统地层内，属于一般黏土的早期堆积物，出露与丘陵地区或垄钢顶部，其化学成分，主要有较强的亲水性矿物组成。黏粒含量较高，密度较大，天然含水量小，多低于或接近塑限，孔隙比较小，液性指数低，裂隙黏土在天然条件下，一般处于坚硬或硬塑状态。

2. 裂隙黏土具有较发育而不规则的裂隙，在天然状态下，致密坚硬，强度大，地基承载力高，但在卸荷、临空的条件下，易引起裂隙张开，使土的强度降低，在水的作用下，对强度的影响尤为严重。各地区及不同类型的裂隙黏土，其压缩性非常接近，均属低压缩性黏土。裂隙黏土的透水性与裂隙产状和发育程度有明显关系。竖向裂隙发育的黏土，其垂直方向的透水性明显增大，裂隙发育短小的土，其不同方向的透水性差异较小。裂隙黏土一般具胀缩性，但不一定属于膨胀土，应根据土的矿物成分、化学成分、土的膨胀性和天然状态进行判别。在裂隙黏土中，发育斜交裂隙的硬黏土，一般为高塑性和强胀缩性的黏土。多属于具有胀缩性的中塑性黏土。

3. 用直剪仪测定裂隙黏土的抗剪强度，受剪切面的限制，不能反映土体软弱结构，面的强度，试验结果通常偏大。故强度较高，压缩性较低。但由于其特殊的裂隙结构，不仅在工程应用上应考虑土的结构特征对工程的影响，而且在测试方法上也应考虑因测试方法不同而对土的强度产生的影响。

4. 在斜坡地带或洞室工程中，对存在裂隙发育破裂严重的黏土和具有大量光滑裂隙而成的致密黏土，应注意裂隙面对降低土体强度的作用，裂隙黏土的软弱结构面，对工程建筑物的稳定具控制作用。

三、裂隙黏土地基常见病害

裂隙黏土的工程性质非常不稳定，常常出现滑坍、翻浆冒泥等各种不良现象。裂隙黏土路基病害非常普遍，路堑主要有冲蚀、剥蚀、溜坍、滑坡；路堤主要有下沉、边坡坍滑、坍肩、路肩开裂。

四、裂隙黏土路基施工措施

1. 裂隙黏土路基施工优先安排在非雨季施工。当无法避免时，应保证施工中排水通畅，不出现积水浸泡工作面场地的现象。应尽可能采用机械化快速施工。路基一经开工，其开挖、填筑、防护加固、支挡、防排水各项设施和工作应依序一次性完成，尽快缩短开挖面暴露时间。当防护工作不能紧跟开挖完成时，应留出不小于 0.5m 的保护层。

2. 裂隙黏土的裂隙方向、开挖时间长短及路堑边坡的高度对其边坡的稳定都有很大的影响。当裂隙倾向线路方向时，对线路稳定不利。刚开挖的边坡，有足够的稳定性，时间稍久，水分深入裂缝，裂隙间的强度衰减，间断的裂隙连贯起来，就有发生边坡滑坍的可能。路堑边坡越高，发生滑坍的可能性越大，故在裂隙黏土地区应尽量避免做深路堑，必要时用挡土墙来支挡边坡。路堤边坡高度在6m以内时，采用1:1.5的坡度；超过6m时要放缓坡度，或做防压护道。当路堑深度超过10m，应设置宽度不小于2m的边坡平台。

3. 裂隙黏土地区的路堤填料应尽量选用经过搬运的裂隙黏土作填料，使用生土作填料，因土块较硬，不易碾碎压密，易产生路基病害，所以应预留必要的沉降量，其预留沉降量较一般路堤大。填筑路堤时，可将较差的土填在中间，外面用较好的土"包裹"。填层应用重型碾压机压实，碾压时应严格保持最优含水量；压实层铺土厚度不宜大于30cm；土块应击碎至块径15cm以下。

当使用裂隙黏土填筑路堤时，虽然经过开挖、搬运及压实等重塑过程，裂隙黏土的工程性质已得到极大的改善，但由于重塑不可能很彻底，故仍保留一些裂隙土的性质，只是比天然裂隙土已大大改善了。此种路堤在建成的初期是稳定的，但经过几年后，仍有可能出现路堤下沉和边坡坍滑的问题。

4. 表土溜坍是裂隙黏土路堑病害中最为普遍的，溜坍厚度常在0.7m左右。刷缓裂隙黏土的边坡，对其稳定是不起作用的，只有将刚挖出的路堑边坡及时防护好，使边坡的表层土不受日晒雨淋的影响，尽可能保持土体的天然含水量，才能真正限制风化作用的发展。选择防护加固结构物应考虑裂隙黏土坡面不均匀下沉及表层土体干缩湿涨的特点，目前常用的边坡防护加固措施有：

（1）植物防护。常用的是铺种草皮，或兼种植紫穗槐。及时铺种草皮，可有效地抑制风化，防止冲刷，加固坡面土层。种植紫穗槐可防止碎石状的表土溜坍。

（2）骨架防护。骨架护坡采用拱形及方格形骨架较多，是加固裂隙黏土路堑边坡效果较好，使用较多的一种方法。将砌片石骨架需设在稳定的边坡上，埋入破面的深度宜大于0.5m，对易产生溜滑者，可加深至15m。

（3）重塑土压力。重塑土顶宽不小于2m，且要有一定的厚度，夯实密度影控制在最佳密度的85%左右。坡脚应设片石垛予以加强。

（4）坡脚挡土墙。可与重塑土反压措施配合使用。

（5）土钉锚杆护坡。土钉锚杆护坡是一种以土钉作为主要受力构件边坡维护结构技术，它广泛应用与基坑维护工程中。土钉锚杆和坡面钢筋网相结合，能对坡面起"箍筋"作用。一方面抵抗土体膨胀力，硬质膨胀变形，使坡面土的含水量、干重度保持在一定范围内；另一方面起到补偿作用，即使反复干缩湿张是土体抗剪强度有所降低，但通过土钉锚杆使土坡面钢筋架对坡面施加预应力，边坡土体仍保持稳定。

5. 裂隙黏土的路堑出现坍滑的情况，以久旱后暴雨季节最为频繁，所以排除地面水，使之不侵入路堑坡面很重要的。除做好坡面防护外，还必须在路堑顶修筑天沟，以引走堑顶水流。如堑顶有积水洼地或池塘，最好填平。

6. 在路堤的基床范围内，填料最好用熟土或生土掺砂夯实填筑。路堑地段，最好在基床顶面0.2~0.5m厚度范围内换填好土。如无换土条件时，须将表层土疏松掺砂修筑路拱，并做好侧沟的防渗处理。

7. 在裂隙黏土中（膨胀土，以下简称：裂土）掺入一定量的石灰也会起到改善工程性质的作用。然而，问题在于如何确定石灰的合理用量，这不仅直接决定了改善效果，而且也影响到工程造价——在一定程度上影响到它的推广和使用。

第六节 盐渍土地区路基施工

一、盐渍土的概念及分类

盐渍土是含盐量较高的盐碱土，当地表以下 1m 范围内含有易溶解的盐类超过 0.5% 时即属盐渍土。盐渍土按含盐性质可分为：氯盐渍土、亚氯盐渍土、亚硫酸盐渍土、硫酸盐渍土、碳酸盐渍土；盐渍土按盐渍化程度可分为：弱盐渍土、中盐渍土、强盐渍土、过盐渍土；盐渍土按形成条件可分为：盐土、碱土、胶碱土（龟裂黏土）。

二、盐渍土地区路基的施工季节选择及施工程序安排

1. 施工季节的选择

在盐渍土地区筑路，应尽可能地考虑当地盐渍土的水盐状态特点，应在土的含水量接近于最佳含水量而不发生冻结时施工。不在积水季节施工。根据这一原则，一般认为：当地下水位高时，黏性土的盐土地区以夏季施工为宜，砂性土的盐土地区以春季和夏初施工为宜，强盐渍土地区在表层含盐量降低的春季施工为宜，对于不冻结的盐渍土可以考虑冬季施工。

2. 路基施工程序安排

盐渍土路基要分段一次做完。自基底清除过盐土开始，要连续施工，一次做到路堤的设计标高，不可间断。在设置隔断层的地段，也要一次做到隔离层的顶部，以避免路基的再盐渍化和形成新的盐壳。

三、盐渍土地区路基的基底处理

盐渍土路基基底的处理根据含盐量、含水量及地下水位而定。

1. 路基基底依据含盐量处理

由于盐渍土地区的含盐量一般表层最大，当路堤底部表层盐渍土含有过量盐分（含盐量大于 8%）或表土松软有盐壳时，在填筑前，应将路堤基底与取土范围内的表层过盐渍

土铲除，铲除深度根据土的试验资料决定，一般为 0.1~0.3m。如路堤高度小于 1.0m 时，除将基底含盐量较大的表土铲除外，应换填渗水性土，其厚度为：高速公路、一级公路不小于 1.0m，其他公路不小于 0.8m。

2. 路基基底依据含水量及地下水位处理

当含水量超过液限的土层在 1.0m 以内时，必须全部换填渗水性土；如含水量介于液限和塑限之间时，在铺 0.1~0.3m 的渗水性土后，再填黏性土；如含水量在塑限以下时，可直接填筑黏性土。当清除软土体达到地下水位以下时，则先铺填渗水性土，要求高出地下水位 0.3m 以上，再填筑黏性土。若修建高等级路面或次高级路面，除路床填料符合规定要求外，还应在路堤下部设置封闭性隔水层（如沥青砂、防渗薄膜、聚丙烯薄膜编织布等）以隔断地下水的上升。

3. 路基基底换填作业的要求

清（铲）除表层后，地表做成由路基中心向两侧约 2% 的横坡，整平压实，沿横坡均匀铺平，以利排水；铲除的表层过盐渍土堆置在低处，以免水流浸渍后，又流回路基范围内。铲除后的回填应按规定采用可用的盐渍土。

四、盐渍土地区路基的填料要求

盐渍土地区选择路堤填料时，应注意如下几点：

1. 由于盐渍土含盐量决定了土的物理、力学特性，所以含盐量成了填料选择的主要依据。用作路堤填料的盐渍土，其容许含盐量必须符合表 2-6-1 的要求。施工时必须注意含盐量的均匀性。

表 2-6-1 盐渍土地区路基填料容许含盐量

路面等级	填料容许含盐量（以质量百分比计）/%		
	氯盐渍土及亚氯盐渍土	硫酸盐渍土及亚硫酸盐渍土	碳酸盐渍土
次高级路面	≤8	≤2	≤0.5
高级路面	≤5	≤1	≤0.5

2. 在闭塞的积水洼或常年潮湿的盐渍土地段填筑路堤时，应外运渗水土填筑，并考虑路堤沉陷问题。

3. 内陆盆地干旱地区，如当地无其他适宜的填料，须用易溶盐含量特大的土、含盐砂砾、盐岩等作填料时，应根据当地气候、水文地质情况，通过试验决定。

4. 用石膏土作填料时，石膏含量一般不予限制，应严格控制填筑密实度。路堤基底如为松散的石膏土时，应先予以夯实。

五、盐渍土地区路基压实及含水量控制

1. 为防止盐分转移和保证路基稳定，盐渍土路基的压实应尽可能地提高一些，要求达到重型击实标准。
2. 路基分层压实，每层填土厚度，黏性土不得大于20cm，砂性土不得大于30cm。
3. 碾压时严格控制含水量，其含水量不大于最佳含水量1个百分点。在干旱缺水地区，对路基填土采用加大压实功能的办法进行压实，并设法洒水，使路基表层20cm厚的土层为碾压最佳含水量，至少应达到最佳含水量的70%以上。
4. 当填土含水量过大时，施工中除设计好该盐渍土地区的排水沟外，还可在取土坑挖临时排水沟，以截断地表水和降低地下水位。此外也可延长施工段落，在取土坑内分层挖土，分段填土曝晒，分段夯压。

六、盐渍土地区路基的排水

盐渍土地区路基排水是保证路基施工质量的关键，如排水不畅，势必会因积水造成路基病害。因此，在施工中应合理地布置排水系统，防止路基及其附近积水。

当路基一侧或两侧有取土坑时，可利用取土坑进行横向与纵向排水。取土坑底离最高地下水位应小于0.15~0.20m。底部应向路堤外有2%~3%的排水横坡和不小于0.2%的纵坡。在排水困难地段或取土坑有被水淹没可能时，应在路基一侧或两侧取土坑外设置高0.4~0.5m、顶宽1m的纵向护堤。

当路基两侧无取土坑时，应设置纵向排水沟，并根据当地的地形、地势设置必要的横向排水沟，且两横向排水沟的间距不宜大于300~500m，长度不超过2km。

当地下水位高时，除挡导表面水外，应加深两侧边沟或排水沟，以降低路基下的地下水位。

盐渍土地区的地下排水管与地面排水沟渠必须采取防渗措施。盐渍土地区一般不宜设置盲沟、渗沟排除地下水，因为盐分的沉淀易使盲沟、渗沟失效。地面排水系统不宜与地下排水系统合并设置，以免造成地下水位升高，影响路基稳定。

七、盐渍土地区路基毛细水隔断层的设置

路基修筑在强盐渍化细颗粒黏土（黏性土、粉性土）的地区，若路基边缘至地下水位高度不可能达到设计规定、用提高路堤或降低地下水位的措施不经济或不可能时，应在路基边缘以下0.4~0.6m处（或路基底部）的整个路基宽度上设置毛细隔断层。隔断层的材料因地制宜，可用卵石、碎石或粒径约5~50mm的其他砂砾，隔断层厚度为0.15~0.3m，并在上、下面各铺设一层5~10cm厚粗砂或石屑作为反滤层，以防止隔断层失效。

八、盐渍土地区路基高度

1. 路基边缘高出地面的最小高度

在过干旱与干旱、半干旱地区，若地面水排除困难，强盐渍土与过盐渍土的路基边缘高出地面的最小高度参考表 2-6-2。

表 2-6-2 盐渍土路基边缘高出地面最小高度

路基土类型	路基边缘高出地面最小高度/m	
	强盐渍土	过盐渍土
砂、含细粒土砂	0.3~0.4	0.5~0.7
细粒土砂	0.4~0.5	0.7~0.8
黏质土	0.5~0.7	0.8~0.9
粉质土	0.7~1.0	0.9~1.3

2. 路基边缘高出地下水位的最小高度

在干旱、半干旱地区，盐渍土路基高出地下水位的最小高度参考表 2-6-3。

表 2-6-3 盐渍土路基边缘高出地下水位的最小高度

路基土类型	路基边缘高出地面最小高度/m	
	强盐渍土	过盐渍土
砂、含细粒土砂	1.0~1.2	1.1~1.3
细粒土砂	1.3~1.7	1.4~1.8
黏质土	1.8~2.3	2.0~2.5
粉质土	2.1~2.6	2.3~2.8

九、盐渍土地区路基边坡与路肩的处理

1. 边坡坡度

盐渍土路堤的边坡值，无水浸时参考表 2-6-4，有水浸时参考表 2-6-5。

表 2-6-4 没有水浸时的边坡值

路堤填土高度/m	边坡值
小于 1.5	1∶1.5
大于 1.5	1∶2.0

表 2-6-5 有水浸时的边坡值

浸水程度	填细粒土	填粗粒土
短期浸水	1∶2~1∶3	1∶1.75~1∶1.2
长期浸水	不可用	1∶2~1∶3

2. 边坡及路肩加固

对于强盐渍土，无论其路基结构如何，边坡及路肩都必须加固。若路基容易遭受雨水冲刷、淋溶和松胀，为保证强盐渍土及过盐渍土路基的有效宽度，应较标准路基宽度增加 0.5~1.0m。

对硫酸盐渍土路基的边坡，宜采用卵石、砾石、黏土或盐壳平铺在路堤边坡上，用以防止边坡疏松、风蚀等破坏。对长期浸水地段，还须在高水位以上 0.5m 处做护坡道，予以防护。

在过盐渍土地区，对路肩的加固，可用粗粒浸水材料掺杂在当地土内封闭路肩表层，也可用沥青材料封闭路肩或用 15cm 厚的盐壳加固。

第三章　特殊条件下的路基施工

第一节　崩塌地段的路基施工

一、崩塌地段的路基

（一）崩塌及其产生原因

崩塌是指陡峻斜坡上的岩体或土体，突然而急剧地向下倾倒、崩落、翻滚和跳跃等的一种动力地质现象。

规模极大的崩塌称为山崩，而仅个别落石的称为坠落。

崩塌对铁路行车安全威胁很大，是山区铁路常见的路基病害。

大型崩塌是灾害性的，问题很复杂也很难解决。小型崩塌（总体积不超过 200m³）和零星石块的坠落，可根据当地具体条件，采取适当措施进行防治和处理。

引起崩塌的原因比较复杂，它是由各种因素共同作用的结果，主要的原因有以下几种：

1. 地形条件

它是崩塌发生的外部原因。在崩塌的内因具备的情况下，一般当坡度大于55°，高度大于30m以上的陡峻斜坡，坡面不平整，易发生崩塌。当坡度陡于70°时，则更易发生崩塌。

2. 岩性和地质构造

山坡表面的形状往往与岩性和地质构造有关，一般情况下，高陡地形都是由硬质岩石组成的。而软硬相间的岩层，往往形成凹凸不平的坡面，如砂页岩互层，页岩抗风化能力差，易形成凹槽，而砂岩往往形成凸出的悬岩，若凸出部分有结构面存在时，在重力作用下易沿这些薄弱面发生剪切、坠落或形成崩塌。崩塌岩体中结构面的形成与地质构造有关，如岩体节理发育，且结构面的组合位置处于不利情况时，易沿这些面发生崩塌。当山坡上方有断层破碎带时，易沿断层破碎带发生崩塌。在黄土地区，也常有沿土的构造裂隙面发生崩塌的现象。

3. 水的作用

水是引起崩塌最活跃的因素，绝大多数崩塌发生在雨季或暴雨之后。这是由于水渗入构造裂隙，对岩、土产生软化、润滑和动水压力作用，造成岩、土强度降低。内摩擦角减小，因而容易引起崩塌。

4. 其他因素

强烈的地震、大爆破，以及人工开挖的边坡过高过陡，破坏了山体的平衡条件也可形成崩塌。

崩塌地段路基的稳定，在很大程度上取决于线路位置是否适当，故在勘测设计时，应结合地区的地形、地质条件，选定适当的线路位置，以求做到防患于未然，或者尽量缩短线路通过崩塌地段的长度，为路基设计和整治，创造有利的条件。

（二）崩塌防治措施

崩塌的防治措施比较多，通常有以下几种：

1. 拦截建筑物

拦截建筑物常用的类型有：落石平台、落石槽、拦石墙和拦石堤以及其他拦截落石的措施。

（1）落石平台

当被防护的路基，距有崩落物的山坡的坡脚有适当距离，且路基高程与山坡脚下的平缓地带的高程相差不大（不超过 2~2.5m）时，宜修筑落石平台。

当落石平台的高程与路基高程大致相同或略高时，宜在路基侧沟外侧加修拦石墙。

当落石平台的高程低于路肩高程时，宜在路堤边缘修建路肩挡土墙，用以拦挡落石及保护路基。

落石平台的宽度"b"及拦石墙或路肩墙的外露高度"h"，可根据现场调查试验等资料确定。

（2）落石槽

当路堤距有崩落物的山坡坡脚有适当的距离，且路堤高程比山坡脚下的平缓地带高出较多（大于 2.5m）时，则宜利用地形修筑落石槽，而且于其迎石边坡采用单层砌石防护。

当路基与有崩落物的山坡之间有缓坡（坡度角不陡于 30°）地带时，则宜在缓坡上高出路基高程不超过 20~30m 处修筑落石槽。若崩落物有较大的冲击力，则落石槽外侧应配合设置拦石墙。

（3）拦石墙

拦石墙设置的位置，可设置在路堑上方靠山坡落石一侧的形式，亦可配合落石槽使用。为减少落石在迎石坡面上的弹跳高度，拦石墙背后设置的缓冲层的边坡宜尽可能陡一些，一般可用 1:0.75，坡面宜用片石等铺砌加固。当落石坠落的速度较大（大于 20m/s），可将缓冲层边坡顶部一段，采用混凝土块板，设计成垂直的坡度，则效果更为理想。

（4）拦石堤

拦石堤通常使用当地土筑成，一般采用梯形断面，堤顶宽2~3m，堤高可根据调查或经验数据确定。其外侧边坡可用适合于填料性质的稳定边坡而不必加固，亦可采用较陡边坡，边坡可采用1：0.75并进行加固，堤顶高度应预留1.0m的安全高度。若坠落石块较大（石块体积2~3m³）时，堤顶宽应再增加0.5m，其相应的安全高度亦应增为1.5~2.0m。

（5）其他拦截崩塌落石的措施

主要有植树防护边坡和在边坡上设置桩障，以起减少和拦挡崩塌物和落石的作用。

桩障露出地面的高度一般为1.5~2.0m，可用木桩或钢筋混凝土桩。其尺寸可按落石大小设计，在桩障的下侧应设置落石槽与之相配合。另外一种措施是设置拦石网，利用木制的或钢轨桩作支柱，在上面架设铁丝网以拦截落石。

2. 遮挡建筑物

在山坡不稳的中、小型崩塌地段，或由于人工开挖的深路堑边坡而造成山体崩塌变形地段，当崩塌量大，崩塌物质来源丰富，或崩塌发生次数频繁，采用一般拦截建筑物有困难时，可采用框架棚洞。

有时若因地形或地质条件限制，外侧设置基础有困难时，亦可采用钢筋混凝土悬臂式棚洞。

在有条件的地方，经过比较，也可采用明洞处理。

在设置这些建筑物的地方，要求地基牢固。特别是明洞的外边墙受力集中，更应注意将其置于坚实、稳固的地基上。

二、施工注意事项

1. 在崩塌地段施工，为防止造成坍方及人身事故，只宜采用小爆破由上而下进行开挖作业；而且刷坡时，应明确清刷的具体范围，并做出明显标志。

2. 落石地段各项防治设施应及时配套完成。施工时应分别做到：

（1）落石台和落石槽的排水坡应按要求的纵、横坡度修筑平顺；坡面设有防渗设施时，应紧随落石台、落石槽同时完成。

（2）土质拦石堤应分层填筑压实。堤身内外侧有挡土、防护构筑物时，应与堤身配合同时施工。拦石墙、堤的背面设有缓冲土层时，应堆置均匀。

（3）拦石网和拦石桩障应按设计要求并结合实际地形做出正确有效的排列布置，放线施工。

3. 当崩落情况严重，清方明挖危及人身安全、隐患难以尽除时，应通过设计采取可靠的工程对策或变更防治措施。

第二节　风沙地区的路基施工

风沙地区路基是沙漠、大风和风沙流地区路基的总称，因为它们都和风沙有关。位于这些地区的铁路路基，容易遭受风蚀或沙埋等危害。

风沙的形成与地理位置、气候、土质和人为活动及地表植被等因素关系密切。

风沙地区的气候特征主要表现为：干旱少雨、日照强烈、气候干燥、风的活动频繁。

一、风沙严重程度的分类及沙害类型

（一）风沙严重程度分类

主要根据沙源、沙丘活动程度及输沙量对风沙严重程度划分以下三类：

1. 严重风沙地区

成片的活动沙丘，或分布较多的单个活动沙丘，沙丘的面积占某一范围（指有沙丘的范围，且结合地形地貌划分）面积为20%以上，既有沙丘移动的危害，又有风沙流的危害；或者是平沙地，线路附近虽无沙丘，但地面几乎均系裸露的疏松沙地，风沙流活动很严重，或者离线路数公里范围外有大片的活动沙丘，而沙丘至线路之间的下垫面有利于沙流通过，年输沙量不小于 $15m^3/m$。

2. 一般风沙地区

线路附近为固定和半固定沙丘或沙地，只有少数活动沙丘，主要是风沙流危害，年输沙量为 $5\sim15m^3/m$；或者离线路数公里范围内有较多沙源，通过线路的沙流量较大，一般为 $10m^3/m$ 左右；或者是风力较大的假戈壁地区，表层粗化层（砾石厚5cm左右）下为沙层，或是砾石中夹较多的（40%左右）沙粒，风力较大时（>17m/s），产生大量沙流，严重危害铁路工程。

3. 轻微风沙地区

大部分为固定沙丘或沙地，少数为半固定沙丘；或者线路附近无沙丘，系砾石戈壁滩，远方有一些沙源，每年有少量沙流（≤$5m^3/m$）危害铁路。

（二）铁路沙害类型

1. 风蚀

沙漠地区的路堤，一般采用当地的粉细沙填筑，易遭风蚀。风力对路基的风蚀，可分为吹蚀、磨蚀与掏蚀三种作用。吹蚀是风力直接带走填料颗粒；磨蚀是气流中挟带的沙粒冲击填料颗粒，甚至钻入孔穴内旋磨，以致使土体局部被掏空，加速风蚀程度；掏蚀是气流因遇障碍物或地面形状突变和不平整而产生涡流，卷走细小颗粒，使较大颗粒失掉稳定性而滚落于坡脚。一般迎风坡上部以吹蚀为主，路肩被吹蚀成浑圆状，坡面有吹蚀槽，在边坡下部 1/5~1/4 边坡高度范围内不遭受风蚀。背风坡以掏蚀为主，从路肩开始风蚀，风蚀物大部分堆积于坡脚，少部分被风带走，边坡下部 1/4 边坡高度范围内一般不遭受风蚀。风蚀常使路肩宽度不够，严重者，枕木外露，影响行车安全。

在沙丘或沙地开挖的路堑，或者含有易风蚀的土层路堑，坡面风蚀均较严重。

大风地区的风蚀现象更为严重，不仅粉细砂填筑的路堤需进行防护，而且采用砂石土和泥岩、泥灰岩、砾岩等软质岩碎块填筑的路堤，亦需进行防护。

2. 沙埋

风沙地区的道床积沙是普遍现象，轻则道砟孔隙贯入沙粒，道心有少量积沙，造成道砟不洁，给铁路上部结构带来一系列危害；重则积沙掩埋轨道，当积沙超出轨顶 3cm 以上，就可能引起机车或车辆脱轨，造成停运事故，此种现象一般称为沙埋。

二、风沙地区路基及其防护

（一）路堤

采用卵、砾石或碎石等材料全部（包括路基面）包坡的路堤，其路基面宽度可按渗水土路堤标准。如用上述材料只防护路肩和坡面，或用黏性土等非渗水材料做防护层的路堤，路基面宽度按一般黏性土路堤标准。粉、细沙填的路堤边坡坡率一般采用 1∶1.75~1∶2，一坡到顶。路堤本体的防护范围、布置形式、常用防护材料及尺寸详见路基设计手册。

（二）路堑

半干旱荒漠带和干旱荒漠带的粉、细砂地层路堑，可不设侧沟和不做路拱，采用卵、砾石或碎石等渗水材料全部防护时，路基宽度按渗水土路堑标准，路堑两侧另加宽度不小于 2m 的积沙平台。半干旱干草原带和半湿润草原带的粉细砂地层路堑，需设侧沟，并加铺砌工程防止冲刷，侧沟外设宽度不小于 2m 的积沙平台。路基面宽度按一般黏性土标准。粉、细沙地层路堑边坡坡率，一般采用 1∶1.75~1∶2，一坡到顶。

路堑本体的防护范围、布置形式、常用防护材料及尺寸详见路基设计手册。

在大风地区和戈壁风沙流地区的浅路堑，可以采用展开式，以便减少积沙量。以往经验：边坡坡率采用 1∶2~1∶3.5，堑内积沙仍然严重。试验观测证明：边坡坡率缓于 1∶4，且堑顶 20m 范围内平整，无阻碍物，输沙效果才较显著。

（三）路基两侧的防沙工程

1. 两侧防沙体系

（1）线路中心线两侧各一定宽度内为路基施工范围，视路基的填高或挖深而定，一般每侧宽度不宜小于 25m。在此范围内，由于施工破坏的地表应大致整平，浮沙采用不吹蚀材料覆盖。

（2）防沙体系包括设防带和植被保护带。设防带是采用工程防沙或植物防沙布防的地段，一般采用两种以上的防沙措施。靠近铁路是加强防护区，绝不允许沙流越过该区而掩埋铁路工程；远离铁路，可允许少量沙流侵入加强设防区的外缘。

2. 工程防沙

工程防沙措施按其作用可分为固沙、固阻沙及阻沙三种情况。

固沙采用不被风吹蚀的材料、覆盖于沙丘或沙地上，只起到固定当地浮沙的作用。又称之为平铺。

平铺的类型大致有以下几种：

（1）就地取用粗颗粒土，如卵石、砾石、碎石、矿渣和炉渣等。可以采用堆状，比平沙地的粗糙度增大 80 余倍，有利于阻截沙粒；也可以摊平。颗粒较粗时，平均平铺厚度 5~10cm；颗粒较细（如砾石）时，平均平铺厚度 8~12cm。粗颗粒土坚固耐久，不怕风蚀和雨水冲刷，且具有隔温保墒作用，有利于植物生长。故平铺时，播种抗干旱的灌木或半灌木种子。

（2）就地取用塑性指数 I_p 大于 7 的黏性土。一般宜铺成条带状，宽 0.5m，中部略高，适当夯拍，两条带中心线之间的距离为 1~1.5m。未平铺的沙面播种抗干旱的灌木或半灌木种子。

固阻沙措施常采用半隐蔽式沙障，大面积铺设，兼有固沙和阻沙作用；露出地面高 10~20cm。埋入地面深 10cm 左右；风向单一时，按条带状布设，风向多变时，按格状布设。

沙障按材料可分为：①麦草（稻草）沙障；②苇把沙障；③黏土沙障；④盐块（草皮块）沙障；⑤沥青毡沙障。其形式多样。

阻沙措施常采用高立式沙障，只起阻沙作用，一般设置 1 排，输沙量大时，设两排或三排。常设于设防带外缘，沙源少时，离路基坡脚 50m 左右；沙源丰富时，离路基坡脚 100~300m。

3. 植物防沙

通常采取种防沙林的办法。林带一般沿线路平行布置，比沙害地段略长，形成封闭状态，阻截任何方向来的流沙。当风向与铁路线为大角度相交时，树行可与线路平行。

三、施工注意事项

风沙地区路基施工受外界环境影响很大，施工时，更应慎重，多观察、多分析，考虑要周全。以下介绍几点施工中应注意的事项。

1. 风沙地区路基宜在风速较小和有雨季节分段集中施工，并在大风来临前配套完成。对每次施工未完部分，应结合气象、风沙流情况作必要的临时防护。

2. 施工中，应采取措施保护线路两侧各 500m 范围内的地表原有植被和地表硬壳。因施工作业使两侧地表受损时，应按设计要求在新出露的沙面上设置覆盖防护。

3. 风沙地区路基各项设施应相互配合施工。要求：

（1）临时固沙、阻沙设施应随路基主体工程及时完成。

（2）路肩防护层和边坡防护层应随同路基的填筑、开挖一次做成。

（3）配合设置的覆盖层、防沙栅栏、截沙沟堤等应同时做好。

（4）弃土堆、取土坑设有防护时，应于弃、取完毕后随即做好防护。

4. 弃土堆、取土坑应设置在路基的背风侧；其距堑顶、坡脚的距离应分别符合设计要求。

5. 格状沙障施工应做到稳固、牢实，风吹不走。

当采用草格沙障时，在迎风侧应先设主带（垂直主风向），后设副带（平行主风向）；在背风侧应先设副带，后设主带；均应先远后近，自上而下施工。在新月形沙丘，应从迎风坡脚开始设置。

埋设防沙栅栏应整平两侧地面，插铺草束，压沙插实，埋设稳固，防止栅栏底部被风吹掏空。

6. 采用黏性土作防护材料时，应试验测定其塑性指数，符合设计要求的方可使用。

第三节 滑坡地段的路基施工

一、滑坡的概念

在一定的地形地质条件下，由于破坏力学平衡的各种自然的或人为的因素的影响，山坡上的不稳定土（岩）体在重力作用下，沿着山坡内部某一软弱面（带）作整体的、缓慢的、间歇性的滑动的变形现象称为"滑坡"。有些滑坡的滑动初期较缓慢，但到后期其运动速度突然变大，表现为急剧的山坡变形，滑体内有部分岩土形成翻倾，而其大部分则仍作整体位移，这种先缓后急的滑动现象称为"崩塌性滑坡"。

一个发育完全的滑坡，一般具有：环状的滑坡壁，与滑坡形状相适应的封闭洼地，微向后倾的滑坡台阶，垄状前缘和鼓起的隆丘，分布于滑坡周界及滑体上部的拉张裂缝（滑体下部的挤压鼓胀裂缝及前缘舌部的扇形放射状裂缝）滑体中部两侧的剪切裂缝和伴随的羽毛状裂缝，以及为新生沟谷所环绕等外貌。

二、滑坡的防治措施

（一）滑坡排水

1. 排水设施

排水沟（明沟、槽沟）、渗沟、泄水隧洞，排水钻孔可作为滑坡体内外的排水设施。在使用时，必须先了解滑坡周围的水文情况、地形特征，合理组织、精心安排，以组成一个有效的排水系统。

2. 施工要求

施工时，要求做到以下几点：

（1）滑坡体外的截、排水沟应先做好，并随开挖随铺砌。对施工用水应严加管理，防止流入滑坡体内。

（2）滑坡体上不得有水。裂缝应填塞密实。洼地应整平夯实。水沟应砌筑密实，或采取其他临时防渗漏措施。

（3）应加强检查维修，保持各种水沟完整畅通。

（4）拦截地下水的渗水构筑物要求做到：位置、高程及尺寸准确；渗水材料要合格，各不相混；滤、渗结构层次分明。

（二）改变滑体重心，增强稳定因素

通常办法是减重与加载，其主要作用是在滑坡的主滑段减重以减小下滑力；在抗滑段加载以增大抗滑力，促使滑坡稳定。

（三）修建支挡建筑物，抵抗滑动

修建支挡建筑物来阻止滑坡的滑动是处理滑动的又一重要措施，通常有支撑渗沟、抗滑挡墙及抗滑桩，前两个通常配合使用。

支撑渗沟一般成群设置于滑坡前部，以支撑作用为主，兼起排除滑带水和疏干其附近滑体的作用，适用于滑体前部有地下水出露及滑体土中水发育的地段。当滑体的下滑力较小时，可以单独使用；当下滑力较大时，宜与抗滑挡墙配合使用。

抗滑挡墙是广泛应用的支挡建筑物，宜用于中厚层滑坡的防治，常与支撑渗沟、排水及减重等措施配合使用。挡墙一般宜设于滑坡下部或前缘抗滑段。

对于滑坡推力较大时，我们通常采用抗滑桩。抗滑桩是一种大截面的侧向受荷桩，它穿过滑坡的滑体，锚入滑床中一定深度，有如在滑体和滑床之间打入楔子，以阻止滑体下

滑。抗滑桩置于滑面以下部分称之为锚固段，滑面以上部分称为受力段，受力段承受滑坡推力，传递到锚固段，在滑床的桩周地层产生反力，嵌住桩身，以达抗滑目的。

（四）改善滑动带土体，提高其力学性质

用物理化学方法改变滑动带土石的性质，来提高滑坡的稳定性，是治理滑坡的有效措施。下面简单介绍几种方法。

1. 灌浆法

用水泥浆或化学浆液注入岩、土的裂隙、孔隙中，将岩、土体胶结成整体，使之强度提高。水泥灌浆法只适用于裂隙岩石、砾石、砂类土。黏土孔隙小，水泥浆液不易注入，故采用较少。

2. 电渗排水和电化学加固法

电渗排水是利用电渗透原理，在饱水的黏土中插入二个电极，通以直流电。在电流的作用下，土中水向阴极汇聚，由阴极金属过滤管中排出，达到疏干、加固土体的目的。

第四节 泥石流地区的路基施工

泥石流是在适当的地形条件下，大量的水体浸透山坡或沟床中的固体堆积物质，使其稳定性降低，饱含水分的固体堆积物质在自重作用下沿斜坡或沟谷突然流动，就形成了泥石流。形成泥石流必须具备以下3个条件：

1. 固体松散物质储备丰富；
2. 坡面坡度和沟床纵度较大（谷深坡陡的地形）；
3. 可从高强度降水或冰雪融水获得充足的水源供给。

泥石流是一种灾害性的地质现象，经常突然爆发，来势凶猛，可携带巨大的石块，并以高速前进，具有强大的能量，因而破坏性极大。泥石流所到之处，一切尽被摧毁。

山岭地区，暴雨或融雪水挟带大量土、石等固体物质汇入沟谷，形成突然的、短暂的、间歇的破坏性水流称为山区泥石流。山区泥石流是在坡面土体疏松、植被稀少、边坡陡峻（300~350以上）、细沟微谷发育条件下，由于大强度暴雨或融雪水的作用而形成的。

泥石流是一种突然爆发的含大量泥沙石块的洪流。其对路基的危害主要是通过堵塞、冲刷、撞击等造成的，也可通过压缩、堵塞河路使水位壅升，淹没上游沿河路基，或者迫使主河槽改道，引起对岸冲刷，造成间接水毁。我国泥石流主要分布在西南、西北及华北的山区，华南、台湾及海南岛等地区也有零星分布。

一、泥石流的分类

1. 按其物质成分：

（1）泥石流：由大量黏性土和粒径不等的砂粒、石块组成的叫泥石流；

（2）泥流：以黏性土为主，含少量砂粒、石块，粘度大，呈稠泥状的叫泥流；

（3）水石流：由水和大小不等的砂粒、石块组成的谓之水石流。

2. 按其物质状态分：

（1）黏性泥石流，含大量黏性土的泥石流或泥流。其特征是：

黏性大——固体物质占40%~60%，最高达80%。水不是搬运介质，而是组成物质。稠度大——石块呈悬浮状态，暴发突然，持续时间短，破坏力大。

（2）稀性泥石流，以水为主要成分，黏性土含量少，固体物质占10%~40%，有很大分散性。水为搬运介质，石块以滚动或跃移方式前进，具有强烈的下切作用。其堆积物在堆积区呈扇状散流，停积后似"石海"。

3. 按泥石流沟的形态分类有：沟谷型泥石流，山坡型泥石流。

（1）水流冲刷山坡滑落物质而形成的泥石流。山坡或沟岸泥沙由于重力作用而不断地坍塌、碎落或滑坡而落入沟道，在暴雨的冲击下面形成泥石流。这种形式中最严重的是大型滑坡堵断沟道，水流直接由滑坡体上流过或形成溃决，也有的在暴雨时滑坡体中的饱和水与滑坡体一拥而下，形成强大的泥石流。

（2）由水流冲刷河床物质而形成的泥石流。水流直接冲动沟底的泥沙而形成泥石流的现象越来越被重视，最危险的是河床表面有粗化层，当沟谷中发生的洪水将粗化层冲走，下部细粒泥沙将发生溃决性冲刷，形成大规模的泥石流。

（3）由滑坡直接演变为泥石流。滑坡在高速滑动过程中，土体被液化而形成的泥石流。

（4）融冻泥石流。融冻泥石流原来是指高山地区山坡由于融冻作用而产生向下滑动的液化土体。但近年来发现，在低山的季节性冻土地区的一些黄土或类黄土覆盖的沟谷内，在黄土下部基岩表面的地下水渗出带、冬季出露点一带，由于地表地下水冻结而不往外流，地下水积蓄而液化土体，在化冻季节形成泥石流，在沟道内聚积而向下流动，并形成沟岸滑塌。

（5）矿山废渣由于水流冲刷或滑塌而形成的泥石流。如弃渣场溃坝等。

4. 按泥石流的激发因素分类有：雨洪混石流、冰川泥石流，冰川—雨洪泥石流。

雨洪泥石流由于降雨径流激发而形成；冰川泥石流以冰湖溃决水、冰川及冰雪融水为水动力条件形成；冰川—雨洪泥石流以冰川冰雪融水与降雨作为水动力条件。主要来自中低山区的暴雨径流和高山区的冰雪消融洪水的混合补给。

5. 按泥石流流域大小分类有：大型泥石流，中型泥石流和小型泥石流。

6. 按泥石流发展阶段代发类有：发展期泥石流，旺盛期泥石流和衰退期泥石流等等。

二、泥石流的防治方法

针对不同类型的泥石流，其防治工程主体也不同，相应工程措施方案也有所侧重，一般分为以下三类：

治水为主的方案。利用蓄水、引水和截水等工程措施控制地表洪水径流，消减水动力条件，使水土分离。

治土为主的方案。利用支挡工程、支护工程，拦截泥石流固体特质，稳定沟岸，防止崩塌或滑坡以提供形成泥石流的固体源。

排导为主的主案。利用排洪道、渡槽等排泄建筑物将泥石流排走，或修建导流堤、分流堤、护岸、丁坝等调治建筑物，使泥石流沿一定方向和路线经过。

泥石流的治理，应遵循以下原则：

1. 线路选择：当发生频度大的黏性泥石流及规模较大的稀性泥石流时，经技术经济比较宜采取改线绕避，无法绕避时须避重就轻选择线路；

2. 调治构造物的布设：应根据路段和桥梁所在位置，结合地形、沟槽宽度、泥石流性质、流势及其发展变化规律进行综合考虑确定，宜导不宜挑；

3. 工程和生物水土保持相结合：对于危害性大、涉及面广，且当地人类活动、经济设施有可能促使泥石流发育时，宜与有关部门协商，进行工程和生物水土保持相结合的综合治理。

对泥石流可以采取以下措施进行防治：

1. 泥石流形成区处治

（1）植树造林，植草。特别是在分水岭、山坡、洪积扇上及沟谷内。因草皮只能预防坡面冲刷、剥蚀，因此，对滑动没有停止的边坡，不宜种植。

（2）平整山坡，填充沟缝。以控制水土流失，防止滑坡发展。

（3）修筑排水及支挡工程。修筑截水沟、边坡渗沟等排水工程，设置支撑挡墙，加固沟头、沟底、沟坡，稳定山坡。

2. 路线上游通过地区处治

在地质条件好的上游，分级修建砌石或混凝土拦渣坝，以起到沉积、拦阻泥石流的作用。

（1）拦挡坝成群建筑，坝间距离以下游回淤的泥沙能对上一道坝起到防冲护基作用为准。

（2）坝址宜选在能充分停淤的沟谷狭窄处，基础要设置在可靠的地基上，沉积在坝后的泥石，要随时清除。

（3）拦挡坝有实体坝、格栅坝，铁丝石笼坝等多种形式。实体坝适用于各类泥石流沟；格栅坝适用于稀性泥石流沟；铁丝石笼填为临时性措施，适用于泥流沟。

（4）停淤场可设在堆积区中、下部的扇面宽阔处，或设在二扇间的低洼处。

3. 路线通过区处治

（1）小量的泥石流应在路肩外缘设置碎落台或修建拦渣挡墙，并随时清除冲积的泥石。

（2）采用桥梁或涵洞跨越泥石流，但要考虑淤积问题。

（3）采用明洞及隧道，一般用于路基通过堆积区、泥石流规模大、常发生危害严重且采取其他措施有困难的情况下。

（4）当桥梁跨过泥石流的山前堆积体离顶端很远时，采用挑导坝、丁坝、排洪道、急流槽、导流堤、渡槽等设施使泥石流顺利排走，以防止掩埋道路、堵塞桥涵。

第四章　路基沉降观测与治理

第一节　路基土的变形特性

一、路基土的应力——应变关系

1. 理想的线性弹性体在一定的应力范围内，应力与应变的关系呈线性特性。由于路基土的内部结构十分复杂，所以路基土在应力作用下呈现的变形特性同理想的线性弹性体有很大区别。

2. 压入承载板试验：以一定尺寸的刚性承载板置于土基顶面，逐级加荷卸荷，记录施加于承载板上的荷载及由该荷载所引起曲沉降变形，根据试验结果，可绘出土基顶面压应力与回弹变形的关系曲线，来计算土基的回弹模量。

$$E = \frac{PD(1-\mu^2)}{l}$$

土基的应力-应变关系除了出现非线性特性之外，还表现出弹塑性性质。当荷载卸除，应力恢复到零时。

模量有以下几种：

（1）初始切线模量：应力值为零时的应力-应变曲线的斜率；

（2）切线模量：某一应力级位处应力-应变曲线的斜率，反映该级应力处应力-应变变化的精确关系；

（3）割线模量：以某一应力值对应的曲线上的点同起始点相连的割线的斜率，反映土基在工作应力范围内的应力-应变的平均状态；

（4）回弹模量：应力卸除阶段，应力-应变曲线的割线模量。

前三种模量中的应变值包含残余应变和回弹应变，而回弹模量则仅包含回弹应变，它部分地反映了土的弹性性质。

土基应力-应变的非线性特性还有另一种表示方法，即将因弹模量值以应力或应变的函数形式来表示。如根据试验结果，砂性土路基的回弹模量可以按下式计算确定。

$$E_R = K_1 \theta^{K_2}$$

式中：E_R——土基回弹模量，kPa；

θ——全应力，即三向主应力之和，kPa；

K_1，K_2——回归常数；

对于黏性土，其模量值随应力的变化又有另外的形式。在一定的应力范围内，随着应力的增加，模量逐渐降低，超过一定范围后，模量又缓慢增大。

路基土在车轮荷载作用下产生的应变，不仅与荷载应力的大小有关，而且与荷载作用的持续时间有关，这是由于土颗粒之间力的传递以及土粒与生粒之间的相对移动都需要一定的时间。通常在施加荷载的初期，变形量随荷载持续时间的延长而增大，以后逐渐趋向稳定。这又称为土的流变特性。试验表明，因弹应变与荷载的持续时间关系不大，土的流变特性主要同塑性应变有关。

二、重复荷载对路基土的影响

重复荷载对路基土的影响：一种是土体逐渐压密，土体颗粒之间进一步靠拢，每一次加载产生的塑性变形量愈来愈小，直至稳定，这种情况不致形成土基的整体性剪切破坏；另一种是荷载的重复作用造成了土体的破坏，每一次加载作用在土体中产生了逐步发展的剪切变形，形成能引起土体整体破坏的剪裂面，最后达到破坏阶段。

土基在重复荷载作用下产生的塑性变形积累，最终将导致何种状况，主要取决于：

（1）土的性质（类型）和状态（含水量、密实度、结构状态）；

（2）重复荷载的大小以重复荷载同一次静载下达到的极限强度之比来表示，即相对荷载；

（3）荷载作用的性质，即重复荷载的施加速度、每次作用的持续时间以及重复作用的频率。

三、湿度和密度对路基土的影响

回弹模量值通常随密实度增加而增大，而随含水量增加而减小。其中，含水量对模量值的影响特别大。路面结构分析时，采用按照路基土的实际湿密状态制备的试件测定的回弹模量值。

通常，试件在接近最佳含水量值时压实到规定的最低密实度，随后浸水饱和后进行试验。

第二节 路基沉降的常见病害与防治

一、路基常见病害的类型

在工作实践中,常见的路基病害类型很多,归纳起来有以下几个方面:

1. 由于诸多方面的原因导致的路基整体下沉或局部沉降。
2. 由于路基的不均匀沉降引起的路基横向开裂。
3. 由于路基不稳定造成的滑动或边坡坍塌。

二、路堤沉降表现形式

1. 工程地质发生明显变化处。
2. 地形变化处。
3. 水文的影响。
4. 桥涵结构物太背回填段与路基结合处。

三、发生路堤沉降的主要原因

1. 施工方面的原因

(1)路基施工前的排水系统不完善或不畅通,路基因长期受积水浸泡而降低承载力,导致沉降发生。

(2)原地面的草根、树根、淤泥等不良土壤没有得到彻底的清理或地基压实度没有达到设计要求因素,在荷载的作用下,使路基变形出现沉降。

(3)特殊地段未进行特殊处理或处理不当而导致路基沉降。

(4)在路堤填筑施工中,填筑层超过规范要求的厚度或未严格按规范要求分层填筑分层碾压的工艺进行施工,压实度达不到规范要求而导致路基沉降;半幅施工而发生不均匀沉降。

(5)虽然执行了分层填筑,但填筑厚度超过规范要求的厚度;因铺筑超厚,虽然压路机按规定的碾压遍数进行了碾压,致使压实度达不到规范规定的要求,当填筑到路基设计高程时,必然产生累计的沉降变形,在重复荷载与填料自重作用下产生下沉。

(6)在田洼结合处没有设置搭接台阶或者填筑材料不同,就会出现结合部衔接不良而导致路基不均匀沉降。

2. 填筑材料方面的原因

（1）由于填筑材料中掺杂进了抗水性差、强度低的种植土、腐殖土或泥沼土等劣质的填料，是路堤出现塑性变形或沉陷破坏。

（2）在填土路堤中，填筑土中有较大的大土块或冻土块，就会出现压实度不均匀或融冻后出现翻浆现象。

（3）在填石路堤中，石料规格和性质存在较大差异或者将爆破后的乱石就地堆积填筑，在经过一个雨季后就会出现局部明显的下沉。

四、路堤沉降的预防措施

1. 施工方面应采取的有效措施

（1）做好路基施工的准备工作。开工前工程技术人员要认真审阅设计文件，与设计单位做好技术交底工作。

（2）在编制施工组织设计要高度重视高填方路堤的施工组织设计，高填方路堤要先于其他路段进行施工，这样就可以给高填方路堤留有足够的时间施工和沉降，从而有效防止高填方路堤施工后产生过大的沉降。

（3）重视原地面处理。彻底清除地表植物、树根、垃圾和种植土，加大原地面的压实力度。由于高填方路段土基主要承受填筑土体的自重（恒载），并随路基的高度而增加，而汽车活载的影响随着深度的增加越来越小。

（4）填筑路基前做好路基临时排水工作，做到临时排水系统与永久性排水系统有机结合。

（5）选取路基填料非常重要，并控制好填料质量。一般应选择水稳性好、干密度大、承载能力高的砾石类土填筑路基。同时要密切注意不得把劣质土混在其中。用含水量较大的填料填筑路基时，一定要有足够的翻晒时间，使其达到最佳含水量。不同性质的材料分层填筑时，应严格控制填料粒径，以保证各点，密实度均匀一致。

（6）具体的路堤填筑工艺要通过填筑试验段来确定机械的组合、松铺系数和合适的碾压遍数。

（7）抓好桥涵结构物台背回填、路桥过渡段填方以及填挖结合部等特殊部位的施工质量控制。

（8）做好压实度的检测工作。特别应加强机械压实的工程薄弱部位（如：边缘加宽压实部分、填挖结合部位、新老路结合部位等）的检测。

2. 加强养护

（1）加强对防水、排水构造物的养护工作，确保路基范围内纵横向排水设施畅通无阻。

（2）对沉降量大形成跳车的路段，应分析原因采取注浆加固等有效措施稳定路基，及时修补破损路面保证车辆安全行驶。

（3）对风蚀、水蚀的路基边坡，要及时修补加固，确保路基安全。

（4）在有条件的情况下做好坡面植被防护，稳定路基边坡。

五、路基横向不均匀沉降原因与防治措施

（一）路基横向不均匀沉降原因分析

路基横向不均匀沉降的发生是多方面因素综合作用的结果。其中，内因在于地基及路基本身；外因是车载、地下水及自重等作用。

1. 地基对路基横向不均匀沉降的影响

（1）路堤地基处理不当

①伐树除根及表土处理不彻底或是路基基底的压实度不够，致使路堤形成后，一旦杂质腐烂变质，地基将会发生松软和不均匀沉降。

②地面横坡大于1∶5的路段，路堤填筑前地基未按规定要求挖成台阶，填料与地基结合不良，在荷载作用下填料极易失稳而沿坡面发生滑移，从而产生横向不均匀沉降。

（2）特殊地基地段

①软土地基对路基横向不均匀沉降的影响

当路基修筑在软土地段时，软土层本身力学性能差，在附加应力作用下，会发生固结沉降、次固结沉降和侧向塑性挤出，导致明显的沉降变形。有些河谷、水塘地段虽作了清淤处理，但是处理不彻底或回填材料控制得不好，从而形成人为的相对软土层。在高填方填筑后，地基出现不均匀沉降，造成路基的不均匀沉降，甚至路面开裂。在一些地表水和地下水自然排泄困难的地方，地基土中的软土层在固结过程中的较大沉降变形，也是产生过大沉降和沉降差的重要原因。有些路段所处地基不属于软土地基，但处于低洼、河谷处，长期受水冲蚀，天然含水量较高，在设计时未发现或未作特殊处理，在施工时也未做等载或超载预压，也会产生不均匀沉降。软土地基是公路路基产生不均匀沉降的重要原因之一，其中，比较有代表性的工程实例如沈大高速公路改扩建工程，由于沈大高速公路部分路段位于软土地基上，路堤设计与施工必须控制新路堤的横向稳定性，及由于新老路堤横向不均匀沉降而形成的横向错台，以避免影响到行车安全。因此，软土地基处理是本项工程的一个重点和难点。

②岩溶地基对路基横向不均匀沉降的影响

在碳酸盐岩地区，路基下有时分布有岩溶洼地或漏斗，其中的沉积物松软，在行车动载的作用下，沉积物压实、侧向流动和下陷，造成路基沉陷。比较有代表性的工程实例是在昆明至瑞丽公路，有一处属这种类型。该公路通过处为灰岩地区的凹状地形区，自1991年开始，路面每年下沉约1.5m，1993年7~9个月，每月垫高路面0.5m，侧向变形作用不明显。其原因主要是路基以下为岩溶洼地，洼地内风化残积物疏松软弱，该处在地貌上易于地下水的汇集。在交通荷载作用下，残积物压密和侧向流动，使路基近于垂直下

沉。一般说来，土层的天然含水量越高、天然孔隙比越大，则压缩系数越大、承载力越低，则路基的沉降量和沉降差越大；抗剪强度和承载力越低，则侧向塑性挤出甚至局部坍滑的可能性越大。故地基中存在岩溶，容易导致路基的横向不均匀沉降。

2. 路基本身引起的路基横向不均匀沉降

（1）路堤填料不均匀

在公路施工过程中，对填料、级配很难得到有效的控制。若填料中混入种植土、腐殖土或泥沼等劣质土，或土中含有未经打碎的大块土或冻土等，或在填石路堤中石料规格不一、性质不匀，乱石中空隙很大，在一定期限（例如雨季）可能产生局部明显横向下沉。另外，填料常常是路堑的挖方、隧道掘进产生的废方。这些填料性质差异大、级配也相差很远。在施工过程中，如果分层碾压厚度过大，小颗粒填料和软弱物质很难得到有效压实，在荷载的长期作用下，回填料会产生不协调沉降变形。

（2）路基填土压实不足

由于压实度不足往往导致填方路基的横向不均匀沉降变形，路基两侧出现纵向裂缝。路基土体压实度不足的主要原因有以下几点。

①路基施工受实际条件的限制时，如天气太干燥，局部路堤填料含水量低，土块粉碎不足，致使路基压实度不均匀；暗埋式构造物因其长度限制使路基边缘不能超宽碾压，致使路基边缘压实度不够；某些加减速道与行车道没有同步施工，当拼接处理得不好时，其拼接处也产生压实度不足的情况。

②在填方路堤施工中，当路堤施工到一定高度以后，路堤边缘土体往往存在压实度不足问题。对于较高的填方路基，通常都要作相应的处治。填方土体压实度不足，其结果是土体前期固结压力小于自重应力和各种附加应力之和，在自重作用下就会发生沉降变形。这些附加应力主要来自以下几个方面：车载，尤其超载情况；含水量变化造成土体重度的改变；地下水位升降而导致浮力作用改变；土体饱和度改变，引起负孔隙水压力改变。这些附加应力引起土体中有效应力改变，从而导致土体发生压缩变形。土体压实度不足还会导致填土路基的侧向完全受限，仅有竖向变形。实际路基土中存在有侧向变形，这种侧向变形会引起沉降。

③由于填方土体的最佳含水量控制不力，压实效果达不到要求。

④考虑到施工安全和进度，使得压实或压实作用时间不足，路基压实不充分，致使路基压实度达不到要求。

⑤其他原因：如路基填料的含水量、压实时的松铺厚度、碾压机具选择不当等，都易造成路基压实不足，使路基土的密实度达不到要求，这样土体仍会发生积水，造成水分积聚和侵蚀路基，使路基土软化或因冻胀而产生不均匀沉降。

（3）半填半挖部位产生的不均匀沉降

由于填方的沉降系数与挖方的沉降系数不同，在行车荷载的作用下，随着时间的推移，填方与挖方的沉降差值越来越大，易在交界处出现土基不均匀沉降，路基产生纵向裂纹。

3. 水文气候引起的路基横向不均匀沉降

（1）气候对路基横向不均匀沉降的影响

气候也是引起路基的横向不均匀沉降的一个重要因素。降雨量过大、洪水、冰冻、积雪或温差过大，都可能使高路堤产生横向不均匀下沉。

（2）地下水对路基横向不均匀沉降的影响

在地下水的交替作用下，路基土体内水含量反复变化。土体重度在一定范围内波动，更为重要的是，由毛细管张力引起负孔隙水压力可以达到相当的数值，再加上水的软化、润滑效应，有可能使路基产生横向沉降变形。路基或地基中地下水的动态性对路基不均匀沉降有很大影响。路堤及其地基中的地下水主要补给来源有三种类型，即地下水侧向补给、降雨补给和地表水侧向补给，其动态变化及侵蚀作用影响到土体中的有效应力分布、土体的结构特征和土体强度，从而导致路基的横向不均匀沉降。

4. 施工方面的原因

填筑顺序不当，未在全宽范围内分层填筑，填筑厚度不符合规定，填料质量不符合要求，填料水稳性差，不同性质的填料混填，因不同土类的可压缩性和抗水性差异，形成不均匀沉降。路基填料含水量控制不严，又无大型整平和碾压设备，使压实达不到要求。施工过程中，未注意排水，遇雨天时，路基积水严重，无法自行排水，有的积水浸入路基内部，形成水囊；晴天施工时，未排除积水、控制含水量就继续填筑，以致造成隐患。

（二）路基横向不均匀沉降防治措施

1. 设计方面

（1）做好地质勘探调查

对路线经过的地形、地貌、水文地质条件进行详细勘察，对特殊路基段应提供详细的设计资料。对于地表不良路段，设计可考虑换土或掺石灰、水泥及铺设土工合成材料等措施。

（2）确保路基最小填筑高度

路基最小填筑高度必须保证不因地面水、地下水、毛细水及冻胀作用的影响而降低其稳定性。按照路基设计规范要求，根据土基干湿类型及毛细水位高度确保路基最小填筑高度。当路基填筑高度受限制而不能达到规范规定时，则应采取相应的处治措施，如换填砂砾、石渣等透水性材料，设置隔离层或修筑地下渗透沟等以避免地面积水和地下水浸入路基，影响路基工作区内的土基强度与稳定性。土质挖方路基，需换填不少于60cm砂砾；石质挖方路基，需设置30cm砂砾垫层，横向排水不畅路段要加设盲沟。

（3）明确路基填料质量标准要求

在各级公路工程施工图设计中，必须明确不同填高内路基填料的CBR值（最小强度）及最大粒径要求。种植土、腐殖土、淤泥冻土及强膨胀土等劣质土，严禁直接用于填筑路基。砾（角砾）类土应优先选作路床填料，土质较差的细粒土可填于路堤底部。

（4）完善路基综合排水设计

县级以上公路工程设计中，必须遵循因地制宜、整体规划、综合考虑的原则，进行路基纵、横向排水设计，避免造成两侧长期积水浸泡路基，使路基承载力下降而发生沉降变形。在居民区路段必须设置排水边沟，平坡路段边沟需设有纵坡，确保排水通畅。高填方路段采用集中排水措施，并与警示桩、防撞墙统筹考虑，要求在每 20~40m 及主要变坡点处设置简易或永久性泄水槽。挖方段应根据上边坡的汇水面积设计截水沟，并考虑边坡土质和边坡，设置挡土墙防止塌方，路基较低路段可以加设砂砾层及渗水盲沟，并加大、加深边沟等排水措施。

（5）确保路基边坡稳定性

高填、深挖路基的边坡应根据填料种类、边坡高度和工程地质条件等确定，且高填路堤必须进行路基稳定性验算。填方边坡过高时，可考虑在边坡中部加置边坡平台。

（6）积极采用路基综合防护形式

积极推行植物防护与硬防护相结合的综合防护形式，在比较稳定的土质边坡采用种草、铺设草皮、植树等植物防护措施。岩体风化严重、节理发育、软质岩石、松散碎（砾）石土的挖方边坡以及受水流侵蚀、植物不易生长的填方边坡可采用护面墙、砌石等工程防护措施，沿河路基、受冰侵害和冲刷路段采用挡土墙、砌石护坡、石笼抛石等直接防护措施。

（7）设计方法方面

①强夯法是目前发展起来的处治路基不均匀沉降的有效措施。强夯法处治是利用大能量直接作用在被处置范围上，通过整体提高被处治体的密实度来减少不均匀沉降变形。其作用效果明显，施工速度快。20世纪90年代末，重庆交通科研设计院曾采用强夯技术成功地处治了重庆渝长高速公路路基沉降问题，但是这种方法对结构物的动力冲击较大，限制了在桥头、涵洞等部位的应用。而且强夯的设计计算方法、质量检测评价方法等还有待进一步研究。

②压力灌浆法是利用机器施加高压，把能固化的浆液压入土体空隙，浆液凝固后把压力区范围内的土体固结，使松散的土颗粒形成整体，达到控制沉降、减少不均匀沉降的目的。特别是针对公路路基下软土基的处治，可以直接改善土体结构，固结土体，控制沉降。但是这种方法在实践中的可行性及其压浆工艺、材料、适合范围等都还需要进一步研究。

③应用土工合成材料（土工格栅、塑料网格等）进行加筋或制成柔性褥垫层，使之调节和控制不均匀沉降。国内利用土工合成材料处治不均匀沉降也做过尝试和试验，如重庆交通科研设计院在20世纪90年代，采用土工合成材料处理广西南梧公路沉降，及重庆渝长高速公路不均匀沉降均获得较好效果。值得注意的是，国际上普遍认为土工合成材料是处理不均匀沉降的有效措施，而且土工合成材料除了对地基有加筋作用外，还有滤层、排水、隔离、防护、防渗等作用。因此，采用土合成材料处治是一种值得推广的处理路基不均匀沉降的有效措施。但对其设置方法、作用效果、设计计算方法等问题尚需深入研究与试验。

2. 施工方面

（1）做好施工组织设计

合理安排施工段的先后顺序，明确构造物和路基的衔接关系，以施工组织设计为依据，结合施工现场的实际情况，合理调配人员、设备，是保证路基施工质量的重要环节。

（2）做好施工前的准备工作

开工前要认真审阅设计文件，详细了解各段的填、挖情况，地质情况，填、挖土质和调配情况。对重要地段要作重点勘察，进一步核对设计资料，发现设计文件中有误应及时上报业主，妥善处理。

（3）认真清除地表土

不良土质、地表植被、树根、垃圾、不良土质（盐渍土，膨胀土等）必须予以清除，然后换填透水性材料，尤其是低填方路段要注意满足路基工作区的要求。有必要时要设置砂砾隔层，路基深度、宽度、长度都必须到位，不留丝毫隐患。填筑路堤前，首先应进行原地面处理。当路堤填筑高度小于1m时，应将路基范围内的树根、杂物全部挖除。若基底的表层土系腐殖土，则须用挖掘机或人工将其表层土清除换填，厚度视具体情况而定。如发现草炭层、鼠洞、裂缝时，应用符合条件的土回填，并按规定进行压实。路堤通过耕地时，路堤填筑施工前预先清除表土30cm。由于在表土剥离后基底的含水量高，为保证基底压实度达到设计要求，应及时进行翻松、晾晒和含水量检测，在最佳含水量时进行碾压，达到要求的压实标准。

（4）严格控制填土含水量

施工时含水量要高于最佳含水量的1%~2%压实为宜，避免出现小于最佳含水量的压实情况。含水量偏小时，土粒间的润滑作用不足，即压力不足以克服土粒间的摩擦力，土中的空气不能排除、土粒间无法靠拢，因而难以达到最大密实度。如果含水量偏大，又会产生由于水分过多，土粒被水膜包围而分散得过远，不能达到最大密实度。填筑路基前，疏通路基两侧纵横向排水系统，避免路基受水浸泡。特别是地基土为黄土、黏土等细粒土，在干燥状态下（最佳含水量）结构比较强，有较强承载能力，一旦受水浸泡，易形成翻浆或路基沉降。因此，做好路基施工前排水畅通尤为重要，工程监理和施工质量自检人员应认真监督。

（5）严格选取路基填料用土

路基填料确定前，需进行土质分析，做CBR值、标准击实等试验，对于种植土、腐殖土、淤泥、强膨胀土等劣质土的CBR值、最大粒径不能满足规范要求的材料，不能用于路基填筑。

（6）做好监测工作

路基填筑前，要根据设计进行施工放样，建立半永久性的临时水准点和坐标点，并作好相应记录。路基坡脚放样一定要准确，确保路基宽度满足设计要求。路基坡角范围内，要求清除杂草、树根、淤泥等，并进行整形碾压，压实度须达到规范要求。旧路加宽、半填半挖段应做好宽度不小于6m的向内倾斜的台阶。

（7）处理好特殊地段施工

填石路基与鸡爪形地段路基施工，可利用重型夯实设备进行强夯处理，或将土工格栅（土工布）水平分层布置在填石路堤内，防止或减缓细料在填料空隙中的流动。

（8）做好路基填筑碾压工作

路基施工必须分层填筑，分层碾压，一般路段压实厚度不得大于30cm。不同性质的土不能混填，同一种土填筑厚度不能小于50cm（两层）。路基填筑须全幅填筑，一次到位，严禁帮宽。碾压过程中，要控制好含水量，压实度达到规范要求后，方可进行后续施工，压实度检测每层2000m^2（不足2000m^2按2000m^2计）不少于4点。根据不同填土类型和压实厚度，选择好压实设备。对于砂砾土，振动压路机具有滚压和振动双重作用，效果较好。

（9）做好路基施工中的排水工作

路基施工中，首先按照设计要求，做好排水工程以及施工场地附近的临时排水设施，以保持路基能经常处于干燥、坚固和稳定状态。路基顶面做成2%~4%横坡，便于表面水及时排出。为了保持路基能经常处于干燥、坚固和稳定状态，必须将影响路基稳定的地面水予以拦截，并排除到路基范围之外，防止浸沉、聚积和下渗。同时，对于影响路基稳定的地下水，应予以截断、疏干、降低水位，并引导到路基范围以外，使全线的沟渠、管道、桥涵构成完整的排水体系。

①一般路段排水：路基排水沟渠（包括边沟、截水沟、排水沟）要注意防潜、防冲。当沟渠纵坡达到或超过3%时，即需采取加固及防止渗漏措施；边沟过长时，应考虑减小纵坡的容许值或做好出口设计，将水引离路基；边沟过于平缓，相反会引起边沟淤塞，一般纵坡不小于0.5%，受限制时不小于0.3%。

②特殊路段排水：在深路堑、高路堤、滑坡、陷穴等地段，应注意结合水土保持进行综合治理。如用挖鱼鳞坑、水平沟、种草、植树等方法对被面径流进行调治与防护；在冲沟头植树，防止冲沟被侵蚀，危害路基；在沟谷布设路线，在沟谷中筑坝淤地，并保护路基坡脚不受水的冲刷破坏；还可做护坡埂、涝地、水窖等。

（10）对半填半挖部位产生的不均匀沉降的控制

将结合处挖方段下挖150cm，并依次做台阶，台阶宽1m，高为一个土方填筑层厚。每个台阶与填方整体填筑混压，150cm层面按94%控制压实度，150cm以上按96%控制压实度。

（11）做好施工后的养护工作

路基土石方施工时或完工后，应及时进行路基防护工程施工和养生。各类防护与加固应在稳定的基础或坡体上施工。防护工程的砂浆、混凝土，应采用机械拌和，随拌随用，并注重做好养生。

第三节 路基的沉降与变形监测

一、路基沉降观测实施细则

(一) 路基沉降观测断面设置原则

1. 路基沉降观测断面的设置及观测断面的观测内容根据沉降控制要求、地形地质条件、地基处理方法、路堤高度、堆载预压等具体情况并结合施工工期确定,同时还需根据施工核对的地质、地形等情况调整或增设。

2. 观测断面一般按以下原则设置,同时满足设计文件要求:

(1) 路基沉降观测断面沿线路方向的间距一般不大于 50m;地势平坦、地基条件均匀良好的路堑、高度小于 5m 的路堤可放宽到 100m;过渡段和地形地质条件变化较大地段应适当加密。

(2) 一个沉降观测单元(连续路基沉降观测区段为一单元)不少于 2 个观测断面。

(3) 对地形横向坡度大于 1:5 或地层横向厚度变化的地段布设不少于 1 个横向观测断面。

(二) 路基沉降观测点设置原则

1. 各部位观测点设在同一横断面上,这样有利于测点看护,便于集中观测,统一观测频率,更重要的是便于各观测项目数据的综合分析。

2. 路基沉降监测分为:完整的沉降监测断面和一般的沉降监测断面。完整的沉降监测断面包括:在路基底部预埋一个单点数码沉降计及路基面沉降监测桩,或一个剖面沉降检测管;一般的沉降监测断面只有路基面设置沉降监测桩。

(1) 正线路堤地段,一般每 100m 设一个完整的沉降监测断面,中间 50m 一个,一般的沉降监测断面。过渡地段监测断面需加密。一般桥路过渡段,在距台尾 5m 处各设一个完整的沉降观测断面,1m、20m、30m 等处各设一个一般的沉降观测断面。涵洞等横向构筑物,在涵洞一侧(最好在填土较高一侧)5m 处设一个完整的沉降观测断面。完整的沉降监测断面除按过渡段及距离确定外,还应选择路基较高,或加固较深的断面。

(2) 正线路堑地段,及地质条件简单且路堤不高时,每 50m 设置一个一般的沉降监测断面。工点较短时,按填、挖分别设置。

(三) 观测元器件与埋设技术要求

测点及观测元器件的埋设位置按设计图进行,且标设准确、埋设稳定。观测期间应对观测点采取有效的保护措施,防止施工机械的碰撞,人为因素的破坏,务必使观测工作能善始善终，取得满意成果。

1. 位移观测桩

位移观测桩采用 C15 钢筋混凝土预制，断面采用 15cm×15cm 正方形，长度不小于 1.5m，并在桩顶预埋半圆形不锈钢耐磨测头。边桩埋置深度在地表以下不小于 1.4m，桩顶露出地面不大于 10cm。埋置方法采用洛阳铲打入设计深度，将预制边桩放入孔内，桩周以 C15 混凝土浇筑固定，确保边桩埋置稳定，位移观测桩在一般路基填筑前埋设。

2. 沉降观测桩

桩体选择 Φ20mm 不锈钢棒，顶部磨圆并刻画十字线，底部焊接弯钩，待基床表层施工完成后（有堆载预压地段在基床底层施工完成后）通过测量埋置在监测断面设计位置，埋置深度 0.3m，桩周 0.15m 用 M30 水泥砂浆锚固，高出埋设表面 5mm，表面做好防锈处理，完成埋设后按国家二等精密水准测量标准测量桩顶标高作为初始读数。

3. 沉降板

沉降板在地基处理完成后埋设。沉降板由底板、金属测杆（Φ40mm 壁厚镀锌铁管）及保护套管（直径不小于 Φ75mm、壁厚不小于 4mm 的硬 PVC 管）组成。底板尺寸为 50cm×50cm，厚度不小于 1cm。按国家一等精密水准测量标准测量沉降板标高变化。

（1）沉降板埋设位置应按设计测量确定，埋设位置处可垫 10cm 砂垫层找平，埋设时确保测杆与地面垂直。

（2）放好沉降板后，回填一定厚度的垫层，再套上保护套管，保护套管略低于沉降板测杆，上口加盖封住管口，并在其周围填筑相应填料稳定套管，测杆顶面略高于套管上口，测杆顶用顶帽封住管口，避免填料落入管内而影响测杆下沉自由度，顶帽高出碾压面高度不大于 50cm，完成沉降板的埋设工作。

（3）按国家一等精密水准测量标准测量，埋设就位的沉降板测杆杆顶标高读数作为初始读数，随着路基填筑土的逐渐增高，测杆和套管亦相应加高，沉降板测杆和保护套管每次接长高度以 1.0m 为宜，接长前后测量杆顶标高变化量确定接高量。金属测杆用螺丝套扣连接，保护套管用 PVC 管外接头连接。采用水平仪按国家一等精密水准测量方法测量。路堤填筑和运架梁期间应注意保护沉降板。

4. 单点沉降计

单点沉降计是一种埋入式电感调频类位移传感器，是变磁阻式传感器中的一种，由电测位移传感器、测杆、锚头、锚板及金属软管和塑料波纹管等组成，其中主要部分是电测位移传感器，包括密封壳体及壳体内设置的电感线圈、活动杆和数据处理电路，用导磁金属杆移动，引起电感线圈的电感量变化，通过测量电路将传感器电感量变化转化为输出电压频率变化，经频率检测仪接收并转换为位移量。

（1）对于单点沉降计等电测元件及检测仪器的选配，选用高灵敏度、高精度、高可靠性及稳定性好的仪器；仪器企业厂家应具有相应的生产许可证、计量器具许可证和质量等证明文件，并具有良好的工程应用业绩和信誉评价。

（2）采用钻孔引孔埋设，钻孔孔径 Φ108mm，钻孔壁垂直。单点沉降计的埋设深度＜30m 时，采用直径 14mm 的不锈钢测杆，埋设深度≥30m 时，采用直径 20mm 的不锈钢测杆。

（3）用于路基基底沉降观测的单点沉降计，埋设深度原则上埋设至强风化岩面。当强风化岩埋深很大，单点沉降计的埋深深度根据路堤填高等确定，即单点沉降计埋至附加应力等于 0.1 倍自重应力的深度处，单点沉降计的顶面至垫层底面。

（4）用于路基填料沉降变形监测的单点沉降计埋设深度至路堤基底或垫层顶面，单点沉降计的顶面至路基面。

5. 剖面沉降管

在地基加固完成后路堤填筑施工前在褥垫层顶部开槽埋设剖面沉降管，槽底中粗砂找平，表面回填 5cm 中粗砂并与褥垫层相平，两端部需进行有效防护。剖面沉降管采用专用塑料硬管，其抗弯刚度要适应被测土体的竖向位移要求，导管内十字导槽应顺直，管断口密合。剖面沉降测量是将剖面沉降仪探头预埋在剖面沉降管内，按一定间距依次读数，起始端管口标高采用水平仪按照国家二等精密水准测量方法测量。剖面沉降管应选用高灵敏度、高精度、高可靠性及稳定性好的仪器，仪器生产企业应具有相应的生产许可证、计量器具生产许可证和质量等证明文件，并具有良好的工程应用业绩和信誉评价。

路基基底剖面沉降管在地基加固及垫层施工完毕后，填土至 0.6m 高度碾压密实后开槽埋设，开槽宽度 20~30cm，开槽深度至地基加固垫层顶面，槽底回填 0.2m 厚的中粗砂，在槽内敷设沉降管（沉降管内穿入用于拉动测头的镀锌钢丝绳），其上夯填中粗砂至与碾压面平齐。在涵洞及附近设置管时，在涵顶填土 0.6m 厚开槽施工埋设，原则同基底剖面管埋设方法。剖面沉降管埋设位置在挡土墙处应预留孔洞。沉降管敷设完成后，在两头设置 0.5m×0.5m×0.95m C20 素混凝土保护墩。并于一侧管口处设置监测桩，监测桩采用 C20 素混凝土灌注，断面采用 0.5m×0.5m×1.6m，并在桩顶预埋半圆形不锈钢耐磨测头，监测桩及管口必须用钢筋混凝土保护盒保护。待上部一层填料压实稳定后，连续监测数日，取稳定读数作为初始读数。

6. 定点式剖面沉降测试压力计

定点式剖面沉降测试压力计底板采用沉降板底板，埋设位置应按设计测量确定；埋设位置处可垫 10cm 砂垫层找平，埋设时确保底板水平，填土至 0.6m 高度碾压密实后开一小凹坑将压力计放入坑内，用细粒土将坑填平后，继续施工路基填土。埋设完成后，将压力计监测线沿水平方向甩到坡脚后，在坡脚处设 C20 素混凝土保护墩（0.5m×0.5m×0.95m），墩内预埋剖面管管材，监测线从管内穿出；墩旁设监测桩，监测桩采用 C20 素混凝土灌注，断面采用 0.5m×0.5m×1.6m，并在桩顶预埋半圆形不锈钢耐磨测头，监测桩用钢筋混凝土保护盒保护。待上部一层填料压实稳定后，连续监测数日，取稳定读数作为初始读数。

（四）路基沉降观测的频度及沉降观测要求

1. 用于观测位移及沉降的基桩，必须置于不受填土荷重影响的稳定地基内，基桩及位移观测桩在观测期间必须采取有效措施加以保护。

2. 填筑观测控制标准：路堤中心线地面沉降速率每昼夜不大于 1.0cm，坡脚水平位移速率每昼夜不大于 0.5cm。如果超出此限应立即停止填筑，待观测值恢复到限界值以下再进行填筑，填筑速率应以水平位移控制为主。

3. 路基沉降观测的频度不低于下表的规定。当环境条件发生变化或数据异常时应及时观测，观测后及时整理绘制"填土高—时间—沉降量"关系曲线图。

4. 观测期内，路基沉降实测值超过设计值 20% 及以上时，应及时会同建设、勘察设计等单位查明原因，必要时进行地质复查，并根据实测结果调整计算参数，对设计预测沉降进行修正或采取沉降控制措施。

（五）观测精度要求

沉降水准的测量精度为 ±1mm，读取位至 0.1mm；剖面沉降的测量精度为 ±4mm/30m。

（六）观测技术要求

为达到路基沉降观测的目的，建立沉降与时间的关系，了解产生沉降的部位，沉降观测应考虑如下要求。

1. 为了观测到各部位的总沉降，从路基填土开始，沉降观测也随即进行。

2. 沉降标志的埋设是在施工过程中进行的，施工单位的填筑施工要与标志的埋设作好协调，做到互不干扰、影响。路堤的填筑进度要及时告知负责埋设沉降板的人员，避免错过最佳埋设机会。观测设施的埋设及沉降观测工作应本方案所要求，不能影响路基填筑质量的均匀性。

3. 在沉降板埋设基本不影响施工的条件下，路基的施工要做到碾压的均匀性，质量的一致性，使沉降观测资料具有良好的代表性。

4. 为了分析施工期沉降和工后沉降、施工期沉降与总沉降的关系以及验证推算工后沉降方法的准确性，对部分有代表性路基（暂定工程试验段），进行运营期间的长期沉降观测，以期得到最终沉降量。

（七）评估方法与判定标准

1. 观测资料整理

（1）采用《路基沉降观测记录表》做好观测数据的记录与整理。

（2）根据观测资料，及时完成有关图表的绘制，主要包括：

①每个观测标志点的荷载－时间－沉降曲线；

②绘制每个观测标志点的曲线；

③对沉降观测资料及时分析，尤其是在预压期，应对路基沉降的发展趋势进行分析，分析意见及时报郑西公司和咨询项目部，以便在必要时采取补救措施。

（3）路基沉降分析评估工作应根据下列资料综合分析：

①路基沉降观测资料。

②路基地段的线路设计纵断面图、工程地质纵横断面图、设计图纸和说明书、沉降计算报告（包括不同阶段的设计沉降值与时间的关系曲线）等相关设计资料。

③施工过程、施工核查以及填料、级配、地基和压实检验情况等施工资料。

④施工质量控制过程和抽检情况等监理资料。

2. 评估方法

常用评估方法有规范双曲线、修正双曲线、固结度对数配合法（三点法）、指数曲线法、遗传算法双曲线法、Verhulst 法、Asaoka 法、灰色系统 GM 算法等 8 种方法。

3. 判定标准

（1）根据路基填筑完成或堆载预压后不少于 3 个月的实际观测数据作多种曲线的回归分析，确定沉降变形的趋势。

（2）无砟轨道路基工后沉降值不应大于 15mm。

（3）沉降预测的可靠性应经过验证，间隔不少于 3 个月的两次预测最终沉降的差值不大于 8mm。

（4）路基填筑完成或堆载预压后，最终的沉降预测时间应满足下列条件：

$$S(t)/S(t=\infty) \geqslant 75\%$$

式中：$S(t)$：预测时的沉降观测值；

$S(t=\infty)$：预测的最终沉降值。

注：沉降和时间以路基填筑完成或堆载预压后为起始点。

（5）设计预测总沉降量与通过实测资料预测的总沉降量之差值不得大于 10mm。

4. 工后沉降的计算

设计工后沉降量按 $S_{工后}=S_1+S_2$ 计算，其中 S_1 为路基铺轨后运营 100 年发生的沉降，采用曲线回归方法获得，S_2 为无砟轨道结构自重荷载发生的沉降，计算用压缩模量可根据观测资料反算获得。

5. 计算沉降和观测沉降的比较

（1）由于影响沉降计算的因素较多，沉降计算的精度无法达到要求，必须通过对沉降观测数据进行系统的综合分析评估，来验证和调整设计参数与措施。

（2）通过沉降观测和评估来确定路基的真实压缩模量 E_s，以确定无砟轨道结构自重产生的附加工后沉降；

（3）如观测到的沉降量超过设计沉降量计算值的 20% 时，经过排除人为错误与设备故障，可尽早检查设计，采取措施确保工后沉降满足设计要求。

二、路基沉降的原因及处理措施

(一) 路基不均匀沉降的原因

造成路基不均匀沉降的原因很多,下面从以下几点进行论述:

1. 路基填土压实度不足

由于压实度不足,往往导致填方路基的不均匀沉降变形,路基两侧出现纵向裂缝,路基土体压实度不足的主要原因有以下几点:

(1) 施工受实际条件的限制。路基施工时,天气太干燥,局部路堤填料黏土土块粉碎不足致使路基压实度不均匀;暗埋式构造物处因构造物长度限制使路基边缘不能超宽碾压,致使路基边缘压实度不够;某些加减速车道与行车道没有同步施工,当拼接处理得不好时,其拼接处也会产生压实度不足的情况。

(2) 考虑到施工安全和进度,使得压力或压力作用时间不足,路基压实不充分,致使路基压实度达不到规范要求。

(3) 由于填方土体的最佳含水量控制不好,压实效果达不到规范要求。

(4) 在填方路堤施工中,当路堤施工到一定高度以后,路堤边缘土体往往存在压实度不足问题,对于较高的填方路基,通常都要做相应的处治。

填方土体压实度不足,其结果是土体前期固结压力小于自重应力和各种附加应力之和,在自重作用下就会发生沉降变形,这些附加应力主要来自以下几个方面:

①车载,尤其超载情况;②含水量变化造成土体容重的改变;③地下水位升降而导致浮力作用改变;④土体饱和度改变,引起负孔隙水压力改变。这些附加应力引起土体中有效应力改变,从而导致土体发生压缩变形。

土体压实度不足还会导致填土路基的侧向变形。目前采用的地基沉降计算方法是假定侧向完全受限,仅有竖向变形,实际路基土中存在有侧向变形,这种侧向变形会引起沉降。

2. 路堤填料不均匀,控制不当

在公路施工过程中,对填料、级配很难得到有效的控制,填料常常是开挖路堑、隧道掘进产生的废方,这些填料性质差异大、级配也相差很远。一方面,在施工过程中,如果分层碾压厚度过大,小颗粒填料和软弱物质很难得到有效压实,在荷载的长期作用下,回填料会产生不协调沉降变形,路面会产生局部沉陷,刚性路面还可能产生裂纹。另一方面,由于回填料的性质不一样,特别是有的回填料具有膨胀性,在路基排水系统局部失效后,水的渗入会使路面局部隆起,影响行车舒适度,严重的会使路面破坏。

控制不当体现在:①选用了稳定性较差的路堤填料,如采用高液限黏土、粉质土或使用淤泥、腐殖质含量较高的土料填筑路堤,会使路堤产生整段或局部的变形;②采用不同土质填筑路堤时,因土的性质不同如填筑方法不当,碾压成型后易造成不均匀性沉降。

3. 地下水的影响

在地下水的交替作用下，路基土体内含水量反复变化，土体容重在一定范围内波动，更为重要的是由毛细管张力引起的负孔隙水压力可以达到相当的数值，再加上水的软化、润滑效应，可以使土体产生沉降变形。路基或地基中地下水的动态特征对路基不均匀沉降影响很大，路堤及其地基中的地下水主要补给来源有3种类型，即地下水侧向补给、降雨补给、地表水侧向补给。其动态变化及潜蚀作用影响到土体中的有效应力分布、土体的结构特征和土体强度从而导致路基的不均匀沉降。

此外，地基中软土层一般总为饱和软土层，位于地下水位以下，而饱和软土层沉降变形总是以渗透固结和次固结沉降为主，并需要相当长的时间才能基本完成，路基填土及车载等在软土层中产生附加应力，这个附加应力首先被软土层中的水承担，如果对软土层没有采取强化排水措施或较长时间的超载预压，软土层中的超孔隙水压力消散时间就很长，有效应力增长缓慢，沉降变形就会长时间持续进行。同时研究表明，地下水的动态变化，将引起土体容重、孔隙水压力等的变化，尤其是负孔隙水压力，可能对土体产生较大的附加压力，这些附加压力，能造成填土的附加沉降。

（二）路基产生沉降的处理措施

1. 路堤填筑前原地面处理

（1）填筑路堤时首先进行原地面处理。当路堤填筑高度小于1m时，将路基范围内的树根、杂草全部挖除。若基底的表层土系腐殖土，则须用挖掘机或人工将其表层土清除换填，厚度视具体情况而定，并按规定进行压实。路堤通过耕地时，路堤填筑施工前预先清除表土30cm，由于在表土剥离后基底的含水量高，为保证基底压实度达到设计要求，必须及时进行翻松、晾晒和含水量检测，在最佳含水量时进行碾压，以达到要求的压实标准。

（2）坡面基底处理。当坡面较小（横坡小于1∶5）时，只需清除坡面上的表层，其处理方法同上；但坡度较大（横坡大于1∶5）时，应将坡面做成台阶，以防止路堤的滑移。台阶的尺寸，依土质、地形和施工方法而不同，一般宽度不宜小于1m，而且台阶顶面应做成向堤内倾斜3%~5%的坡度，并分层夯实。每层都严格控制厚度、压实度、拱度和平整度，并进行检测，当所有台阶填完之后，可按一般填土进行。

2. 路堤填料处理

路堤填料一般应采用砂砾及塑性指数和含水量符合规范的土，不得使用淤泥、沼泽土、冻土、有机土、含草皮土、生活垃圾及含腐殖质的土。对于液限大于50，塑性指数大于26的土一般不宜作为路基填土。在特殊情况下，受工程作业现场条件限制，必须使用时，可作如下处理：（1）控制最佳含水量，为了保证土料在最佳含水量时达到最佳压实度，可通过翻晒或是洒水来实现；（2）采用不同土质填筑路堤时，应注意以下几点：①层次应尽量减少，每一结构层总厚度不小于0.5m，不得混杂乱填；②透水性差的土填筑在下层时，其表面应做成一定的横坡（一般为双向4%横坡），以保证来自上层透水性填土的水分及时排出；③合理安排不同土质的层位一般采用优良土填在上层，强度较小的土填在下层；④在不同的地质填筑的路堤交换处应做成斜面并将透水性差的土填在斜面的下部。

3. 其他注意事项

（1）严格控制填土含水量，施工时要高于最佳含水量1%~2%

压实施工时，土方含水量应尽量接近最佳含水量，避免出现压实时含水量小于最佳含水量，土粒间的润滑作用不足，即压力不足以克服土粒间的摩擦力，土中的空气不能排除、土粒间无法靠拢，因而难以达到最大密实度；如果大于最佳含水量，又会产生由于水分过多，土粒被水膜包围而分散得过远，不能达到最大密实度。

（2）加强路基边部压实

在土方路堤的填筑过程中，往往由于路基边部压实困难，而忽略了边部压实工作，为保证边部压实强度，需采用J型手扶式振动夯实，从而保证路基的整体稳定性。

（3）注意不良地质段的施工

对于不良地质地段一定要清理软弱层，设计给定不足部分也要清理，然后换填透水性材料，低填方路段要注意满足路基工作区的要求，有必要时要设置砂砾隔离层、路基深度、宽度高度都必须到位，不留丝毫隐患。严格按照设计的各种地基加固处理措施方案和规范要求进行施工，对于设计方案与实际不符要及时找设计单位提出变更设计，避免在地基处理方面因设计与施工造成的路基沉降。

（4）注意挖方段、填挖交界处施工

针对这些段必须采用透水性材料换填80cm，充分压实，在填挖交界处要加长、换填长度、逐步过渡、不要形成突变使荷载应力分布均匀，并且两侧边沟排水要引至沟底，避免路堤的浸湿。另外就是通过刚性基础、半刚性基础、柔性基础的过渡来消除不均匀沉降，但需要增加造价及工程量，这种方法是事后处理方法，一般不宜采用。

三、路基变形观测

路基变形包括三个部分：列车动荷载作用下路基面弹性变形、列车动荷载作用下路基基床产生的累计变形、地基及路堤工后压密沉降。路基面弹性变形，是在列车动荷载作用下可恢复的变形，与基床表面支承刚度密切相关，采用强化基床，一般在1mm左右。路基基床累计变形，是基床岩土在列车荷载反复作用下出现的不可恢复的塑性变形，与基床岩土材料、动强度、动模量密切相关。采用强化基床，基床累计变形很小，其累计变形值约在1~2cm以内，累计变形率在1~2mm/年。地基及路堤工后压密沉降，受地基岩土性质及相应地基处理措施、填料性质及压实标准影响较大，不确定因素多，是工程建设管理控制的重点。

复杂和多样的环境，同样复杂和多样的岩土，以及岩土材料本身固有的不确定性和变异性，使路基工程十分复杂，路基工程的沉降变形迄今为止尚无准确的计算方法计算。因此，为有效控制客运专线路基工程的变形，必须采取以下措施：建立线下构筑物变形监测网,采取高精度测量仪器对线下构筑物变形进行观测;采取科学有效的方法对线下构筑物工后沉降变形进行预测和评估;采取信息化施工方法,工后沉降不能满足设计要求时,应采取必要的加速或控制沉降措施。

1. 路基变形观测的内容

根据不同的路基高度及不同的地基条件,主要内容有:①路基面的沉降变形观测;②路基基底沉降变形观测;③路堤本体的沉降变形观测;④路堑边坡位移观测。

2. 观测断面及观测点的布设原则

(1)路基沉降变形观测应以路基面沉降和地基沉降观测为主。沉降变形观测断面应根据不同的地基条件,不同的结构部位等具体情况设置;沉降变形观测点的布设位置应满足设计要求,同时还应针对施工掌握的地质、地形等情况调整或增设。

(2)沉降变形观测点应设在同一横断面上,这样有利于测点保护,便于集中观测、统一观测频率,更重要的是便于各观测项目数据的综合分析。

(3)路基面变形观测断面沿线路方向的间距一般不大于 50m;地势平坦、地基条件均匀良好的路堑、高度小于 5m 的路堤可放宽到 100m;地形,地质条件变化较大地段应适当加密观测断面。

(4)一般路基筑至路基基床表层顶面,加堆载预压的路堤填筑至基床底层表面后,在路基面设观测桩,进行路基面沉降变形观测,时间不少于 6 个月。根据观测结果,分析评价地基的最终沉降量完成时间,及时调整设计措施使地基处理达到预定的控制要求。同时作为竣工验收时控制沉降量的依据。

(5)观测点及观测元器件的埋设位置应符合设计要求,且标设准确、埋设稳定。观测期间应对观测点采取有效的保护措施,防止施工机械的碰撞,人为因素的破坏,务必使观测工作能善始善终,取得满意成果。

(6)观测断面的设置及观测内容、元件的布设应根据地形、地质条件、地基压缩层厚度、路堤高度、地基处理方法、堆载预压等具体情况,结合沉降预测方法和工期要求具体确定。代表性观测断面示意图如下:

①当路堤填筑高度小于 3m,且基底压缩层厚度小于 5m 地时,仅对路基面进行沉降观测。当基底地面或压缩层底横坡＜1:5 时,采用 A-1 型路基沉降观测剖面;当基底地面或压缩层底横坡≥1:5 时,采用 A-2 型路基沉降观测剖面。相邻剖面间距 50m～100m。

②当路堤填筑高度小于 3m,且基底压缩层厚度大于或等于 5m 且小于 20m 时,进行路基面沉降与地基沉降观测。当基底地面或压缩层底横坡＜1:5 时,采用 B-1 型路基沉降观测剖面;当基底地面或压缩层底横坡≥1:5 时,采用 B-2 型路基沉降观测剖面。相邻剖面间距不大于 50m 当路堤填筑高度小于 3m,且基底压缩层厚度大于或等 20m 时,进行路基面沉降与地基沉降观测。当基底地面或压缩层底横坡＜1:5 时,采用 B-3 型路基沉降观测剖面;当基底地面或压缩层底横坡≥1:5 时,采用 B-4 型路基沉降观测剖面。相邻剖面间距不大于 50m。

③当路堤填筑高度大于或等于 3m，且基底压缩层厚度小于 20m 时，进行路基面沉降与地基沉降观测。当基底地面或压缩层底横坡＜1∶5 时，采用 C-1 型路基沉降观测剖面；当基底地面或压缩层底横坡≥1∶5 时时，采用 C-2 型路基沉降观测剖面。相邻剖面间距不大于 50m。当路堤填筑高度大于或等于 3m，且基底压缩层厚度大于或等于 20m 时，进行路基面沉降与地基沉降观测。当基底地面或压缩层底横坡＜1∶5 时，采用 C-3 型路基沉降观测剖面；当基底地面或压缩层底横坡≥1∶5 时，采用 C-4 型路基沉降观测剖面。相邻剖面间距不大于 50m。

④当路堤填筑高度大于 5m，且基底压缩层厚度小于 20m 时，路基本体采用改良土填筑地段，当基底地面或压缩层底横坡＜1∶5 时，采用 D-1 型路基沉降观测剖面；当基底地面或压缩层底横坡≥1∶5 时，采用 D-2 型路基沉降观测剖面。相邻剖面间距不大于 50m。当路堤填筑高度大于 5m，且基底压缩层厚度大于或等于 20m 时，路基本体采用改良土填筑地段，当基底地面或压缩层底横坡＜1∶5 时，采用 D-3 型路基沉降观测剖面；当基底地面或压缩层底横坡≥1∶5 时，采用 D-4 型路基沉降观测剖面。相邻剖面间距不大于 50m。

⑤路堑地段基底为土质地基时，一般进行路基面沉降观测，当基底压缩层底横坡＜1∶5 时，采用 E-1 型路基沉降观测剖面；当基底压缩层底横坡≥1∶5 时，采用 E-2 型路基沉降观测剖面。相邻剖面间距不大于 50m。当路堑地段基底为红黏土、膨胀土地基时，不仅进行路基面沉降观测，且应对地基沉降或隆起进行观测。当基底压缩层底横坡＜1∶5 时，采用 E-3 型路基沉降观测剖面；当基底压缩层底横坡≥1∶5 时，采用 E-4 型路基沉降观测剖面。相邻剖面间距不大于 50m。

⑤当各观测剖面上部采用堆载预压处理时，分别在观测剖面的基床底层顶面两侧布设沉降观测桩，在其中心布设沉降板，观测预压期间路基沉降。其他元件及预压荷载卸除后路基面观测桩的布设与原观测断面相同。

3. 变形观测元件的选取

变形观测元件的选取应满足工后沉降的评估需要以及精度要求。路基面采用沉降观测桩观测，地基面采用沉降板、剖面沉降管和电测元件相结合进行观测。

对于剖面观测管、单点沉降计等电测元件检测仪器的选配，应选用高灵敏度、高精度、高可靠性好的仪器；仪器企业厂家应具有相应的生产许可证、计量器具许可证和质量等证明文件，并具有良好的工程应用业绩和信誉评价。由公司统一招标采购。

4. 变形观测元件的埋设

（1）沉降观测桩

沉降观测桩的制作及埋设：采用 Φ20mm 底端带弯头的钢筋，钢筋原长不小于 40cm，底部做成带弯钩状，观测点钢筋头为半球状，高出埋设表面 5mm，表面做好防锈工作。一般路基填筑至基床表层顶面，加载预压路堤填到基床顶面后，挖坑埋置于设计位置，坑深 30cm，边长 15cm，采用砂浆浇注固定。

（2）沉降板

沉降板的组成：由钢底板、金属测杆（Φ40mm 厚壁镀锌铁管）及保护套管（直径不小于 Φ75mm、壁厚不小于 4mm 的硬 PVC 管）组成，钢底板尺寸为 50cm×50cm，厚 1cm。

路基沉降板的埋设：①埋设位置按设计图纸的位置确定，沉降板埋在褥垫层顶部并嵌入其内 10cm，采用中粗砂回填密实，再套上保护套管，保护套管略低于沉降板测杆，上口加盖封住管口，并在其周围填筑相应填料稳定保护套筒，完成沉降板的埋设工作；②采用水准仪按国家一等精密水准测量方法测量埋设就位的沉降板测杆杆顶标高作为初始读数，随着路基填筑施工逐渐接高沉降板测杆和保护套管，每次接长高度以 1m 为宜，接长前后测量杆顶标高变化量确定接高量。金属测杆用内接头连接，保护套筒用 PVC 管外接头连接。

（3）位移观测桩

位移观测桩采用 Φ20mm 螺纹钢筋制作成钢钎状，位移观测桩长 605mm，顶部做成球面状，桩周上部 0.2m 用混凝土浇筑固定，完成埋设后采用全站仪进行二级精度测量桩顶标高及距基桩的距离作为初始读数。

（4）单点沉降计

组成：由沉降板、电测位移传感器、测杆及金属软管、锚头、加长杆、灌浆管、底层锚头等组成整体。电测位移传感器上接沉降板，下接测杆并套金属软管、锚头；加长杆（可根据需要的埋设深度用直通接头加长）上连传感器锚头，下连底层锚头。

工作原理：电感调频位移计是利用电磁感应原理，与测杆固接的导磁体活塞杆插入螺管线圈并可来回移动，线圈的电感量与导磁体活塞杆插入线圈的长度有关。当发生位移时，将引起线圈电感量的变化，电感调频电路将线圈电感量的变化换成频率信号，通过读数仪即可显示位移值。将沉降计整体埋设，底层锚头锚固到基岩（相对不动点），导线从侧面引出。当基础下沉时，沉降板随基础一起下沉，使传感器与测杆之间相对滑移，输出信号，获取位移读数，实现沉降观测目的。

性能特点：①采用整体埋设，导线从侧面引出，不影响路面压实施工，使测值与实际工况趋于一致，即使行车过程中也可进行观测；②采用电测位移传感器，可快速准确地直接实时测量沉降量；③不仅可接入综合测试仪进行人工测量，而且还可接入多点综合测试系统，多点自动综合远程测试系统的任意通道组成自动化监测系统和无线遥测系统，实现远程传输、自动测量和运行观测；④高稳定性、高可靠性、极低温度影响，适应恶劣环境和长期观测；⑤采用全数字监测，直接输出数字频率信号，不受导线长度的影响，信号远距离传输不失真，抗干扰能力强；⑥内置智能芯片和储存器，将出厂率定的非线性拟合曲线储存在传感器内，测量时自动完成非线性修正。还具有智能记忆、自动存储等功能。

埋设安装：①安装时间确定：待平整地基，清理好场地后，选择无雨水、雪等良好天气情况下，进行钻孔预埋安装。如有下雨则要求在天晴两天后才能进行安装；②布点：根据实验设计方案进行测量，确定好测试点，当地基采用桩处理时，单点沉降计应埋置于桩间形心处；③安装前应进行全面检查：一是对每只位移传感器进行测量，确定完好；二是对安装附件的检查，包括安装压杆（两根）、定位销（两根）、灌浆管（一根）、底层锚头（一支）、加长杆（2m、1m、0.5m、0.25m若干）、三通接头（若干）、直通接头（若干）；三是检查安装工具，扳手、虎钳、扎丝、水泥浆、灌浆工具、PVC钢丝软管等；④造孔：在预定部位按要求钻孔，孔径应在90mm~127mm之间，钻孔垂直，孔深应达基岩并记录孔深，孔口应平整；⑤安装：第一，根据孔深计算出所需加长杆的长度，并将管和直通接头配齐。第二，插好安装压杆、定位销（沉降计测杆拉至最长）。第三，将底层锚头与水管相连接插入孔内至孔口处连接下一节水管继续插入孔内，并连接下一节水管直至将所有水管连接完后最后连接单点沉降计。安装过程中应用综合测试仪对单点沉降计进行全程监控，以保证单点沉降计处于最大量程的状态。第四，用力压安装压杆，直到把底层锚头压至基岩为止。第五，注意事项：当安装压杆将底层锚头压至孔最底端，而沉降板仍高出预计的测量层面时，应用砖块、泥土将原测量层面与沉降板之间的孔隙填满，并保证沉降板水平；当安装压杆在压的过程中，底层锚头还未压到孔最底部，而沉降板已和测量层面接触，无法继续往下压时，应将沉降板下的泥土移去部分直到底层锚头压到孔最底部为止；安装过程中应小心谨慎，切勿将仪器及安装附件掉入孔内；⑥灌浆：将和好的水泥浆由灌浆管灌入，浆顺着加长杆流至底层锚头，从底层锚头的孔流入安装孔底，以便锚固底层锚头；⑦抽出定位销和安装压杆；⑧用沙子回填，压实；⑨装好单点沉降计后，将测试导线套上PVC钢丝软管，挖槽集中从一侧引出路基，引入坡脚观测箱内。

记录、存档：将断面里程、单点沉降计埋设的具体位置、埋设深度、实验编号、单点沉降计编号、埋设日期、天气状况及安装人员记录存档。并做好相应的标示牌插在沉降板位置及导线布置位置。

单点沉降计校零：一般3~5天待水泥浆凝固后测试零点。

（5）剖面沉降管

可采用专用PVC塑料硬管，其抗弯刚度应适应被测土体的竖向位移要求，柔韧性好，不易压碎；导管内十字导槽应顺直，管端接口密合。剖面沉降测量是将剖面沉降仪探头导轮卡至于预埋剖面沉降管的十字导槽内，从一端按一定间隔依次读数，起始端管口标高采用水平仪按国家一等精密水准测量方法进行测量，再通过数据处理计算求出不同位置处地基的沉降量。

埋设要点：①剖面沉降管埋设在基底碎石顶部，在碎石褥垫层顶面开槽埋设，槽底采用5cm左右中粗砂找平，剖面管顶面回填5cm中粗砂并与褥垫层相平；②剖面沉降管埋设时，应按设计用螺钉进行组装，导管用外接头连接至大于埋设长度约2m（两端各伸出1m左右），两端用管盖封住，并预先在导管内穿一条镀锌钢丝绳作测试时来回牵引沉降仪用；③剖面沉降管内十字导槽方向应与地面垂直，两头应砌筑观测井，以方便观测并对孔口进行长期保护，同时应做好井内及其周围的排水；④待上部一层填料压实稳定后，连续观测数日，取稳定读数作为初始读数。

（6）智能弦式数码压力盒

性能特点：①采用振弦理论设计制造，具有高灵敏度、高精度、高稳定性的特点，适于长期观测；②采用全数字检测，信号长距离传输不失真，抗干扰能力强；③具有智能记忆功能，传感器的型号、编号、标定系数在出厂时均被存储在传感器中，并可保存800次所需的测量参数，如测量时间、测点温度、压力值、零点参数及温度修正等；④绝缘性能好，防水耐用；⑤采用脉冲激振方式激振，测试速度快；⑥接入综合测试仪进行测量，即可直接显示压力值，又可显示振弦频率，测量直观、简便、快捷。另外配备自动接线箱，还可实现无人值守测量。

安装与使用：①根据结构要求先定测试点和测试方向；②使压力盒受力面（光面）与受力方向垂直安装，压力盒周围应有30cm左右细砂包裹并压实；③将导线沿结构体引出，最好采用保护套管保护；④连接仪器与调零：将压力盒与综合测试仪的接线连接好，将相对应的应变值和压力值进行调零操作，并保存好记录资料。

（7）智能测斜仪

仪器的组成：①测头：测头内部装有高精度双轴倾角传感器，它具有良好的密封性、抗震性。测头上下有两组导轮，便于沿测斜管的导槽滑动，测头尾部有橡胶垫，防止测斜仪滑至测斜管底时受冲击力而损坏；②电缆：电缆把测头和综合测试仪连接起来，它除了向内部倾角传感器供电和传输信号外，还是测头测试的刻度尺和测头拉动的绳索。为了使电缆在负重时有最小的长度变化，生产厂家采用了特制的设有加强钢芯的专用电缆。电缆上每0.5m的间距有标记，标记所示距离从测头的两组导轮中点起记。电缆出厂前一端已经固定的与测头连接好，另一端有专用插头，测试时只需将插头插入综合测试仪测试接口即可。

工作原理：在路基断面垂直埋设测斜管，测头沿测斜管中导槽缓缓滑动，有一定柔性的测斜管与被测路基同步倾斜，将形成一定的倾角，测头的传感器可以测出在某一处的倾角。测头的信号是以测斜管导槽为方向基准，在某一处测头上下导轮标准间距（0.5m）的倾角正弦函数即为倾斜量。综合测试仪可以直接读取导轮标准间距（0.5m）的水平位移量，配合导线的刻度读数，经连续多次测量，即可累加出任一处的总水平位移量。

埋设与安装：①钻孔：采用工程钻探机，一般采用直径108mm钻头钻孔，为了使管子顺利地安装到位，一般钻孔都需要比安装深度深一些，它的原则是：每10m多钻0.5m，即10m+0.5m=10.5m，20m+1m=21m，以此类推；②清孔：钻头钻到预定位置后，不要立即提钻，需把泵接到清水里向下灌清水，直至泥浆水变成清浑水为止，再提钻立即安装测斜管；③安装：把测斜管一根一根地连接到设计的长度，连接的方法是首先拿一根测斜管，在没有外接头的一端套上底盖，用自攻螺钉拧紧，就可以向孔内下管子，下一节，再向外接头内插一节管，这时必须注意的是一定要插到管子端平面相接为止，用自攻螺钉把它固定好，再用土工布缠绕2~3圈把接头部分全部包裹，最后在土工布两端用塑料扎带或细铁丝扎牢，以防止泥沙等异物从接头部位进入管内，这样才算该接头连接完毕，按此方法一直连接到设计的长度；管子安装到位后，需要调正方向后才能回填，调正方向的要求是，管子的内壁上有两对凹槽，首先需把孔口以上那节测斜管上的外接头拿掉才能看清管内凹槽，转到测斜管，使管内的一对凹槽垂直于测量面，再把管子压到位，盖上盖子，拧好螺钉就可以回填了；回填的原料是现场的中粗砂或细土，一边回填，一边轻摇管子，使之填实为止，回填速度千万不能太快，以免塞孔后回填料下不去形成空隙，最好隔一两天后再进行检查，回填料若有下沉再回填满即可，管子周围加之保护措施，方可放心待后测量。还需特别注意：第一，在下管子时为减少其浮力，可向管内充清水，一边下管子，一边充清水，直至能顺利地放到位。清水也不能放得太多，否则管子会迅速下沉，使人抓不住而掉在孔中，无法继续工作。但管子全下到位置后，一定要把清水充满，这样做可以减少泥浆进入管内形成沉淀。第二，测斜管外面有一对凹槽，此槽是偏心的（为保证测斜管的精度，尽量减少扭角的产生，使连接方向按管子的制作方向连接）与外接头内的凸槽相配合后使管子插入，若插不下，把管子转动一个方向就可顺利的插入，因为该连接方法只有一个方向能插入，其余方向均插不进去。

保养及注意事项：①运输和使用时应轻拿轻放，避免过大的冲击、震动而损坏；②使用后应仔细擦干净测头及电缆上的泥水，尤其要保持导轮的清洁，导轮轴上应擦少许润滑油，以保持导轮转到灵活；③综合测试仪要经常充电，使用前应充足电，长期存放应每一个月补充一次电。

5. 变形观测方法及要求

（1）路基变形观测的一般要求

①变形监测网按二等变形测量等级技术要求建立，变形观测点的水准测量采用一等变形观测测量技术要求。

②建立变形观测网，布设水准基点和工作基点。在沿线施工已设水准基点的基础上，按距离不大于 1km 增设水准点，水准基点应设在变形区以外的岩石或原状土层上，亦可利用稳固的建筑物、构筑物设立水准点。为满足沉降变形观测精度要求在两水准基点之间沿线路方向按间距不大于 200m、距路基中心距离小于 100m 布设工作基点。工作基点应布设在不受施工干扰的稳定土层内，以便长期保存和使用的地点。采用 20mm 长 60cm 顶端圆滑的钢筋打入土中，桩周上部 30cm 用混凝土浇注固定并编号。高程采用施工高程控制网系统并与施工高程控制网联测。全线二等水准测量贯通后，将变形监测网与二等水准点联测，统一归化为二等水准基点上。

③所使用的仪器和设备定期检查并做出详细记录，每次测量采用同一仪器，固定观测人员，采用相同的观测路线和观测方法，在基本相同的环境和观测条件下工作。

④各种原始测量记录真实、可靠，并有可追溯性；计算成果和图表清晰、签署齐全，并妥善保存。

（2）观测频度要求

①所有观测元件埋设后，必须测试初始读数，在路堤正式填筑前，必须对所有元件进行复测，作为正式初始读数。

②路基施工各阶段沉降观测频度应满足下表4-3-1要求：

表4-3-1 路基沉降观测频次

观测阶段	观测频次	
填筑或堆载	一般	1次/天
	沉降量突变	2~3次/天
	两次填筑间隔时间较长	1次/3天
堆载预压或路基施工完毕	第1个月	1次/周
	第2、3个月	1次/10天
	3个月以后	1次/2周
	6个月以后	1次/月
无砟轨道铺设后	第1个月	1次/2周
	第2、3个月	1次/月
	3~12个月	1次/3月

③测试过程中发现异常必须及时查明原因，尽快妥善处理。

（3）观测方法及测量精度要求

①所有高程水准测量应满足二等变形等级测量技术要求，按国家一等精密水准测量方法施测（国家一等水准的要求：DS0.5型仪器，视线长度≤15m，前后视距差≤0.3m，视距累积差≤1.5m。往返较差、附和或环线闭合差≤0.15mm 视线高度最小读数0.5mm）。测量精度：±1mm；读数取值0.1mm。

②单点沉降计采用智能型频率检测仪器进行测试，单点沉降计量程200mm，精度1%，灵敏度0.05mm。

③剖面沉降采用剖面沉降仪进行测试，精度8mm/30m，灵敏度0.01mm。

④静力水准仪采用智能型频率检测仪器进行测试，静力水准仪量程100mm，精度1mm，灵敏度0.01mm。

（4）元件保护要求

①各工程项目部应成立专门监测测试小组，进行元器件的埋设、观测和保护工作，小组人员分工明确，责任到人。

②元件埋设前应根据现场情况进行编码，有导线的元件应将导线引出至路基坡脚观测箱内，并做好观测箱的保护。

③所有观测元件埋设时或观测过程中损坏应及时补埋或经设计、监理确认采取其他替代措施。

④沉降板埋设后，制作相应的标示旗或保护架插在上方，凡沉降板一米范围内土方应采用人工摊平及小型机具碾压，不得采用大型机械推土机碾压，并配备专人负责指导，以确保沉降板不受损坏。

⑤各施工队应制定稳妥的保护措施并认真执行，确保元器件不因人为、自然等因素而破坏。

（5）资料整理要求

①所有测试数据应真实、可靠，并有可追溯性；记录必须清晰，不得涂改；测试、记录人员必须签名。

②人工测试数据应当天及时输入电脑，核对无误后在计算机内保存，自动采集测试数据应及时在计算机内备份，沉降观测资料及时输入沉降观测管理信息系统，以保证各相关单位在观测过程中时时监控。观测中有沉降异常情况应及时通知有关各方及时处理。

③按照资料提交要求及时对测试数据进行整理、分析、汇总，绘制有关分析曲线及完成有关报告。

④路基填筑过程中应及时整理中心沉降观测点的沉降量，当路堤中心地基处沉降观测点沉降量大于 10mm/天时，应及时通知项目部，并要求停止填筑施工，待沉降稳定后再恢复填土，必要时采取卸载措施。

⑤观测数据及观测报告作为铺设无碴轨道前评判路基工后沉降是否满足要求，及作为工程竣工验收的依据。

6. 变形观测结果的分析、评估

（1）一般规定

①路基上铺设无碴轨道前，应对路基变形系统的评估，确认路基的工后沉降和变形符合设计要求。

②路基填筑完成或预压荷载后应有不少于 6 个月的观测和调整期，观测数据不足以评估时应继续观测；工后沉降评估不能满足设计要求时，应采取必要的加速或控制沉降措施。

③评估时发现异常现象或对原始记录资料存在疑问，可进行必要的检查。

（2）计算和实测沉降的比较

①比较计算的总沉降量与实测总沉降主要目的是：审核设计阶段的沉降计算模型和参数是否符合实际；估计真实的路基压缩模量 E_s，以便确定铺设无碴轨道结构（自重）产生的附加沉降；如果施工期观察到的沉降明显大于计算沉降量，超过设计 20% 及以上时，而且经过检查排除测量仪器和人为错误，可尽早检查修改设计，保证路基的工后沉降满足要求。

由设计院提供相应观测断面的路堤本身变形量与地基总沉降量。

②计算和实测沉降值的比较：具体操作时，应对路基工点每一观测断面的各观测面（特别是路堤底部地基面）沉降绘制施工过程（包括观测期）沉降随时间发展的曲线。在此基础上估计各观测面的最终沉降。对每一路基工点应制作沉降计算和测定结果比较表。

③沉降分析和观测结果比较应按要求及时送业主级咨询、设计单位，如果发现测定的沉降明显大于计算沉降，超过设计值 20% 及以上时，应及时通知设计方、咨询方和业主，由咨询方组织进行分析讨论，确定原因，采取相应措施。

（3）推导各观测断面沉降变形拟合曲线

①为了尽可能准确的预测工后沉降，应对基床表层部（沉降观测桩或超载预压时为沉

降版）观测的沉降进行曲线拟合，对路堤区段可根据路堤填筑完成后沉降观测桩（或在超载预压时为沉降板）观测的结果为基准。曲线拟合一般中心观测桩结果为主，路肩观测桩为参考。对路基横断面不对称区段（例如基底地面横坡 ≥ 1∶5 应相应考虑路肩监观桩测定结果。

②拟合曲线的推导一般以三个月为周期反复进行以不断逼近路基的真实变形状况。具体地说，在路堤完成填筑、安装沉降观测桩后，按规定的周期测定三个月后可根据三个月的沉降观测结果推导第一个拟合曲线 $S_1(t)$。根据这个沉降拟合曲线可外推（预测）六个月后的沉降 $S_1(t=6$ 个月$)$，然后继续观测三个月，并检查第一次预测结果是否合理。然后根据总共六个月观测的结果推导第二个更接近时间的沉降拟合曲线 $S_2(t)$，以这种方式不断逼近真实的路基变形发展。应当指出，在推导沉降拟合曲线时后期的沉降观测结果特别重要，应重点考虑。

③通常采用的沉降拟合曲线有以下几种：

指数函数：$s(t) = s_\infty (1 - e^{-a \cdot t})$

双曲函数：$s(t) = \dfrac{t}{b + t / s_\infty}$

其中：S_∞——以路堤填筑完成后（沉降观测桩安装后）为时间起点（$t=0$）发生的最终沉降量（$t=\infty$）。

a，b——沉降拟合曲线的参数。

如有更合理的函数形式，也可采用。

④对路基工点每一观测面应推导相应的沉降拟合曲线及参数，作为预测工后沉降的基础。如果三个月内没有进一步的沉降发生，可在充分考虑所在工点和观测断面路基具体情况的基础上，征得各方统一后可考虑不再进行沉降拟合曲线的推导工作。

（4）各观测断面工后沉降的预测：

①路基沉降预测应采用曲线回归法，并满足以下要求：根据路基填筑完成或堆载预压不少于 3 个月的实际观测数据作多种曲线的回归分析，确定沉降变形的趋势，曲线回归的相关系数不应低于 0.92；沉降预测的可靠性应经过验证，间隔不少于 3 个月的两次预测最终沉降的差值不应大于 8mm；路基填筑完成或堆载预压后，最终的沉降预压时间应满足下列条件 $s(t)/s(t=\infty) \geq 75\%$，式中：$S(t)$——预测时的沉降观测值，$S(t=\infty)$——时间 t 时预测的最终沉降值（时间起点 $t=0$ 为沉降监测桩安装后监测算起）。

②在观测沉降三个月后（以完成路堤填筑埋设沉降观测桩为始点），即完成第一个拟合曲线推导后可进行第一次工后沉降预测。

为了进行工后沉降预测，除了对路基工点各观测断面以迭代方式确定相应的沉降拟合曲线 $S(t)$ 外，还应根据具体施工组织计划确定以下时间点：

——预计铺设无砟轨道时间点 T_0

——预定运营完成的时间点 T_3（100 年）

工后沉降 S_R（不包括交通荷载引起的附加沉降）由两部分组成：

$$S_R = S(T_3 - T_0) + S_{st}$$

其中：$S(T_3-T_0)$ 为路基在铺轨后发生的沉降。

S_{st} 为铺设无碴轨道结构自重发生的沉降，一般很小，影响深度很浅，而且完成较快。可根据传统方法计算确定。如果实测总沉降明显小于计算值，可相应提高路基压缩模量计算值。

路基各个点每个观测断面的工后沉降可由 $S_R = S(T_3-T_0) + S_{st}$ 预估。其中 $S(T_3-T_0)$ 由已确定的沉降拟合曲线外推确定，S_{st} 可以由反推的路基压缩模量估算。

对每个路基工点的各个观测断面应分别预测其相应的工后沉降并填写表格。

（5）铺设无碴轨道技术条件的评定

对每个路基工点应以三个月为周期根据最新推导的沉降拟合曲线进行工后沉降预测至少两次以上，并检查所有观测断面的预测工后沉降是否满足一下要求：

$$S_R = S(T_3 - T_0) + S_{st} \leqslant 15\text{mm}$$

同时审核其预测工后沉降差异是否 ≤ 5mm，折角 ≤ 1/1000。

此外，还应检查同一个观测断面前后两次工后沉降预测值的差异，如果其差值 ≤ 8mm，可以为预测的工后沉降具有足够的可言度。

设计预计总沉降量与通过实测资料预测的总沉降量的差值不宜大于 10mm。

如果一个路基工点所有的观测断面满足以上要求，该路基基工点可以铺设无碴轨道。

第四节 路基的沉降计算

一、传统的计算方法

经典的沉降计算方法将沉降分为瞬时沉降、固结沉降和次固结沉降三部分。瞬时沉降包括两部分：①由地基的弹性变形产生的；②由地基塑性区的开展，继而扩大所产生的侧向剪切位移引起的。对于固结沉降的计算，主要采用分层总和法。次固结沉降常采用分层总和法根据里蠕变试验确定参数求解。最终沉降量的计算通常采用固结沉降值乘以经验系数的方法。

1. 分层总和法

分层总和法是先求出路基土的竖向应力，然后用室内压缩曲线或相应的压缩性指标，压缩系数或压缩模量分层求算变形量再总和起来的方法，这种方法没有考虑路基土的前期应力。$e - \lg p$ 曲线法可以克服这个不足，能够求出正常固结、超固结和欠固结情况下路基土的沉降。但这两者都是完全侧限条件下的变形计算方法，所以司开普顿和比利提出了利用半经验的方法来解决这个问题。使用该方法有一点必须引起重视，就是压缩层深度的选择，这可以从位移场角度和应力场角度加以考虑。

2. 按应力路径计算沉降

直接用有效应力路径法来计算沉降的步骤是：①在现场荷载下估计路基中某些有代表性（例如土层的中点）土体单元的有效应力路径；②在试验室做这些土体单元的室内试验，复制现场有效应力路径，并量取试验各阶段的垂直应变；③将各阶段的垂直应变乘上土层厚度，即得初始及最后沉降。

有效应力路径法可以克服估计初始超孔隙压力。以及固结沉降的衔接上存在不够合理的地方这个缺点，但它无法避免用弹性理论来计算土体中的应力增量。

3. 砂性土路基的沉降计算

将沉降分为三个部分对于黏性土路基是合适的，但对于砂性土路基，由于一般砂土渗水性强，固结完成快，瞬时沉降和固结沉降已分不开来，同时，由于砂土路基弹性模量随着深度增加，应用弹性理论求砂土的瞬时沉降也不正确。对于砂土路基的沉降计算，薛迈脱曼于1970年提出的一种经验方法，该方法需要估计不同深度的 E，因为砂性土取原状土样很困难，建议采用静力触探，对于未受到上覆土重预压的砂性土，可按 $E=2p$ 计算，对于预压过的砂性土，该式所估计的弹性模量值可能偏小。

二、从现场实测资料推算总沉降

由于荷载作用下路基沉降需要一段时间才能完成，所以通过前期的沉降观测资料可以推算路基的最终沉降量。

1. 固结度对数配合法

由路基固结度常用式 $U = 1 - \alpha e^{-\beta t}$ 及其定义式，在实测的初期沉降－时间曲线上任意取3点且使它们之间的时间间隔相等，可得最终沉降量。为了使推算结果精确一些，时间间隔值尽可能取大一些，这样对应的沉降差值就要大一些。

2. 双曲线配合法

该法认为时间沉降量为一双曲线，可由此确定路基的沉降量。但用该公式的计算结果与实测比较后发现偏离较大，推算的最终沉降量也偏大，如果沉降过程的观测历时较长，而且在求算最终沉降量时着重于后一阶段的沉降曲线的话，就可得到较好的结果。

采用修正双曲线法：$S_t = S_a + (t-t_a)^n / [\alpha + \beta(t-t_a)^n]$，认为根据短时段观测资料，用修正双曲线法推算的最终沉降量与根据长时间资料用双曲线法推算的最终沉降量相当接近，式中 n 值可近似地采用 S_e / S'_∞ 值。同时，此处还指出在沉降计算建议用单向压缩法乘以经验系数，沉降预测建议使用修正曲线法

3. 指数曲线配合法

该法分为从 $t=0$ 和 $t=t_1$ 开始算起的2种算法，由于后者的简化公式应用比较方便，

计算工作比较简单，同时也避免了确定原点 O 及 S_d 的困难，以及由此给最终沉降量 S_∞ 带来误差，通常采用后者的 S_∞ 推算值比前者的 S_∞ 推算值偏小一些，但若沉降观测过程历时较长，就不会有很大的偏差，故常用第二种方法。

三、其他计算方法

1. 原位试验法

通过原位试验来确定沉降量的方法主要有：平板载荷试验法、静力触探法、标准贯入试验法和旁压试验法，其中平板载荷试验法主要适用于砂土地基，该方法是对一定面积逐级施加荷载增量，并测量由这些增量所引起的沉降，可得到荷载与沉降的关系曲线，该方法通常要进行尺寸效应修正。静力触探法如标准贯入试验法是利用由大量的资料分析所得到的，这些试验结果与土的压缩性指标之间的关系来计算沉降。旁压试验法是用旁压试验得到的模量应用弹性理论得到预估沉降量．该方法将沉降分为二部分：由球形应力张量引起的沉降和由偏斜应力张量引起的沉降（又分为弹性沉降和非弹性沉降两部分）。

2. 模糊综合评判确定沉降量

该方法应用模糊数学方法中的模糊综合判断原理，对多因素影响的沉降进行分析探讨，判断最终沉降量以进行预报和控制。当影响路基的最终沉降量的因素较多且具有模糊性时，可应用多级模糊综合评判法，其主要思路是先把每一个因素分为若干等级，如：好、较好、一般、较差、差等 5 个等级。建立每个因素及其各个等级论域上的模糊集，然后通过对一个因素进行综合评判实现一个因素的单因素评判处理因素的模糊性，最后对所有因素进行综合评判得到评判结果。当因素具有多个层次时可先按最低层次的各个因素进行综合评判，一层一层依次向上评，一直评判到最高层次，得出总的评判结果。其主要步骤及过程是先建立因素集、备择集、权重集．再根据等级评价矩阵来模糊综合评判确定沉降量。

由于路基沉降是一个复杂系统，考虑因素很多，其权数主要靠人的主观判断，当因素很多时很难判断准确，故进行综合评判时有一定误差。针对具体地区不同地质情况应分别对待。

3. 灰色理论预测沉降量

利用灰色理论进行沉降预测中是以已知单位时段内的沉降量为研究对象，通过对这些数据的处理来获得沉降的变形规律，从而对沉降进行预测。取观测点在相同观测时段内的沉量为原始序列，将其作一次累加后得 1-AGO 序列，根据灰色理论 GM（1，1）模型预测某一时刻的沉降量有：

$$\hat{S}^{(0)}(k+1) = (1-e^a)[S^{(0)}(1) - b/a]e^{-ak}$$

由上式可以看出，当 $k \to \infty$ 时，$\hat{S}^{(0)}(k+1)$ 表示的是最终沉降量，其值为 b/a。使用该方法时应注意每个数据是等时间步长的，若不是等步长，则应修正成等时间步长的数据，同时还应注意到原始数据是每时间步长中的沉降增量，而不是该时刻的总沉降。

4. 有限单元法计算沉降量

有限单元法是将地基和结构作为一个整体来分析，将其划分网格，形成离散体结构．在荷载作用下算得任一时刻地基和结构各点的位移和应力。其中基础底面的竖向位移就是所要求的沉降。它所依据的试验是三轴压缩试验该方法可以将地基作为二维甚至三维问题来考虑，反映了侧向变形的影响。它可以考虑土体应力应变关系的非线性特性，采用非线性弹性的本构模型，或者弹塑性本构模型。目前用得最广的是邓肯—张双曲线模型。它可以考虑应力历史对变形的影响，若应力低于或高于前期固结应力，则采用不同的弹性模量计算公式。它还可以考虑土与结构共同作用，考虑复杂的边界条件，考虑施工逐级加荷，考虑土层的各向异性等。对土体的固结计算．可以用 Biot 固结理论，避免了一维固结计算的许多弊端。从计算方法上来说，是一种较为完善的方法。它的缺点是计算工作量大，参数确定困难，要做三轴排水试验．目前主要用于重要工程、重点地段的计算。

5. 反分析法确定沉降量

反分析法是依靠在工程现场获取位移量测信息反演确定各类未知参数的理论和方法。通过位移反分析法进行变形预测，国内外已进行了广泛的研究，并发展了弹性、黏弹性、弹塑性和黏弹塑性位移反分析法。在反分析确定了路基参数后再根据所选择的模型能准确地求出路基的沉降量。进行反分析计算要注意的问题有：一个可靠的反分析必须依靠一套可靠和完整的数据测定；在反算某些参数时，总要对其他一些辅助参数进行实测，有时还需要估计；进行反分析首先要对整个数学模型某种假定，这些假定的可靠度将影响反分析的适用性；在反分析的模型选择、介质特性假定等方面，经验的工程判断将起到重要作用。

第五章 轨道施工

第一节 轨道施工综述

一、概述

轨道的铺设是整个铁路工程施工过程中最为关键的环节，对整个铁路工程的安全质量有着深远的影响，近些年来，随着铁路施工规模的日渐扩大，铁路的轨道铺设质量也存在着很多的安全隐患，铁轨断裂、脱落、下陷、错位等造成火车脱轨、人员伤亡等一系列交通事故，不仅仅严重损害了交通运营的安全性和稳定性，更使得广大人民的切身利益受到了巨大的损害，威胁到社会的稳定，不利于和谐社会的建设进程。因此，加强铁路工程轨道铺设施工技术的研究探讨，加强轨道铺设质量的提升，有着十分重要的社会意义和经济意义。

同时，铁路工程中的轨道铺设技术是一个繁复而重要的过程，要求我们在施工过程中做到精确，以确保工程的万无一失，在工作布置中应该同时兼顾全局，做到质量与效率并重。在工作中学习，在学习中进步，这样我们的轨道铺设才能越来越快，越来越好。

二、铁路轨道施工工艺探讨

1. 施工前的准备

复核路基断面的尺寸、高度以及平整度，核实线路中线测设贯通的情况，然后确认后钉射线路重桩，两个桩之间的距离，如果是直线，则应为25m，如果是曲线，则应当为20m，但缓和的曲线应当为10m，钉设曲线5个控制桩。

按照铺架设计进度和施工方案，合理编制铺设道床具体的实施施工组织设计图纸。

选择底渣供应的砂场，确保施工通常的通畅。严格落实面层道砟场的相关产量，并严格控制道砟的质量，而道砟的质量和道砟的级别、级配、颗粒形状以及清洁度标准、材质力学性能都有关系。此外，还需要按照相应的规范进行取样试验，确认双方约定的合同后方可使用。

确定施工所需要的劳动力数量、施工用具和机械设备等等，检查施工用具和机械设备的状态是否良好等等。

2. 铺设底渣

（1）根据具体线路中心的线桩情况，确定底渣铺设的宽度和两侧底渣的边界，设置底渣的厚度和控制柱。

（2）铁路正线线路的设计应当设计为双层道床，底渣应当选用中粗砂。而底渣应当由运输车直接运输到施工现场，按照事前制定的计划和用量卸车。在人工摊铺的过程中，需要用拉线整形、平整，并用小型的压路机压实。

（3）为了和施工单位的铺架形成有效配合，应在沿线的桥头 30m 范围内铺设 0.3m 的后道砟，而道床面提升的高度不能小于 0.05m。

3. 轨排的铺设

轨排的铺设有铺架单位具体负责，而本标段以及桥梁连续铺设完毕。在铺轨施工期间，设计方应当给施工方最大的支持，并对铺设轨道的重点进行监督管理；其具体的施工作业内容为：方正枕木，紧固配件以及口、扣件，把承轨下方的底渣进行串实处理。

4. 上渣整道

（1）在整道之前，应当首先设置水平桩，其主要用于起道时来控制物体的标高，每隔 50m 就应当设置一个水平桩，这是在直线距离上，而如果是曲线，则每隔 20m 就需设置一个水平桩。

（2）上渣填盒。在道砟的沿线，应当使用 K 型的卡车进行均匀的卸车作业，卡车退出施工现场之后，再由人工上渣，完成填盒。

（3）在起道时，应当把水平桩的一股轨面起到设计标高出，曲线内先起内股，然后再用道尺调整另外一个内股，使左右均匀进行调整，校正前后左右和上下的高低，找平小洼。曲线外的轨道高应当在和缓曲线全长的范围之内，如果有附带的曲线，那么必须在直线上安装上普度不小于 2‰ 的顺接；在此过程中，不能出现三角坑和反超高。

（4）串渣。在整节轨道被抬起之后，应当马上向轨枕下方串渣，串实串满，不能出现悬空和吊板的状况，串渣时应注意混凝土枕的中间部位一定得留出具有一定宽度的凹坑。

（5）拨道。首先把线路的中心桩拨移到位，然后通过目视，把中心桩拨直拨顺，曲线按照中心桩拨道的位置，用弦线检查正矢，绝对不允许有超出误差所允许的范围。

（6）道床捣实之后，应当及时条畅轨枕的端部的渣间，以及轨道盒内的道砟，从而使道床达到基本稳定的状态；道床经过整理之后，把盒内的道砟面降低 0.3cm。

5. 巡检管理

为了更好地满足列车对于铁路轨道设计的要求，确保其行车的安全，在铺设轨排之前，应当确定临时的公里标、曲线标和坡度标。从线路铺设开始，直到工程竣工验收，均要安排专门的管理人员对轨道进行日常的巡道和管理。

三、轨道施工过程中应注意的问题分析

1. 轨道工程施工通病及防治措施

轨道工程钢筋混凝土枕锚固不良质量通病防治：钢筋混凝土枕锚固采用锚固架锚固，并加强锚固架的检查维修力量，严禁用不合格的锚固架进行锚固，严格控制锚固浆的配合比及灌注温度，并按规定进行抗拔及抗压试验，确保锚固质量。钢轨接头打磨不合格质量通病防治：表面不可出现发黑及发蓝现象，焊头打磨时磨削量要适当；不得横向打磨；打磨时砂轮机要稳定，打磨表面做到光整；圆弧过渡轮廓要圆、顺，不能有明显的突出及棱角。打磨作业过程中，操作人员要重视控制各打磨头的角度及压力变化，如出现异常马上停止工作，找到原因。钢轨打磨是以三个不同的角度对钢轨的工作面来打磨。打磨完成不平度为 1m 范围内不可超过 0.2mm。打磨完成的钢轨来目测检查，要求表面光洁，斑点少或无斑点。对打磨列车计算机输出的轨廓尺寸进行分析，达不到要求的再次进行打磨，最多可打磨三遍。

2. 铺设轨道的安全措施

开工前，对所有员工进行上岗前的安全教育。对于从事电器、起重、钢轨焊接、高空作业、电焊工、机械操作司机以及机动车驾驶等特殊工种的人员除了所从事工种的专业培训持证上岗外，还需要经过安全方面专业培训，获得《特殊作业操作资格证书》后，方准持证上岗。开工前进行安全检查，主要检查：施工组织设计中的安全措施；安全防护装置在施工机械设备是否配齐；是否有符合要求的安全防护设施；施工人员有没有经安全教育及培训；施工安全责任制建立与否；针对施工中潜在事故及紧急情况应急预案是否完备等。施工前，应该把施工地点的杂物清理干净；铺设轨道时，把巷道高度比设计高度低的地段找平，对距离短、起伏大的小坡进行找平。施工过程中，阻车器要随轨道铺设的进度配合安装，再投入并正常使用；施工时，低洼处要首先垫平，再进行铺道；在运送轨排，过程中只能用平板车运送，严禁在车上坐人，车速控制不大于 2m/s，安排专人监督跟车。在坡度过大时，为免车倒滑，不可人力推车；调整轨道时，要进行统一指挥，扳道之前要拨开调整方向的道砟，拔曲线时，要道先把曲线两端直线进行拔直后，在调整曲线段。在施工作业过程中，安全防护员在作业范围的两端进行防护，防护距离不小于 800m。

第二节　有砟轨道施工

有砟轨道施工大体分为三个阶段，即铺轨阶段、轨道第一、二遍精调以及轨道精调三个阶段，每一个阶段施工前须对轨道几何状态进行测量。为了满足每一阶段测量精度要求

及成本控制，需采用不同的测量方法以达到不同的平顺性要求。

在第一、二遍精调时，线路线型较差且钢轨未焊接，线路和焊缝对精密轨道检测小车的损伤较大。本书介绍的采用简易小车测量和后期采用安伯格惯导小车相结合的测量方法具有操作简便、精度高、效率高等特点。结合轨道施工过程，阐述了有砟轨道施工测量的过程及要点（图5-2-1）。

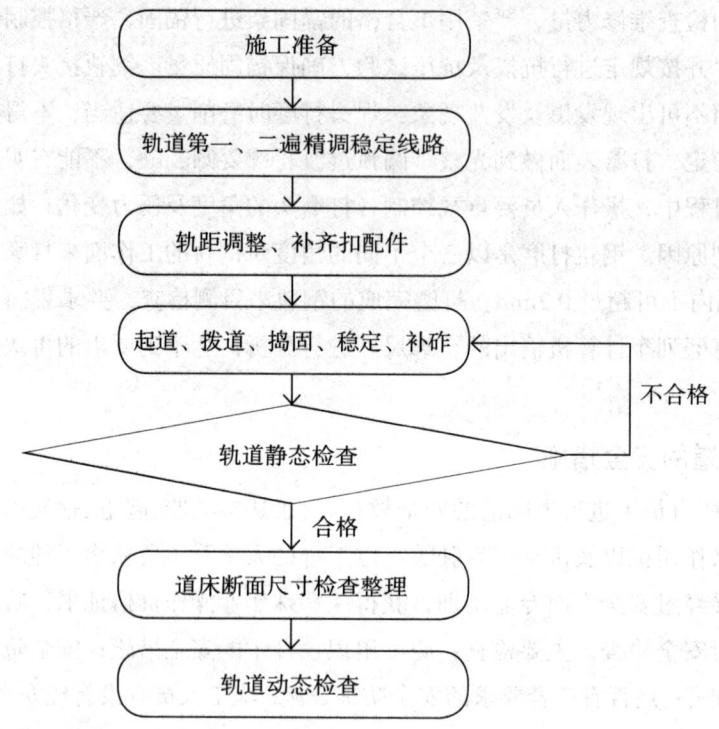

图 5-2-1　轨道精调基本工艺流程图

一、有砟轨道施工测量过程及要点

1. 施工前的测量准备

（1）在轨道工程施工前，通过对沉降变形观测结果进行评估并提出评估分析报告，预测出施工后的沉降值且需满足铺轨条件；

（2）线下CPⅠ、CPⅡ经复测满足限差要求且CPⅢ轨道控制网建网测量要完成并通过第一次评估；严格按照规范要求控制构筑物顶面高程及平面几何尺寸位置的贯通；通过线下构筑物的竣工验收，以保证道床结构层厚度（35cm）或道砟不超过设计量。

2. 道床粗铺

（1）铺底砟时要严格控制底砟的顶面高程，粗铺厚度为15±2cm，严格控制道砟顶面高程，防止出现底砟面太低而造成大面积无效起道和无效振捣稳固，若高出粗调起道量会造成不必要的降道返工。

（2）摊铺平整，底砟分层压实。减小后期的起道量、拨道量并保证线路上大机养道车、运砟车、运轨车等线上车辆的行车安全。

（3）铺设曲线位置时，标明曲线主点里程位置并标明超高值及左偏或右偏，防止出现反超高和扭曲。

3. 铺轨

（1）测量放样线路控制桩直线段为50m，曲线段加密为20m，需保证一定的轨道线型（平面5cm），曲线段严禁设反超高，以保证初期线上车辆的行车安全。

（2）用CPⅢ全站仪极坐标法在线路轨道上每隔25m测量放样出点位并用白色油漆倒三角标识，用钢尺量距在轨腰上每隔5m做标记，并在挡渣墙上标识公里标、百米标、十米标（连续贯通里程）。

4. 轨道精调

（1）控制大机精捣起道量

精调初期采用精确法开展全线精捣，严格控制起道量，杜绝无精测数据施工。作业第一遍、第二遍起道量按30~40mm控制，第三遍起道量预留轨面标高按20mm控制，对第二遍作业后起道量大于40mm的区段需增加重点捣固；对于实测起道量小于20mm的区段采用机捣顺坡处理；动态检测阶段每日对动检数据进行技术分析，梳理病害整治区段，利用绝对测量小车进行精测，大机配合精捣作业，起道量按20mm控制。

（2）轨道第一、二遍精调

①第一、二遍精调采用精确法作业以保证线路的绝对位置；在测量员软件中输入控制点坐标、平、竖曲线、轨道超高并设置轨道横断面及断链、坐标换带等参数后，可利用全站仪和测量简易小车进行轨道几何状态的数据采集。

②全站仪在控制点上设站定向后，安卓测量手簿与带自动照准马达的全站仪设置通讯蓝牙建立通讯连接并且完成一键测量，在测量简易小车上安装的棱镜也能满足精度要求，可以在提高测量效率的同时大大节约成本而无须进行后期计算，现场即可得出拨道量"←"和起道量"↑"测量成果数据，亦可批量传输操作。

③采用后方交会设站，尽可能地多（6~8个）交会CPⅢ轨道控制点，以提高测站定位精度；轨道在未完成稳定作业前，不能将全站仪架设在轨枕上进行测量。测量过程中换站时须和上一站测量搭接10m，以保证测量数据的准确性。

④第一遍轨道调整完成后，使用电子道尺测量轨距，并通过更换轨距挡板完成第一次轨距调整，偏差值小于2mm。

⑤第一、二遍轨道调整完成时要达到预留起道量50~80mm，拨道量±20mm。

⑥轨道调整值的测量一定要在动力稳定车稳定作业完成后进行，且需注意捣固车及动力稳定车振动频率不能与桥梁自有频率重合，防止发生与桥梁共振的事故。

⑦轨道放散、锁定作业完成后，重新测量并在轨腰上用红色油漆倒三角标识5m点位，标识出平曲线主点、竖曲线主点，且在圆曲线及缓和曲线上标识出正矢位置及正矢值。

（3）轨道精调

①轨道精调前，对轨道控制网 CP Ⅲ 进行复测，并对建网成果和复测成果进行对比，成果满足要求后方可用于轨道精调施工。

②线路完成 2 遍外业数据采集及全线捣固后，采用安伯格 GRP-1000IMS 惯导轨道测量小车对全线进行外业数据采集，若线路整体平顺性良好，则针对数据较差地段采用测量系统进行复测并出具相关捣固量以完成线路优化；第三遍精调方案中，起道量全部达到 50mm，拨道量为 10mm。

③轨道精调采用安伯格 GRP-1000IMS 惯导轨道测量小车，其集相对测量与绝对测量于一身：所配置的高精度传感器可以精确测量轨距、水平、扭曲、里程等相对参数；在无须整平全站仪的情况下，还可以实时测量轨道中线与设计中线的偏差和轨面高程与设计高程的偏差。软件自动计算轨向和高低并显示其与设计值的差值。GRP-1000IMS 惯导轨道测量小车可以提供轨道几何测量的综合报表。用户可定义报表输出界面，选择输出轨道位置、轨距、水平、轨向、高低等轨道几何参数，数据格式兼容，可实现共享、互传，作业高效。

④用轨距尺测量轨距并通过更换轨距挡板完成第一次轨距精调后，采用轨检小车全线复查轨距、轨距变化率、轨向，再次全线结合轨向精调轨距。

⑤线路第一、二遍精细捣固结束后，采用轨检小车再次全线复查轨距、轨距变化率、轨向，根据轨检小车资料，综合整治几何尺寸，重点整治轨距变化、曲率、轨向不良的地方，结合轨向，重点精调轨距，确保轨道精调达标，曲线地段采用 20m 弦长测量调整正矢值。

⑥常用的轨道精调一般采用铁路大型养路机械，轨检小车数据可实时传输至大机，调整过程中采用弦线或激光导向仪加强复核、观察，当发现调整异常时可及时复测，以避免大面积调整错误。

⑦大机作业水平偏差不超过 1mm，延长 18m 的距离内轨道三角坑不得大于 3mm，曲线的超高顺坡率≤ 0.5‰；正矢差不大于 2mm，正矢连续差不大于 3mm，圆曲线最大最小正矢差不大于 4mm；10m 弦测量轨向不大于 2mm，且 50m 范围内不得有两个及以上连续轨向、高低用 10m 弦长测量不大于 2mm。将拨道量控制在 ±5mm 以内，起道量控制在 +10mm。

二、注意事项

1. 断链处请空格注明断链里程，认真检查数据的连续性及合理性。

2. 坐标系换带位置在现场要标识清楚，换带里程前后分别使用各自的坐标系统及线路要素进行计算。

3. 第五遍精调时轨道的调整应遵循"重检慎调"的原则，要重视轨道状态的检查，保证测量精度，加强数据分析，制定合理的精调方案后再调。

4. 精调后期检测时，在轨检小车全面精密测量的基础上使用道尺及弦线快速复核，

CPⅢ控制网一定要在轨道施工前完成建网，精调前完成复测；在交会设站过程中，若个别CPⅢ点超限，在保证交会点大于6个的基础上剔除个别超限点不参与设站计算。

5.线间距不得小于设计值，但不得大于10mm。

三、有砟轨道施工中的常见问题

（1）道砟表面有浮尘，底部尘土及灰尘沉积较多；

（2）线路布砟不均匀，缺砟、道砟堆积段落较多；

（3）钢轨铺设的平面位置不准确，偏差较大；

（4）钢轨的三角坑、死弯、硬弯过多；

（5）混凝土轨枕缺棱掉角、表面破损情况较多；

（6）轨枕扣件安装扭力矩不到位；

（7）大机整形、捣固后线路参数不达标的情况。

四、常见问题的原因分析及应对措施

1.原因分析

针对以上问题，结合现场施工的实际情况，分别从人、料、环境、工法4个方面进行原因分析，得出以下原因：

（1）人的原因：部分施工人员素质低，质量意识淡薄，责任心不强，施工控制不严格。

（2）料的原因：进场道砟不合格，粒径超标，出场未经水洗；现场施工卸料、摊铺随意性大。

（3）环境的原因：雨天、雾天、大风扬尘等天气对施工的影响。

（4）工法的原因：线路缺砟或道砟不均匀、捣固头下插位置不居中、轨枕中部道砟过多、钢轨缺陷等病害、轨枕扣件安装扭力矩不到位、线路附属设备影响。

2.应对措施

（1）提高工人质量意识及技术培训。对一线施工人员进行专题质量意识教育，结合专业知识培训。与定人、定岗岗位责任制相结合。结束后考核发证，一线操作人员持证上岗。考核不通过者，待岗；采用经济杠杆手段，一线人员工资与工程质量、完成工作量联系，完成质量较好的进行奖励，较差的进行惩罚；组织对当前施工工艺难点重点进行学习，质量意识教育，常规技能培训制度化、经常化。

（2）严格执行道砟的进、出场检验制度。对级配不合格、粒径超标、强度不够等不合格道砟要坚决清除出场；未经水洗或水洗不彻底的道砟绝不进入施工现场。

（3）制定恶劣天气的应急预案。当出现大雾、大风，尤其是扬尘天气时，尽量不施工；如扔要施工，应提前制定应急预案，防止突发事故的发生；注意成品道砟的保护，尽量避免道砟的二次污染。

（4）加强测量复核制，提高测量精度。在焊轨锁定的过程中进行全程测量跟踪监控，所有其他工序完成后捣固机捣固前由项目部精测队再负责进行一次复核后，用红油漆准确的标记在钢轨上，做好记号，保证捣固机的起道标高和平面拨道。

（5）及时进行卸砟及人工回砟。每次捣固机在捣固之后及时进行线路上的卸砟，必须控制好卸砟量，既要保证道心里道砟充足，又不能阻碍列车运行。卸砟之后，由配砟整形车进行枕盒回砟，最后由人工进行补砟。

（6）利用小型捣固机进行捣固。由于工期紧张，其他配合单位已提前安装好转辙机、信号灯等工务设备。捣固机在这些设备处只能跳过，否则会把设备的连接线损坏。捣固机没有捣固的地方最后只能由人工配合小型捣固机再进行捣固，这就要求工人必须有经验，技术过硬。

第三节 无砟轨道施工

无砟铁路在铁路工程中有着良好的稳定性，但是我国目前在施工技术上还无法达到要求，需要对施工中的技术重点、难点进行研究。

一、铁路无砟轨道的概述以及特点

在进行铁路工程的施工过程中，轨道的铺设在铁路工程中扮演着非常重要的角色，其在一定程度上影响着铁路运行的效率。在普通的铁路施工过程中，使用无砟轨道进行轨道的铺设，能够提高铁路的运行效率。无砟轨道是一种稳定性较好，并且轨道的刚度比较均匀，是整体结构比较强的轨道。无砟轨道能够在一定程度上减少桥梁二期的恒载，在隧道中铺设无砟轨道能够在一定程度上减少隧道的净空开挖。并且在进行轨道维护时，维护比较方便简捷，目前是一种效益比较好的轨道。

二、无砟轨道施工技术难点

无砟轨道在进行施工时与普通的轨道有较大的区别，需要较高的施工工艺，在进行铺设时，需要较高的铺设技术。

（1）在进行轨道的铺设时，对于铁路轨道地基基础的沉降量难以控制，对其沉降的规律难以掌握。在进行无砟轨道的铺设的过程中，为了克服地基基础沉降不规律的问题，轨道的整体形态是由扣件来保证轨道的整体性的。值得注意的是，在进行轨道铺设时，应该采取技术合理的方式，来保证轨道地基基础的稳定性。

（2）在进行轨道的测量的过程中，测量精确度不能够达到要求。在进行无砟轨道的铺设的过程中，传统的测量技术已经不能够满足无砟轨道铺设过程中的施工要求。因此在进行铺设的过程中，应该采取更高精度的测量仪器对无砟轨道铺设进行测量，保证轨道铺设的完整性。

（3）在进行轨道的铺设时，轨道的平顺度很难进行控制。无砟轨道与有砟轨道的最为明显的区别就是在进行轨道的铺设的过程中，应该一次性的完成轨道的铺设，并且保证轨道的稳定和平顺性。铁路在运行的过程中，轨道的质量对客车的运行有着非常显著的作用。

（4）在进行无砟轨道的施工过程中，无砟轨道会出现岔道的施工，其中技术难点就是岔道之间的无缝衔接，在施工时，轨道的不同标段和轨道不同区间之间的轨道的无缝衔接问题。

三、无砟轨道施工关键技术

1. 无砟轨道测量

在进行无砟轨道的施工过程中，测量工作必不可少。在无砟轨道的施工过程中起着非常重要的作用。在进行无砟轨道的测量过程中，测量工作包含以下三项内容，分别为线下施工测量、无砟轨道铺设测量和工程铺设完成之后的竣工测量。第一，无砟轨道线下施工测量主要就是对线路的控制网进行测量，并且对控制网进行加密。无砟轨道铺设阶段测量，最重要的工作就是CPⅢ控制网的布设，平面测量要求满足五等导线精度，线路起闭于CPⅠ或CPⅡ控制点。

2. 水硬性混凝土支撑层铺设

在进行无砟轨道的施工过程中，水硬性混凝土支撑层在无砟轨道的铺设过程中起着非常重要的作用。在进行水硬混凝土的铺设过程中，应该根据施工所在地的实际情况进行混凝土配合比的设计。在进行水泥的拌和时，应该在混凝土厂进行集中的拌和，使用专用的车辆进行运输。在进行水硬性的混凝土的铺摊时，应该将在所测定的桩位进行拉线，其目的是为保证铺摊机的铺摊走向正确。在进行铺摊时，应该注意铺摊机在进行铺摊的过程中，铺摊的力度和其在铺摊的过程中投料的速度，这都会影响工程在建设工程的质量。在进行铺摊的过程中，应该进行及时的拉线，主要的目的就是为了能够很好地检查支承层的顶面高层。在水硬性的混凝土铺摊完毕后，应该建立5m深度10cm的伸缩缝。并根据设计的图纸对支承层边缘的尺寸进行勾勒。最后，在支承层上进行保湿面的覆盖。

3. 轨道安装定位

在进行无砟轨道的铺设过程中，轨道的安装定位在一定程度上影响着工程的质量。在进行轨道的安装的过程中，应该按照相关的工序进行，安装的第一步工序就是铺设轨枕，第二部就是安装工具轨，第三部就是对轨道进行调整定位，最后再进行所安装轨道的电路参数的检查。

（1）铺设轨枕、安装工具轨

在进行轨道的铺设的过程中，无砟轨道的铺设采用散枕机进行施工。散枕机是由挖掘机经过相关的改装而来，主要就是在挖掘机上安装专用来压轨枕的液压钳。在进行施工的过程中，轨枕应该按照相应的设计要求进行铺设和吊装。确保轨枕与轨枕之间的距离，保证轨枕能够安放到设计位置。

（2）轨道调整定位

在轨道的初始铺设完成之后，应该对轨道的位置进行调整，保证轨道铺设的精确度。在进行无砟轨道的微调的过程中，需要使用专用的设备来完成。在进行架设的过程中，应该注意轴架之间的间隔，对于轴架之间的间隔，应该设置为2.5m。在进行架设的过程中，对于轴架的调整应该进行双向的调整工作。在进行调节的过程中，将调节轴架的基座安置在钢轨的下面。支撑架内安装宅钢轨夹钳和竖直调整装置。首先，在进行安装时，应该将水准仪对轨道，进行轨道的高程的测量，检查轨道的高程是否满足要求，如不满足要求，进行轨道高程的调整，直至满足轨道的高程。使轨道的高程满足轨道的设计值。允许误差为±10mm；用扳手上紧双向调整轴架的竖直螺栓。螺栓端头与垫板顶死、受力。

四、高速铁路无砟轨道施工

1. 高速铁路无砟轨道概述

用水泥整体型基础结构代替原来的散碎型碎石道床基础的轨道模式被称为无砟型轨道，也称作无碴轨道。传统的铁路工程施工中都是选用预制型的水泥轨枕和部分木枕配件，而垫料则是选用碎石料。无砟型轨道则是选用水泥材料在施工现场进行浇筑，钢轨和轨枕都是直接铺在混凝土路基上完成的。因此，无砟型轨道的精确度非常高，通常情况下偏差控制在毫米以内，这样就极大地提高了高速铁路列车运行过程中的稳定性和平滑度，增强了安全性。

2. 高速铁路无砟轨道的施工

（1）高速铁路无砟轨道施工前的准备工作

高速铁路无砟轨道施工前的准备工作非常重要，只有做好相应的前期准备工作才能进行无砟轨道的施工。无砟轨道施工前的准备工作主要是指以下3方面：①必须保证高速铁路无砟轨道底座板建设质量达到施工标准；②要对高速铁路无砟轨道线下工程的变形和沉降情况进行科学、真实的评估，使其达到无砟轨道施工要求；③完成高速铁路轨道的CPⅢ的建设，而且要通过施工质量评估测试。

（2）高速铁路无砟轨道混凝土底座板的施工

高速铁路无砟轨道底座板所使用的是低塑性的混凝土，其配合比至关重要。施工时要通过试验确定底座板混凝土的配合比，确定其达到施工标准后才可进行浇筑。浇筑完成后还要做好后续的养护工作，保证混凝土现场浇筑质量符合施工要求，这样才能确保无砟轨道支撑层的质量。

（3）高速铁路无砟轨道板的铺设

高速铁路无砟轨道底座、后浇带混凝土的强度大于15MPa的基础上，并在底座板施工质量合格后才能进行高速铁路无砟轨道轨道板的粗铺。在高速铁路无砟轨道轨道板精调位置上，对发泡材质的模板用硅胶进行固定。然后，还要对已完成的相关操作进行检测。全部检测合格后，才能对无砟轨道轨道板进行粗调。粗调时要对精测网和设标网进行实时复测，从而保证轨道板的安装质量达到施工标准。

高速铁路无砟轨道轨道板的粗调只是铺设的第一步，最重要的是对轨道板的精调。在对轨道板进行精调之前要对 CP Ⅲ 网进行安装精度的复测，复测数据完全达到设计标准才可以对轨道板进行精调。精调过程中首先要做的就是安装精调装置。精调装置要处于轴杆横向的中心位置，并保证其左右最大调节量在 10mm 以内。精调装置安装完成后即可对无砟轨道的轨道板进行精调。为了保证高速铁路无砟轨道的安装精准度，在对轨道板进行精调时要采用精调架和全站仪配合完成细微调节。在对高速铁路轨道进行精调的过程中，为了确保轨道精准度，还要调动许多相关工作人员互相合作、协调配合，共同完成对轨道板的位置精调和测量作业。

（4）沥青和混凝土砂浆的灌注

高速铁路无砟轨道轨道板精调完成后要采用水泥混凝土进行纵向封闭。首先，要在高速铁路无砟轨道轨道板下方紧贴轨道板处安装气孔，然后用梯形乙醚泡沫板对轨道板边缘进行密封，再对需要进行封闭的轨道区域范围进行喷水作业，使其湿润，最后在达到了封闭要求的条件下，才能用水泥混凝土对轨道板进行密封作业。轨道板封边时所使用的沥青混凝土砂浆有严格的标准要求，其浓度合格才能保证横向封闭的质量。而且无砟轨道轨道板封边操作时，沥青混凝土要比轨道板高出至少 1cm 的高度，同时要将混凝土进行压紧和平整处理。压紧和平整时还要注意不要让混凝土覆盖住轨道边缘处预留的多种标记点。

为了避免无砟轨道轨道板在沥青混凝土浇筑时产生的浮力而出现上浮的情况，在对轨道板进行精调后需要马上进行压紧和固定操作。通常情况下，高速铁路无砟轨道轨道板的固定装置处于中间位置。因此，在对轨道板压紧固定时，当轨道曲线方位超过 45mm 时就要在轨道板两边再安装固定装置，来增强高速铁路无砟轨道轨道板的固定质量。无砟轨道轨道板中间固定装置应在锚杆处。高速铁路无砟轨道的锚固装置在安装使用前应经过抗拔测试，合格后才可安装在无砟轨道上，安装时锚固深度应在 100~200mm，锚杆要始终保持垂直。高速铁路无砟轨道的固定装置应在沥青混凝土砂浆浇筑硬化后再进行拆除。同时要注意观察，浇筑时当轨道板下方气孔冒出均匀的气泡后再对预留气孔进行塞紧处理。此外，为使砂浆表层和轨道板间最大不超过 15cm 的距离，要仔细查看砂浆的初凝期。当砂浆出现初凝状态时，应把多余的砂浆取出，用沥青混凝土进行灌浇。

（5）轨道板的纵向连接

当水泥砂浆达到 9MPa 的强度时，就可以对轨道板进行张拉处理。张拉过程中要遵循由内至外、先中间后两端的原则张拉轨道板两侧的钢筋。需要注意的是在张拉完成后，在宽接缝处要安装钢筋型骨架，并用混凝土封平。高速铁路无砟轨道板和底座板要通过锚固形成一个完整的整体，以提高轨道板纵向连接的强度。

3. 高速铁路无砟轨道施工关键技术分析

（1）无砟轨道测量

无砟轨道的测量主要包括铺设测量、竣工测量以及线下施工测量。铺设测量重点是要解决 CP Ⅲ 控制网的布设问题。要注意的是在进行平面测量时线路应在 CP Ⅰ 或者 CP Ⅱ 控制点进行起闭，要达到五等导线精度。导线通常情况下要控制在 2km 以内，两点间距离控制在 150~200m 以内，距线路中线 3.5m±0.5m。为避免外界环境影响控制点的精准度，还要对控制点钢筋进行混凝土包桩处理。高程测量适用于起闭于二等水准点的精密水准测量，水准线路不得超过 2km。竣工测量主要包括强化基桩测量与轨道集合形状测量 2 方面。线下施工测量主要是指对控制网的加密与复测。

（2）水硬性混凝土支撑层铺设

根据高速铁路无砟轨道的设计要求对水硬性混凝土进行合理配比，并进行搅拌，待其混合均匀后装入运输车辆。在摊铺前，应依据定位桩位置拉线，以便控制摊铺机的前进方向。摊铺前还要对摊铺机进行调试，调试摊铺机收集物料、投放物料的速度以及摊铺机的碾压重力。摊铺过程中，要通过拉线对支撑层顶层的高度进行检测，确保高度达标。水硬性混凝土摊铺完成以后，要及时在支撑层表层切出伸缩缝。伸缩缝的切割可以采用锯切的方法，2 个伸缩缝间的距离应不低于 5m，缝深应达到 100mm。在切割伸缩缝的同时，对支撑层的边缘按照设计要求的尺寸进行修整。完成以上工作后，还要对水硬性混凝土支撑层加盖保湿棉，避免阳光照射和大风吹袭，确保支撑层表面湿度符合设计标准。支撑层的保湿通常要达 3d 以上，才能进行下一项施工作业。

（3）轨道安装定位

高速铁路无砟轨道进行轨道安装定位施工时，首先要安装工具轨，并铺设轨枕，然后进行定位、调整，并对轨道电路进行检测，最后才能精准定位出轨道的准确位置。通常情况下，每 100m 作为一个施工段。安装工具枕和铺设轨枕多采用散枕机进行安装施工。散枕机就是利用液压夹钳对轨枕进行吊装和位置调整，使轨枕摆放到所需位置；再通过支撑架以及双向调整轴架对轨道位置进行定位和施工，从而完成轨道安装。散枕机的双向调整轴架的基座要安装在间距 3 根钢轨的位置，要左右对应，不能偏离。

安装完成后，要对散枕机双向调整轴架的竖直螺栓进行固定，调整传力杆的位置，使其处于中线，左右偏差控制在 5mm 以内。双向调整轴架安装调整完成后，还要用全站仪进行复测。复测数值达到设计标准后，才能在预埋位置打孔，安装定位支座。然后，根据轨检小车的检查数值确定轨道精准的调整量值，再用全站仪与轨检小车对细调定位支座位置划分出的断面路线的轨向、水平等中线以及几何位置形状进行逐个检查和测量，边检测边进行微调，直到所有检测参数都达到设计标准。旋转调整手柄，使细调定位支座上的调整器调整到标准要求的量值，然后用 U 形卡板将支座卡死，并将轨枕和卡板的钢筋进行焊接，这样就完成了轨道的固定施工操作。

（4）道床板的混凝土浇筑

道床板的混凝土在经过入模操作后，要用振动棒进行振捣。振捣过程中，要确保振捣达到规定的速度和频率，尤其是轨枕底部的混凝土更要加大振捣的力度，确保混凝土良好的密实度。在对道床板混凝土进行振捣时，应注意勿将振动棒碰触到双向调整轴架的竖直螺栓以及附近其他固定作用的装置。道床板的设计必须达到高速铁路无砟轨道的设计标准后才能进行混凝土的浇筑，道床板混凝土的表层可以用平板振动器，振动之后再人工进行抹平操作。道床板混凝土浇筑完成至少 2h 但不能超过 5h，再对调整轴架的竖直螺栓进行松拆。需要注意的是，道床板混凝土浇筑完成后必须立刻进行覆盖。待到混凝土完全凝结后，还需要做好养护处理，可持续喷洒符合标准的养护剂 15d 以上，确保混凝土不会出现裂痕，影响工程质量。

第四节 道岔铺设

一、铁路道岔施工的内容概述

1. 铁路道岔施工的原理和流程

在进行铁路道岔施工之前，应仔细测试铺设基标以获得准确的基标点和道岔高程差，然后通过调整道岔尺寸、吊挂短岔枕完成混凝土浇筑。待浇筑施工完结后，需要固定道岔及短岔枕，并严格按照相关要求落实岔道铺设施工。具体的工艺施工流程如下：测设基标→运输、分布道岔材→连接道岔钢轨→架道架、上配件→上支承块→组装道岔→调节道岔→运输、分布道岔材料→捆扎焊接钢筋→检查精调道岔→浇筑混凝土→养护道岔→验收道岔。

2. 道岔的施工方式和作业形式

道岔铺设是铁路施工中一项要求极高的工作，加之道岔铺设难度大，也因此为了保证施工质量，施工人员必须严格按照相关的施工步骤来完成施工。在具体落实时，首先需要全面地检查路基，其次，在保证路基合格的基础上，利用各种仪器对桩相关的数据进行测试和记录，再次，拖撒轨料，并将其安置于预铺轨道的外侧，并完成系列的顶固工作。最后，调整直股轨向，固定直上股，在初调结束之后，按照相关要求绑扎钢筋，对道岔铺设的各项技术、施工进行复查，对岔道进行整道、压道处理，提高道岔的实用性和使用安全性。

值得一提的是，在完成上述施工工作时，施工机具的操作、施工结束后的检查等既涉及手工作业还涉及机械作业。手工作业包括清筛道床、拨道起道等，机械作业包括清筛机的运输、捣鼓机的运输、机械性操作等。与手工作业相比，机械作业强度较低、效率较高，工程质量更有保障。但无论是手工作业还是机械作业都是铁路道轨施工过程中不可或缺的部分，施工人员应对之予以重视。

二、铁路道岔施工过程中的常见问题

对铁路线路而言，道岔是其关键设备，然而就现阶段铁路道岔施工情况看来，道岔施工质量不佳，道岔施工问题亟待解决。具体来说问题主要包括如下几种：

1.道岔水平与道岔前后高低不平

道岔水平与道岔前后高低不平会影响铁路的正常运行，一旦列车途经此处，可能会因为铁路不听证而产生剧烈晃动，影响列车的安全行驶。道岔水平与道岔前后高低不平的具体表现主要集中于尖轨尖端和第二动程处。导致该问题出现的原因主要是轨枕捣鼓状态不佳。当然，除了捣鼓问题外，直股护轮主轨前后上翘，也会导致道岔水平前后高低不良。

2.道岔尖轨不密贴基本轨

道岔尖轨不密贴基本轨会影响列车的安全行驶，由于尖轨构造薄弱，少有固定点，整体呈现刚性，因而一旦出现道轨连接环节松动、列车爬行、温度骤变，都会出现假密贴问题。如果此时仅仅采取调整缺口间隙，是无法从根本上解决上述问题的，也因此深入研究道轨尖轨不密贴基本轨是铁路道岔施工需要解决的一个重点问题。

3.道岔方向不良、轨距超长

如果铁路道岔方向不良，那么道岔前后的线路将不再是一个整体，道岔不能被置于正确的位置，那么道岔的作用也难以发挥。导致道岔方向不良、轨距超长的原因比较多样，辙叉心位置不正确、前后钢轨连接有鼓肚、捣鼓不良、顶铁尺寸不合、尖轨弯曲等都会导致问题发生。也因此解决该问题时，需要综合考虑，准确的确定问题发生的原因。

4.尖轨拱腰

尖轨拱腰的发生原因可能是养护、维修不当，也可能是尖轨本身结构缺陷。当列车通过尖轨拱腰时，会出现跳轨现象，列车行驶的安全性与稳定性将难以保证。导致该问题发生的原因是转辙部分捣鼓不良、尖轨跟端活接头处存在暗坑；道岔爬行尖轨串动；连接杆防跳托板与轨底存在较大空隙。

三、铁路道轨铺设施工的要点分析

为了提高铁路轨道铺设施工质量，解决轨道道岔铺设施工问题，施工人员应设计合理的道岔施工方法：在保证设计规范要求的同时，优化施工质量。

1. 做好施工前准备

（1）测量放线和卸轨。在道岔路基施工完结并检验合格之后，就可以开始进行测量放线、钉控制桩以及技术交底工作。在完成上述工作之后，可以铺底渣，并使用机器将之压实。利用火车运输将道岔钢轨、配件等运输至岔位临近股道，以人工配合吊车完成材料卸车。卸车时应注意避免磕碰，以防止影响钢轨、尖轨等的质量。

（2）散布岔枕、钢轨及配件。岔枕的运输可采取汽车吊铺也可采取人工抬运、逐根散布。在散布时，需要严格遵循道岔图，以施工顺序为依据，先直股后曲股。

2. 道岔组装

以道岔铺设图为依据，将垫板归位。拆离组装好的接轨和基本轨，严格控制直尖轨、曲尖轨、直基本轨道、曲基本轨道的安装位置。在安装尖轨时，必须保证尖轨和基本轨密贴，还要保证限位器子母块居中，以五组为单位上组件。辙叉控制中桩，在保证位置控制精准的同时，以五根岔枕为单位安置剥件。在辙叉和基本轨之间安置直股连接，调整轨缝。在道岔直股外侧的轨底上标志轨枕精准的位置以调整岔枕，并固定扣配件。侧股连接于岔枕，轨缝必须符合要求以保证钢轨方正。安装护轮轨时，转辙器必须灵活，还必须保证尖轨尖端密贴基本轨。

3. 铺渣整道

铺渣整道在道岔组装完成之后进行，首先串渣找平，将起道捣固至设计高度。导曲线不可超过设计 6mm，所有滑床板必须保持水平，轨面平顺，曲线内接小于 2% 的坡递减顺接，不可反超高，道轨捣固采用"人工+捣固机"捣固。

4. 调试整修

道岔组装完毕后应进行全面的调试，调试内容应包括位置、方向、轨距、轨道密合度等内容。在安装尖端之前必须保证尖端无损，且在第一牵引点处与基本轨密贴，缝隙小于 0.2mm。尖轨接缝偏差不能超过 1.2mm，各牵引处的开口值应与设计规定相契合，偏差应小于 2mm。

辙叉安装必须保证岔心、冀轨无损伤。基本轨的牵引安装孔的中心应与轨枕对应，岔枕正位垂直于直轨道中心线，偏差不得大于 5mm。轨距线和接头处轨面高低差错牙，正线到发线道岔不得超过 1mm，且必须保证道岔铺设符合设计规范要求。

5. 验收开通道岔

道岔铺设工作结束后，需要进行铺设检查，施工人员应参照施工设计核对铺设要求，在确保合规后再与电务部门交接，由电务部负责转辙设备安装。在安装转辙机时，电务部门的安装人员应充分考虑转辙部分的轨距，要保证尖轨与基本轨密贴。转辙设备安装结束后应进行调试，并由相关部门检验合格后方可投入使用。

6. 安保措施

道岔铺设施工时间较长，施工过程中会应用大量的施工器械，施工场地危险因素较多，为了避免施工车辆误出施工场地以及普通人员误入场地，可以在施工道岔两端设置警示牌，在施工过程中严格控制进出人员，在施工后还应采取必要的措施对道岔进行养护、保护。

第五节 铺碴整道

铺碴整道是和轨排铺设密切配合的，包括采碴、运碴、卸碴、上碴、起道、整道等作业。道岔分为垫层和面层，垫层一般在铺轨前按设计的垫层厚度直接铺到路基面上的道砟，面层是在铺轨以后用卸碴列车将道砟均匀散布在轨道两侧的路肩上，再由人工或机械回填到道床内。

一、道砟采备、装卸与运输

（一）碴场选择原则

1. 碴场的选择应考虑开采费用、施工难易及运输的远近等。
2. 建场前必须采集样品，试验其质量是否合乎道砟技术条件的要求。
3. 建场前必须进行钻探或挖探，计算其储量是否满足产量的要求。
4. 还应考虑防洪、排水、冬季施工要求以及有适当弃土场地等因素。

（二）运碴及卸碴

运碴宜使用风动卸碴的专用列车。由走行部分、钢结构车体、漏斗装置、启门传动装置以及工作室等组成。车体下部的漏斗装置用以漏卸和散布道砟，它有 4 个外侧门和两个内侧门，通过启动传动装置，利用风压启闭不同的侧门，能使道砟按要求散布在轨道内侧或外侧不同部位。车内容碴量可达 $36m^3$，外侧门全开时，40~50s 就能卸空一车。

如没有风动运渣车，宜用敞车或改装的平车运碴。在碴场离线路较近的情况下，可用汽车甚至畜力车运碴。

二、铺道砟

列车卸碴应以不大于 5km/h 的速度进行，均匀散布。单层道砟厚度不大于 25cm 的一次完成；厚度大于 25cm 的，按设计要求，分层卸碴。每两层渣之间，应经过 5~10 对列车。

在铺碴作业中，我国施工现场已经不同程度地推行了机械化施工，其中个别作业的有 XYZ-ZC 型捣固机、QB-20 型液压起拨道机、YZC-1 型液压正碴作业车等；综合作业的有

YT-C269 型电磁液压悬臂式铺碴机、PZC-1 型配碴整形车等。

YT-C269 型铺碴机可随机车将道砟推入道床，落下悬臂桁架至工作位置，放下起道电磁铁，使电磁铁滚轮落到钢轨上，通电就能将轨道提起。放下平碴支腿并串上平碴链条，即可括布道砟。悬臂桁架上横卧的拨道液压缸，能推动摆头桁架，使之左右摆动进行拨道作业。两个起道液压缸的不同起高度则能达到轨道的超高要求。驱动各构件的动力均由机上的发电机提供。

PZC-1 型配碴整形车是一种有括碴翼翅的 117.6kW 自行式铺碴机械，机械传动、液压操纵，能将已卸在轨道两侧共 7m 范围内的道岔按要求数量分布，并按道床设计断面整修成形。

三、整道

整道作业是新线建设的最后一道工序，与铺碴作业结合进行。

1. 整正轨缝

整正轨缝前应按区间进行现场调查，将轨长、轨缝及接头相错量（简称错量），按钢轨编号逐一列入计算表内，然后进行室内计算，做出全面的整正计划。施工前将计划好的钢轨移动量及其移动方向写在相应的钢轨上，再用轨缝调整器移动钢轨，使之符合要求。

表的计算步骤与方法：

表中 A、B、D、F、M、V 各栏均为实量长度；

当同一轨排上两根钢轨长度的相差量大于 3mm 时，根据规范的要求，应将钢轨位置予以调整，并填入 C、E 栏内，还应将调轨后的轨缝变动值相应填入 G、N 栏内；

拟定施工轨温，根据轨缝的计算式求得计划轨缝值后，分别填入 H、O 栏；

I、P 栏为轨缝差＝计算轨缝 - 原有轨缝；

J、Q 栏为移动量＝前号轨的移动量＋本号轨的轨缝差，以施工地段的线路终点方向为准，向终点方向移动为"＋"，反之为"－"，分别计入 L、S 栏；

T 栏移动量差＝左移动量－右移动量；

W 栏计划错差＝移动量差＋原有错差，以线路前进方向为准，左股比右股错前为"＋"。

计算后，计划错差符合要求，不需进行第二次计算。

轨缝整正工作量较大时，往往会牵动轨枕位置，使轨枕脱离捣实的道床，因此在轨缝整正后，应进行起道、方正轨枕及捣固等工作。

为保证轨缝整正作业中不间断行车，须配备各种长度腰部有长孔的短轨头，以便夹板连接。

2. 起道

新线起道时，先选择一个标准股，在预先用水准仪测设好的水平桩外，按要求的高度起好，并按轨枕下串实道砟，作为起道瞄视的基准点，每次至少起好两个基准点。人工起道瞄视方法与检查轨顶纵向水平的方法相同。当标准股连续起平30~40m后，使轨枕中线与轨腰的间隔印相一致并垂直线路中心线。

起道后应将路肩处的道砟填入轨枕盒中，以便进行捣固。但应注意，在已起道与未起道的相接地段，应做成不大于5‰的顺坡，在末次起道时，为防止道床沉落和轨顶标高不足，可将起道高度适当提高3~5mm。

机械起道可用激光准直液压起拨道机，用激光准直仪控制轨顶标高。

3. 捣固

线路起道后必须进行捣固。人工捣固使用捣固镐，机械捣固可用液压捣固机。捣固范围混凝土枕应在钢轨外侧50cm和内侧45cm范围内均匀捣固；木枕在钢轨两侧各40cm范围内捣固道床，钢轨下应加强捣固。此外对钢轨接头处和曲线外股，应加强捣实上述规定范围内的道床。人工捣固时，一般2人或4人为一组，同时捣固一根轨枕，打镐顺序先由轨底中心向外，然后再由外向内，根据起道高度分别捣18~28镐，相邻镐位应略有重叠，落镐位置应离枕底边10~30mm，以免打伤轨枕，并能把轨枕底部道砟打成阶梯形的稳固基础。

人工捣固时应做到：举镐高度够、捣固力量够、八面镐够、捣固镐数够及捣固宽度够。

机械捣固时，捣固质量取决于捣固时间的长短。

四、拨道

新线拨道时，主要按经纬仪测设的中心桩进行，把钢轨及轨枕一起横移一定距离，使其符合线路中心线的位置要求。为了不妨碍铺砟整道工作，保护中线的准确位置，中线桩一般均自线路中心位置外移，与起道用的水平桩合并设置。人工拨道一般使用6~8个拨道器，均匀分布在两根钢轨的同侧，分布范围约3.5~4m，1人指挥，其他人用拨道器用力拨道。机械拨道则可用激光准直仪直接控制起拨道机拨道。

五、铺砟整道注意事项

（一）施工工地的防护办法

在区间线上，对列车运行有危险的施工工地，须设置防护信号防护。设置防护信号时须在施工地点的两端线路上同时设置。

设置防护信号防护时，可分为以下三种情况：

1. 停车信号防护

当新线整道时，起道量超过100mm、一次拨道量超过100mm或成段整正轨缝，在施工中，列车必须停车，为此需设置停车信号防护。

2. 减速信号防护

新线起道量为 41~100mm、列车间隔内一次拨道量 41~100mm、成段整修轨底坡或方正轨枕，施工中列车可慢速通过，此时可使用移动减速信号防护。

3. 作业标防护

在区间线路上，进行不需停车和减速信号防护的一般作业中，应在其两端各 500~1000m 处，在列车运行方向的左侧，设置作业标防护。

（二）安全注意事项

1. 道砟应向线路两侧卸下，并注意不使道砟落在路基边坡上及埋住钢轨。
2. 装、卸碴人员必须在列车停稳后才允许上、下车。
3. 打开道砟车门时，应站在车门两侧，以防落碴伤人。道砟卸完后，应妥善关闭车门。如在夜间作业，可在列车临近车站后，再关闭车门。
4. 乘平车时，人身不得伸出车辆限界以外，携带的工具要放置稳妥，防止震落。
5. 使用小平车应经车站同意，并按规定行驶，严禁溜车。用完后，应抬出限界以外放稳、加锁，防止随意动用。
6. 在区间线上施工时，应经常与附近车站取得联系，随时了解有无列车通过，并按规定设置好防护信号。
7. 机械整道时，应在作业地点设置好下道架，以便整道机械及时下道。

第六章　铁路桥梁基础及墩台身施工

第一节　明挖基础施工

一、施工准备

1. 作业准备

（1）内业技术准备

开工前，组织技术人员认真学习实施性施工组织设计，阅读、审核施工图纸，澄清图纸上有关技术问题，熟悉规范和技术标准。制定施工安全保证措施，提出应急预案。对施工人员进行技术交底，对参加的施工人员进行上岗前技术培训，考核后持证上岗。

（2）外业技术准备

搜集并整理有关施工数据，修建生活房屋，配齐生活及办公设施，满足主要管理及技术人员进场生活，办活需要。

2. 技术要求

（1）模板及支架、钢筋和混凝土的施工应符合铁道部现行《铁路混凝土工程施工质量验收补充标准》（铁建设〔2005〕160号）的有关规定及设计要求。

（2）基坑开挖前应按地质、水文资料，环保要求，结合现场情况，制定施工方案，确定开挖范围、开挖坡度、支护方案、弃土位置和防、排水等措施。

（3）基坑土方施工应对支护结构、周围环境进行观察和监测，当发现异常情况时应及时处理，待恢复正常后方可继续施工。

（4）基底处理应符合下列规定：

①基础底面不得置于软硬不均的地层上；

②岩层基底应清除岩面松碎石块、淤泥、苔藓，凿出新鲜岩面，表面应清洗干净。应将倾斜岩面凿平或凿成台阶；

③碎石类土及砂类土层基底承重面应修理平整，黏性土层基底整修时，应在天然状态下铲平，不得用回填土夯平；

④砌筑基础时,应在基础底面先铺一层5~10cm水泥砂浆。

⑤基础浇筑前的基坑不得泡水。如发生基坑泡水现象,应采取措施进行处理并满足设计要求。

(5)基础应在无水情况下浇筑,混凝土和砌体砂浆终凝前不得浸水。

二、明挖基础施工工艺流程

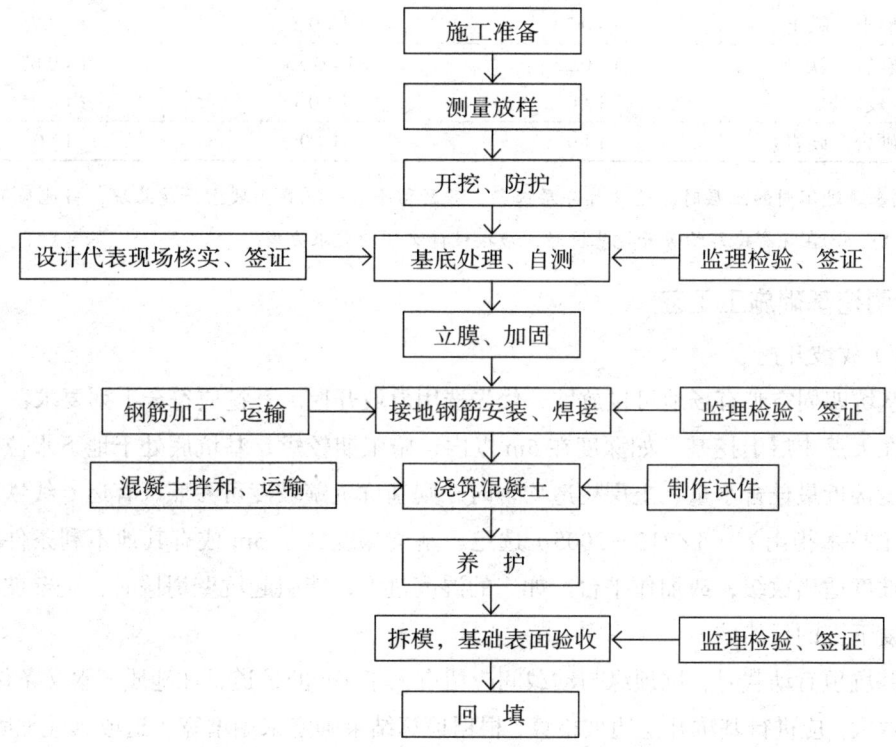

图6-1-1 明挖基础施工工艺流程

三、施工工艺

1. 施工准备

(1)基坑开挖前应做好下列工作:

①测定基坑中心线、方向、高程。

②按地质水文资料,结合现场情况,决定开挖坡度和支护方案、开挖范围和防、排水措施。

(2)基坑可采用垂直开挖、放坡开挖,支撑加固或其他加固的开挖方法。在有地面水淹没的基坑,可修筑围堰、改河、改沟、筑坝排开地面水后再开挖基坑。

(3)在天然土层上挖基,如深度在5m以内,施工期较短,基坑底处于地下水位以上,土的湿度接近最佳含水量、土层构造均匀时,则基坑坑壁坡度可参照表6-1-1选定。基坑深度大于5m或有其他不利条件时,应将坑壁坡度适当放缓,或加作平台。如土的湿度过大,能引起坑壁坍塌时,坑壁坡度应采用该湿度下土的天然坡度。

表 6-1-1　基坑坑壁坡度

坑壁土	坑壁坡度		
	基坑顶缘无载重	基坑顶缘有静载	基坑顶缘有动载
砂类土	1：1	1：1.25	1：1.5
碎石类土	1：0.75	1：1	1：1.25
黏性土、粉土	1：0.33	1：0.5	1：0.75
极软岩、软岩	1：0.25	1：0.33	1：0.67
较软岩	1：0	1：0.1	1：0.25
极硬岩、硬岩	1：0	1：0	1：0

注：①挖基通过不同的土层时,边坡可分层选定,并酌留平台；②在山坡上开挖基坑,当地质不良时,应防止滑坍；③在既有建筑物旁开挖基坑时,应按设计文件的要求办理。

2. 明挖基础施工工艺

（1）放坡开挖

当基坑四周空旷有场地可供放坡,优先选用放坡开挖。开挖应符合下列要求：

①在天然土层上挖基,如深度在5m以内,施工期较短,基坑底处于地下水位以上,土的湿度接近最佳含水量、土层构造均匀时,则基坑坑壁坡度可参照《客运专线铁路桥涵工程施工技术指南》（TZ213—2005）选定。基坑深度大于5m或有其他不利条件时,应将坑壁坡度适当放缓,或加作平台。如土的湿度过大,能引起坑壁坍塌时,坑壁坡度应采用该湿度下土的天然坡度。

②基坑顶有动载时,坑顶缘与动载间应留有大于1m的护道,如地质、水文条件不良,或动载过大,应进行基坑开挖边坡检算,根据检算结果确定采用增宽护道或其他加固措施。

③弃土不得妨碍施工。弃土堆坡脚距坑顶缘的距离不宜小于基坑的深度,且宜弃在下游指定地点,不得淤塞河道,影响泄洪。

④无水土质基坑底面,宜按基础设计平面尺寸每边放宽不小于50cm。适宜垂直开挖且不立模板的基坑,基底尺寸应按基础轮廓确定。

有水基坑底面,应满足四周排水沟与汇水井的设置需要,每边放宽不宜小于80cm。

⑤基底应避免超挖,松动部分应清除。使用机械开挖时,不得破坏基底土的结构,可在设计高程以上保留一定厚度由人工开挖。

⑥基坑宜在枯水或少雨季节开挖。基坑开挖不宜间断,达到设计高程经检验合格后,应立即砌筑基础。如基底暴露过久,则应重新检验。

（2）不放坡开挖

当场地受限采用不放坡开挖或开挖坡度较陡时,采用土钉墙支护方案。

土钉墙支护施工工艺：

a. 开挖工作面

开挖应分层分段进行，分层开挖深度主要取决于暴露坡面的"直立"能力。考虑到土钉施工设备，分层开挖至少要 6m 宽。开挖长度取决于交叉施工期间能保持坡面稳定的坡面面积。

在机械开挖后，应辅以人工修整坡面，坡面平整度允许偏差为 ±20mm，喷射混凝土支护之前，坡面虚土应清除。

b. 喷射混凝土

为防止土体松弛和崩解，必须尽快作第一层喷射混凝土，厚度不宜小于 40~50mm，所用混凝土的水泥最少含量为 400kg/m³。并及时养护。

c. 设置土钉

土钉施工包括定位、成孔、设置钢筋、注浆等。

d. 设置钢筋网

钢筋网在喷射第一层混凝土后铺设，钢筋与第一层喷射混凝土的间隙小于 20mm。钢筋网与土钉应连接牢固。

（3）基坑排水方案

①基坑开挖前在基坑轮廓外围开挖小沟槽，并应沿顺坡向用小沟槽将水导流、远引，防止地表径流及雨水汇流进入基坑浸泡基坑及对基坑边坡产生冲刷潜蚀作用。

②在地下水位较高的地区开挖基坑时，土的含水层被隔断，地下水会不断地渗入到基坑内。为防止与地下水有关的涌砂、边坡失稳及地面变形、地基承载力下降等造成的危害，必须对地下水进行处理。

a. 扩大基础开挖过程中地下水的处理方法，应根据基坑开挖深度、周围环境及场地水文地质条件选取，一般可供选择的方法有：

i. 基坑明沟排水；

ii. 降水：包括轻型井点降水和深井降水；

iii. 隔渗：包括竖向隔渗（悬挂式竖向隔渗帷幕和落底式竖向隔渗帷幕）和水平封底隔渗。

b. 基坑开挖过程中地下水的处理应满足以下三项原则：

i. 保证扩大基础在开挖期间能获得干燥的工作空间；

ii. 保证深基坑边坡的稳定和基坑底板的稳定；

iii. 保证临近深基坑的构筑物的正常使用。

③基坑明沟排水方案

在人工填土及浅层黏性土中赋存的上层滞水量不大，或放坡开挖边坡较平缓，或坑壁被覆较好的条件下，可采用明沟排水方案。

明沟排水属重力降水，是在基坑内沿坑底周围设置排水沟和集水井，用抽水设备将坑中水从集水井中排出，以达到疏干基坑内积水的目的。

排水沟和集水井设置在基础边线 0.4m 以外，沟底至少比坑底低 0.3~0.4m，集水井比沟底低 0.5m 以上。随基坑开挖逐步加深，沟底与井底应始终保持这一高度差。沟、井平面布置和是否砌筑视每个扩大基础具体的工程条件而定。

④基坑降水方案

当基坑底面深入到含水层中时,将基坑范围内的地下水位降低至基坑底面以下,保持基坑干燥。

当基坑底面下有一定的隔水层时,将承压水降低一定高度,以减小承压水头压力,防止产生突涌。

a. 人工填土及浅层黏性土中赋存的上层滞水量不大,可采用轻型井点降水;当底层为砂、卵、砾石层,如含有丰富的层间承压水,承压水头超过含水层顶板8~10m,此种情况下,宜采用深井降水。

b. 轻型井点降水应按下述要求进行:

i. 基坑开挖要求降低水位达5~6m时,以慎重选择;要求降低水位达6m以上时不宜采用此法。

ii. 根据浅层地质性质,选择合适的泵抽水,如射流泵、隔膜泵、真空泵等。

iii. 轻型井点降水的结构必须能防止涌砂。

c. 轻型井点布置:轻型井点布置,根据基坑大小与深度、土质、地下水位高低与流向、降水深度要求等而定。井点布置是否恰当,对井点施工进度、使用效果影响较大。

i. 平面布置:根据关家沟大桥扩大基础的工程条件,选择单排井点,布置在地下水流上游一侧,其两端的延长长度不小于基坑宽度,井点管距离坑壁宜为0.7~1m,以防局部发生漏气。井点管间距2m。

ii. 高程布置:轻型井点的降水深度以不超过6m为宜。井点管的埋置深度H(不包括滤管),可按下式计算:

$$H \leqslant H_1 + h + i \times l$$

式中:H_1——井点管埋置面至基坑底面的距离(m);h——基坑底面至降低后的地下水位线的距离,一般取0.5~1.0m;i——水力坡度,单排井点取1/4;l——井点管至基坑对边(单排井点)的水平距离(m);

根据上式计算的H值,如大于6m,则应降低井点管的埋置面,以适应降水深度的要求。此外在确定井点管埋置深度时,还要考虑井点管一般是标准长度,井点管露出地面0.2~0.3m。在任何情况下,滤管必须埋在透水层内。

为了充分利用抽吸能力,总管的布置标高宜接近原有地下水位线(要事先挖槽),水泵轴心标高宜与总管平齐或略低于总管。总管应具有0.25%~0.5%的坡度,坡向泵房。在降水深度不大,真空泵抽吸能力富裕时,总管与抽水设备也可放在天然地面上。

d. 轻型井点系统施工

轻型井点系统施工主要包括施工准备、井点系统安装与使用及井点拆除。

准备工作包括井点设备、动力、水源及必要材料的准本,开挖排水沟。

埋设井点的程序:排放总管→埋设井底管→接通井点与总管→安装抽水设备。

井点管埋设:一般用水冲法,分为冲孔和埋管两个过程。

冲孔时，先用起重设备将冲管吊起并插在井点的位置上，然后开动高压水泵，将土松动，边松边沉。冲孔直径一般为300mm，以保证井管四周有一定厚度的砂滤层，冲孔深度宜比滤管底深 0.5m 左右，以防冲管拔出时，部分土颗粒沉于底部而触及滤管底部。造孔应垂直，滤管底应低于基底以下 1.5m。

井孔冲成后，立即拔出冲管，插入井点管，井点管与孔壁之间迅速填灌砂滤层，以防孔壁塌土。砂滤层采用干净粗砂，填灌均匀，并填至滤管顶上 1~1.5m，以保证水流畅通。

井点填砂时，在地面以下 0.5~1.0m 范围内用黏土填塞严密，以防漏气。

井点管埋设完毕后，应接通总管与抽水设备进行试抽水，检查有无漏水、漏气，出水是否正常、有无淤塞现象。如有异常情况，应检修好后方可使用。

⑤水平封底

当基坑开挖完毕后，为防止坑底存留的积水渗入地基，降低地基承载力，在坑底水平范围内铺设一层水泥砂浆封底。

（4）钢筋安装

钢筋在钢筋加工场下料，弯制成形，用汽车或其他方式运至现场后在基坑或支架上绑扎。

（5）模板安装

基础施工严格按设计和施工规范进行。模板全部采用钢模板，利用汽车吊在基坑内逐块组拼，模板拼接表面必须平整、支撑牢靠。模板接缝处须用挤紧双面胶条以防漏浆。

（6）混凝土浇筑

混凝土由混凝土拌和站集中拌和，混凝土输送车运输，经混凝土泵送至施工点，混凝土浇筑分层进行，一次连续浇筑，应经常检查模板、钢筋和保护层尺寸，确保其位置正确不发生变形，采用插入式振捣器振捣，浇筑完时及时养护，确保混凝土质量。砼浇筑完毕初凝前采用二次赶压抹光，控制表面收缩裂纹，减少水分蒸发；混凝土初凝后，加强保温、保湿养护，在其表面覆盖两层薄膜养护。下层薄膜防止水分蒸发，上层薄膜隔离低温雨水，同时使表面已升高的温度不宜散失，有效地减少内外温差。

基坑检查合格后，及时浇筑混凝土，以免基坑暴露过久或受地表水浸泡而影响地基承载力。基础施工完成后及时回填，回填部分夯实处理。

（7）基坑回填

基坑应按设计要求及时回填，回填应密实、稳定；应分层夯实。两侧基坑回填所用的材料和混凝土强度应满足设计要求。

四、材料要求

1. 模板：采用厂制定型钢模板，由专业生产厂家设计制作。模板由标准板（直线板）、边模板、角模板和调整板等组成，每节模板的高度，考虑同一截面形式的不同墩身高度的模数进行确定。模板的设计和制造做到"组合合理，互换性好，刚度足够，安拆方便"。

调节板设在结构的边角处，根据墩的坡率确定宽度，以三层模板收坡宽度为一个模数段进行设计，每三层模板的墩身施工完再立模板时只需要加上一个模数段宽度的调整板即可。

2.水泥：按验标规定检测强度、安定性、凝结时间，抽样检测一组，监理单位见证检验。

3.粗细骨料：按验标规定检验含泥量、颗粒级配，抽样检测一组，监理单位见证检验。

检验数量：同一产地、品种、规格、批号的水泥，每200t为一批，不足200t时也按一批计。同一产地、品种、规格且连续进场的粗、细骨料，分别每400m³为一批，当不足400m³时也按一批计。各种原材料每批抽样检验1组。

五、质量控制及检验

1.基底高程的允许偏差和检验方法应符合表6-1-2的规定。

表6-1-2 基底高程的允许偏差和检验方法

序号	地质类别	允许偏差（mm）	检验方法
1	土	±50	测量检查
2	石	+50，-200	

检验数量：施工单位对每个基坑检查不少于5处。

2.基础施工的允许偏差和检验方法应符合表6-1-3的规定。

表6-1-3 基础施工的允许偏差和检验方法

序号	项目	允许偏差（mm）	检验方法
1	基础前后、左右边缘距设计中心线	±50	测量检查每边不少于2处
2	基础顶面高程	±30	测量检查不少于5处

检验数量：施工单位全部检查。

3.钢筋安装允许偏差及检验方法符合表6-1-4的规定。

表6-1-4 钢筋安装的允许偏差

序号	名称		允许偏差
1	钢筋总截面面积的偏差（指更换钢筋规格时）		-2%
2	双排钢筋，其排与排间距的局部偏差		±5mm
3	同一排中受力钢筋间距的局部检举	板、墙、大体积	±20mm
		柱、梁	±10mm
4	分布钢筋间距偏差		±20mm
5	箍筋间距偏差	绑扎骨架	±20mm
		焊接骨架	±10mm
6	弯起点的偏差（加工偏差20mm包括在内）		±30mm
7	最外层钢筋的位置偏差	C≥35mm	（-5~+10）mm
		25mm<c<35mm	（-2~+5）mm
		C≤25mm	（-1~+3）mm

注：C为钢筋的混凝土保护层厚度。

4. 模板安装允许偏差及检验方法符合表 6-1-5 的规定

表 6-1-5　模板安装允许偏差和检验方法

序号	项目		允许偏差（mm）	检验方法
1	轴线位置	基础	15	尺寸每边不小于 2 处
		梁、柱、板	5	
2	表面平整度		5	2m 靠尺和塞尺不少于 3 处
3	高程	基础	±20	测量
		梁、柱、板	±5	
4	模板的侧向弯曲	柱	h/1000	拉线尺量
		梁、板	l/1500	
5	梁、柱、板两模板内侧宽度		+10；-5	尺量不少于 3 处
6	相临两板表面高度低差		2	尺量

第二节　沉入桩施工

一、桩的制作

1. 预应力混凝土桩与混凝土桩的制作

预应力混凝土桩和混凝土桩的现场预制时，场地应平整、坚实，并应便于混凝土的浇筑和桩的吊运。制作混凝土桩和预应力混凝土桩时，主筋的设置宜采用整根钢筋，如需接长宜采用闪光对焊。主筋与箍筋或螺旋筋应连接紧密，交叉处应采用点焊或钢丝绑扎牢固。混凝土浇筑时，应保证浇桩地区的地面平整坚实，桩顶部 50~100cm 之间的混凝土，除箍筋加密外，应浇筑强度等级较高的细骨料混凝土。桩顶被锤击面必须与桩纵轴线垂直，桩尖四面应抹均匀，角度一致，斜面不得有鼓肚或凹口产生。同一根桩的混凝土配合比不能随意改变，并用搅拌机拌和，坍落度不宜为 4~6cm。浇筑混凝土时，每根或每节桩应连续进行不得中断，不得留有施工缝。当混凝土强度达到 25% 设计要求时可拆侧模；如无特殊要求，强度达到设计要求 70% 时可拆底模；全部达到设计强度时，方可使用。混凝土浇筑后应及时覆盖并洒水养护，养护天数按采用的水泥种类与气温而定，但不得少于 7d。制桩完成后，应在桩身逐根标明编号、浇制日期、混凝土强度等级及试件编号。

2. 钢管桩制作

钢管桩宜在工厂制作，制作钢管桩的材料应符合设计要求，并有出厂合格证明和试验报告。钢管桩的分段长度应满足桩架的有效高度、制作场地条件、运输与装卸能力。钢管桩可采用成品钢管或自制钢管。焊接钢管的制作工艺应符合有关规定。钢管桩的焊接应符合设计要求，设计无要求时，应注意：焊接前，将焊缝上下30mm范围内的铁锈、油污、水汽和杂物清除干净；对于焊丝、焊条和焊剂，应在焊前进行烘干；焊接定位点和施焊应对称进行。露天焊接时，应考虑由于阳光照射所造成的桩身弯曲；焊接完成后，应对每层焊缝进行检查，及时清除焊渣。钢桩位于河床局部冲刷线以下1.5m至承台底面以上5~10cm部分，应进行防腐处理。防腐前应进行喷砂除锈，达到出现金属光泽，表面无锈蚀点为止。运输、起吊、沉桩过程中，防腐层被破坏时应及时修补。

二、桩的运输与堆放

混凝土强度达到设计强度70%后，方能吊装运输。钢筋混凝土桩在起吊和堆放时，多采用两个支点，桩较长时采用3~4个支点，支点的位置按支点最大负弯矩与跨中部最大正弯矩相等的原则确定。采用3个及3个以上吊点时，通常每两个吊点用1根千斤绳。预制桩吊立于打桩架时，多采用一个吊点，较长的桩可采用2个吊点。桩搬运时，其支点位置与吊点位置相同。堆放场地应平整坚实，防止支点发生不均匀沉陷。堆放支点与吊点位置也相同，多层堆放时，各支点垫木应均匀放置，各垫木顶面应在同一水平面上。在吊装、运存过程中，因弯矩过大造成开裂的钢筋混凝土桩应作报废处理，不得用于基础施工。桩的堆放场地应平整坚实，排水通畅，堆放时，混凝土桩的支点应与吊点上下对准，堆放不宜超过4层；钢桩的支点应布置合理，防止变形，堆放不得超过3层。并应采取防止钢管桩滚动的措施。

三、锤击沉桩施工

1. 施工准备

沉桩前，应对桩架、桩锤、动力机械、射水管路、蒸汽或压缩空气管路、电缆等主要设备部件进行检查。沉桩前还应对混凝土预制桩进行检查，其强度应达到设计要求。另外，开锤前应检查桩锤、桩帽或送桩与桩的中心轴线是否一致。在松软土中沉桩，将桩锤放在桩顶上时，为防止下沉量过大，应先不解开钢丝绳，待安好桩锤再慢慢放长吊锤和吊桩的钢丝绳，使桩均匀缓慢地向土中沉入。同时还要继续检查桩锤、桩帽或送桩的中心是否同桩的中心轴线一致，桩的方向有无变动，随时进行改正。经检查无误后即可进行锤击。

2. 沉桩方法

锤击沉桩的施工方法包括由一端自另一端顺序打、由中间向两端打、由两端向中间打和分段打桩。由一端向另一端顺序打桩便于施工，应用较多，一般当桩数不多、间距较大、土不太密实、桩锤较重时，可采用此顺序打桩。由中间向两端打桩可避免因中部土壤被挤紧而造成打桩困难的现象，一般在基坑较小，土质密实，桩多、间距小的情况下可采用此顺序打桩。由两端向中间打桩可使土质越挤越紧，增加土的摩擦阻力，充分发挥摩擦桩的作用，适用于较松软的土中打摩擦桩。分段打桩可解决后打桩不易打入的问题，且土壤挤出也比较均匀,可在基坑较大,柱数较多的情况下采用。

3. 施工要求

沉型钢桩时,应采取防止桩横向失稳的措施。当沉桩的桩顶标高低于落锤的最低标高时,应设送桩,其强度不得小于桩的设计强度。送桩应与桩锤、桩身在同一轴线上。开始沉桩时应控制桩锤的冲击能,低锤慢打;当桩入土一定深度后,可按要求落距和正常锤击频率进行。锤击沉桩的最后贯入度,柴油锤宜为 1~2mm/击,蒸汽锤宜为 2~3mm/击。在沉桩过程中发现贯入度发生剧变;桩身发生突然倾斜、位移或有严重回弹;桩头或桩身破坏;地面隆起;桩身上浮的情形时应暂停施工,并应采取措施进行处理。

四、振动沉桩施工

振动沉桩法具有沉桩速度快,施工操作简易安全且能辅助拔桩的优点,适用于松软的或塑态的黏质土或饱和砂类土层中,对于密实的黏性土、风化岩、砾石效果较差,基桩入土深度小于 15m 时,单用振动沉桩即可,除此情况外宜采用射水配合振动沉桩。

1. 施工方法

振动沉桩施工应考虑振动对周围环境的影响,并应预计振动上拔力对桩结构的影响,每根桩的沉桩作业应一次完成,中途不宜停顿过久,开始沉桩时,应以自重下沉或射水下沉,将桩身稳定后,再采用振动下沉。吊装振动沉桩机和机座与桩顶法兰盘联结牢固。在自重下沉或射水下沉至缓慢甚至不下沉时,开动振动沉桩机并同时射水,以振动力迫使管桩下沉。振动持续一段时间后,当桩下沉至再次趋于缓慢或桩顶大量涌水时,停止振动,只采用射水冲刷。经过相当时间射水后,再行振动下沉。如此交替下沉,沉至接桩高度时,拆去振动打桩机及输水管,在接桩的同时接长射水管,再装上振动打桩机,然后继续沉桩。当管桩下沉至距离设计标高尚有适当距离时,提高射水管,使射水嘴缩入桩内,停止射水,立即进行干振。将桩沉入至设计标高,并且最后下沉速度不大于试桩的最后下沉速度、振幅符合规定时,即认为合格,并拆除沉桩设备。基础内的桩全部下沉完毕后,为了避免先沉下的桩周围的土被后来沉桩射水所破坏,影响其承载力,应将全部基桩再进行一次干振,使其达到合格要求。

2. 施工注意事项

在振动沉桩过程中,如发生贯入度发生剧变;桩身发生突然倾斜、位移或有严重回弹;桩头或桩身破坏;地面隆起;桩身上浮的情形或机械故障时,应立即暂停施工,查明原因并采取措施后,方可继续施工。

第三节 沉井基础施工

一、沉井的概念与使用条件

1. 沉井的概念

沉井是沉放横断面为圆形、方形或矩形,上下都敞开的井筒的基础工程,又称开口沉箱。沉井一般为钢或钢筋混凝土制品。沉井有较大的刚度,抗震性能好,既可作为承重基础,又可作为地基防渗结构。整个沉井是分节制造的,底部一节的下端装有刃脚,边从井内挖土,边靠自重下沉,一节沉下后,上面再接一节,井筒逐步接高,一直沉至预定高程。

沉井是一个无底无盖的井状结构物,是以在井内不断除土,井体借自重克服外壁与土的摩阻力而不断下沉至设计高程,并经过封底、填芯以后,使其成为桥梁墩、台或其他结构物的基础。

2. 沉井的特点与使用条件

沉井基础的特点是埋置深度可以很大,整体性强、稳定性好,能承受较大的垂直荷载和水平荷载。沉井既是基础,又是施工时挡土和围堰结构物,施工工艺也不复杂。根据经济合理、施工上可能的原则,一般在下列情况下可采用沉井基础:①上部荷载较大,而表层地基土的容许承载力不足,做扩大基础开挖工作量大以及支撑难,但在一定深度下有较好持力层,采用沉井基础与其他沉基础相比较,经济上较为合理时;②在山区河流中,虽然土质较好,但冲刷大,或河中有较大卵石不便桩基础施工时;③岩石表面较平坦且覆盖层薄,但河水较深,采用扩大基础施工围堰有困难时。

二、沉井的组成

沉井主要由刃脚、井壁、隔墙、井孔、凹槽、射水管、封底和盖板等部分组成。

1. 刃脚

刃脚在沉井的最下端,用钢板做成,形如刀刃,当沉井下沉时,起切入土中的作用。

2. 井壁

井壁沉井的外壁,用钢筋混凝土逐节现浇而成。下沉的过程中,除起挡土作用外,还以其自重克服外壁与地基土之间的摩阻力的刃脚底部的土阻力,使沉井逐渐下沉,直至设计高程。

3. 隔墙

隔墙是把沉井分成若干小间,以减小由外侧土压力对井壁的弯矩,加强沉井的刚度。此外,在施工时,便于挖土和可以控制沉井下沉的偏差。

4. 井孔

井孔是挖土排土的工作场和通道。井孔尺寸应江中施工要求,宽度(直径)≥3m。井孔布置应对称于沉井中心轴,便于对称挖土使沉井均匀下沉。

5. 凹槽

凹槽设计在井孔下端近刃脚处,其作用是使封底混凝土与井壁有较好的结合,封底混凝土面的反力更好的传给井壁(如井孔全部填实的实心沉井也可不设凹槽)。凹槽的深度 0.15~0.25m,高约 1.0m。

6. 射水管

当沉井下沉深度大,穿过的土质又较好,估计下沉会产生困难时,可在井壁中预埋射水组。射水管应均匀布置,以利于控制水压和水量来调整下沉方向。一般水压 ≥1600kPa。

7. 封底和盖板

沉井沉至设计高程进行清基后,便浇筑封底混凝土。混凝土达到设计强度后,可从井孔抽干水并填满混凝土或其他圬工材料。如井孔中不填料或仅填以沙砾则须在沉井预面筑钢混凝土盖板,盖板厚度一般为 1.5~2.0m。封底混凝土底面承受地基土和水的反力,这就要封底混凝土有一定的厚度(可由应力验算决定),其厚度根据经验也可取不小于井孔最小边的 1.5 倍。封底混凝土顶面应高出刃脚根部 ≥0.5m,并浇灌到凹槽上端。封底混凝土强度等级对岩石地基用 C15,一般地基用 C20。井孔中充填的混凝土,其强度等级 ≥C10。

三、沉井的施工技术要点

沉井的施工工序主要有:

1. 在进行沉井施工时,先在沉井位置开挖基坑,坑的四周打桩,设置工作平台;
2. 铺砂垫层,搁置垫木;
3. 制作钢刃脚,并浇筑第一节钢筋混凝土井筒;
4. 待第一节井筒的混凝土达到一定强度后,抽出垫木,并在井筒内挖土,或用水力吸泥,使沉井下沉。(其下沉技术可分为排水下沉和不排水下沉);
5. 然后加高沉井,分节浇筑,沉井在井壁自重的作用下,逐渐下沉;
6. 当沉井下沉到设计高度以后,用混凝土封底,浇筑钢筋混凝土底板,形成地下结构。以上工序的要点是:打桩、开挖、搭台→铺砂、垫层、承垫木→沉井制作→抽取承垫木→挖土下沉→封底、回填、浇筑其他部分结构。

沉井下沉的基础方法：是不排水而在水中挖土。只有在稳定的土层中，且排水量不大时，方采用排水法下沉。水中挖土一般使用空气吸泥机、水力吸泥机及抓斗等工具。沉井下沉主要是靠自重克服土对沉井外壁的摩擦力，不排水下沉时，沉井自重的计算需扣除水的浮力，沉井自重至少应超出对沉井侧壁总摩擦力的25%。

四、基底处理

沉井沉到设计高程后，应检验基底的地质情况是否与设计相符。当采用排水下沉时，可直接检验、处理；采用不排水下沉时，应由潜水员进行水下检验、处理，必要时取样鉴定。基底面应尽量整平，高差要保证水下封底混凝土在刃脚和隔墙下满足要求的最小厚度，以提高水下混凝土的灌注质量。

防止封底混凝土和基底间掺入有害夹层。基底为岩层时，岩面残留物（风化岩碎块、卵石、砂）应清除干净，清除后的有次往面积（即沉井底面积扣除在刃脚下一定宽度不可完全清除干净的面积）不得小于设计要求。基底为砂质或黏质土时，应铺以碎石或砾石垫层，以铺至刃脚尖以上20cm处为好，对排水下沉的沉井，还须沿刃口周边下面以碎石或砾石填平夯实。井壁、隔墙及刃脚与封底混凝土接触面处的污泥应予清除。基底检验合格后，应及时进行封底。对于排水下沉的沉井，在清基时，如渗水量上升速度≤6mm/min，可按普通混凝土浇筑方法进行封底；若渗水量大于上述规定时，宜采用水下混凝土（导管法灌注）进行封底。

第四节　墩台身施工

一、支架搭设技术

支架搭设是施工过程中非常重要的环节，做好该项工作不仅有利于施工顺利进行，还能确保墩台身施工安全，防止安全事故发生。搭设支架能为钢筋和模板施工提供作业平台，有利于正确定位墩柱主筋位置，满足现场施工需要。首先应该清理施工现场的垃圾和杂物，进行场地平整，做好压实工作，并恰当设置排水设施，防止雨水浸泡而影响地基的稳定性与可靠性。为确保碗扣架立杆的安全与稳定，在其底部需设置木方块作为垫板。脚手架与墩台身相距约0.3m比较合适，如果墩台身高度大于5m，通常需要设置两排脚手架。如工程最高的墩台身高度超过9m，因而在施工现场需要设置两排脚手架。混凝土采用分层浇筑的施工方式，脚手架将水平顶托与已浇筑的墩柱混凝土锁在一起。同时还必须确保脚手架搭设牢固，且每5m高拉一道缆风绳。脚手架四面用剪刀撑加固，且剪刀撑与斜杆的夹角在45°~60°之间，进而确保结构稳固可靠，提高支架搭设施工水平，有效满足现场施工需要。

二、模板施工技术

根据墩台身高度合理确定模板大小和形状，重视模板质量检测，确保模板表面平整光滑。严格按要求进行模板拼接施工，防止出现错台现象，确保拼缝衔接紧密，避免混凝土施工时出现漏浆现象。模板施工过程中，为提高拼缝密实度，可以根据现场施工基本情况，采用双面胶粘贴，实现对工程质量的严格控制。面板平整度误差应小于3mm，拼缝的缝隙宽误差应小于2mm。结合现场施工需要，定做面板后背的槽钢与角钢。选择质量合格的模板，加强技术指标验收，确保模板强度合格，外观满足施工要求。工程施工中，若出厂前就拼装完成模板后背的槽钢、角钢及法兰等，严格质量检查验收。立模前应放出立模边线，用砂浆找平，等砂浆硬化后进行立模施工。在完成这些施工任务后，进行首节模板安装施工，常用"塔吊为主，人工为辅"的方式进行模板施工。首先顺利完成墩台身外模板拼装任务，模板之间安装胶板，防止混凝土浇筑时出现漏浆现象，有效提升施工效果。

三、钢筋施工技术

承台钢筋施工时，首先在承台顶部进行钢筋预埋，根据设计尺寸要求，对柱墩平面位置测量放样，在承台埋设PVC管。预埋完成后检测钢筋质量，确保各项指标合格，满足施工规范要求，然后进行承台混凝土浇筑施工。承台混凝土浇筑期间，必须加强预埋件保护工作，避免预埋件受到损坏。等承台混凝土强度满足设计强度后，需凿除墩身部位的松散混凝土，冲洗干净后进行墩柱钢筋绑扎。墩柱常用Φ8的钢筋网进行固定，焊接钢筋网边缘的钢筋交叉点，对其他部位钢筋需绑扎牢固，提高施工效果。设置好操作平台后，进行钢筋绑扎施工，确保间距合理，质量合格，做好焊接工作，重视接头处理，确保钢筋绑扎施工质量。

四、混凝土浇筑技术

模板施工任务完成后，用全站仪复测模板平面位置和标高，确保各项指标合格后再进行混凝土浇筑施工。工程第一节墩柱混凝土浇筑施工中，采用分片拼装模板，到系梁上端采用吊车组装，确保施工到位，质量合格，提高模板连接的可靠性与密实度。整个施工过程中，应该安排专门工作人员看管施工现场，详细掌握混凝土浇筑施工基本情况，查看模板是否存在变形现象，确保预埋件安装到位，拉筋受力合力，保证现场施工作业安全，提高混凝土浇筑质量。此外，墩台身施工过程中，应该凿除混凝土表面的浮浆，确保混凝土浇筑均匀、连续、缓慢进行，预防离析现象发生。经检验确保钢筋质量合格后，用吊车拼装和加固定型组合钢模，做好自检工作，然后报请监理工程师复核，确保工程质量满足要求,提高混凝土浇筑施工效果。

三、拆模养护技术

墩台身混凝土浇筑完成 24h 后,当混凝土强度合格,满足施工规范要求,然后才能进行模板拆除施工。同时还要注重对混凝土的保护工作,避免表面受到污染,确保混凝土强度合格,防止对混凝土造成破坏。模板拆除过程中,首先拆除斜撑,然后拆除连接螺栓和附件,用撬棍轻轻撬动模板,使其与混凝土分离。将模板按顺序摆放,方便后续工程施工再次使用。模板拆除后,在混凝土桩身内侧缠绕土工布,外侧缠绕塑料薄膜,同时在膜内缠绕带孔自动喷淋水管,喷水养护,确保混凝土表面湿润,预防裂缝产生。一般养护时间不少于 7d,从而实现对裂缝的有效预防,确保墩台身混凝土施工效果。

第七章 铁路桥梁预制法施工

第一节 钢筋混凝土简支梁制造

简支梁就是说梁的两端搭在两个支撑物上,两端铰接,现实看是只有两端支撑在柱子上的梁,主要承受弯矩的单跨结构。一般为静定结构,受力简单,跨中只有正弯矩,体系温变、混凝土收缩徐变、张拉预应力都不会在梁中产生附加内力。

一、模板与支架工程

在浇筑混凝土之前应对支架和模板进行全面、严格的检查,核对设计图纸的要求。工厂预制时,梁体一般不设较高的支架,而是多在台座上。这时要保证台座下的基础处理好,下沉、变形要符合施工规范的要求。对于现场浇筑的梁体,支架必须有足够的强度和刚度以保证梁体在设计高程位置,支架的接头位置应准确、可靠,卸落设备要符合要求。应检查模板的尺寸,制作是否密贴,螺栓拉杆、撑木是否牢固,是否涂抹模板油及其他脱模剂等

二、钢筋骨架的安装

钢筋混凝土结构中,常用钢筋的直径一般为6~40mm。钢筋一般先在钢筋车间加工,然后运至现场安装或绑扎。钢筋的加工过程一般有调直、除锈、时效、下料、弯钩、焊接、绑扎等工序,钢筋骨架的安装按下列步骤进行。

1. 骨架制作

钢筋下料前应根据技术交底要求,对钢筋型号、规格、尺寸、形状、数量等进行核对,确认无误后方可进行正式下料。下料前应采用钢尺准确测定下料长度,并作好明显标记,下料完成后对半成品作好标识,分类存放,以免误用,钢筋加工时弯钩应符合《公路桥涵施工技术规范》之规定,在支架上浇筑钢筋混凝土梁时,为减少在支架上的钢筋安装工作,梁内的钢筋宜预先在工厂或桥梁工地制成平面或立体骨架。当梁的跨径较大时,可预先分段制成骨架,当不能预先制成骨架时,则钢筋的接长应尽可能预先进行。制作钢筋骨架时,

须焊扎坚固,以防在运输和吊装过程中变形。多层钢筋焊接时,可采用侧面焊缝,使之形成平面骨架,焊接缝设在弯起钢筋的弯起点处。如斜筋弯起点之间的距离较大,应在中间部分适当增加短段焊缝,以便有效地固定各层主钢筋。

2. 钢筋接头

施工作业之前,从施工现场截取工程用的钢筋长300mm若干根,接头单体试件长度不小于600mm。将其一头套成锥螺纹,用牙形规和卡规检查锥螺纹丝头的加工质量。当其牙形与牙形规吻合,小端直径在卡规上标出的允许误差之内,则判定锥螺纹丝头为合格品,然后再用锥螺纹塞规,当连接套的大端边缘在锥螺纹塞规大端缺口范围内时,连接套为合格品,连接套规格与钢筋规格必须一致,连接之前应检查钢筋锥螺纹及连接套锥螺纹是否完好无损。钢筋锥螺纹丝头上如发现杂物或锈蚀,可用钢丝刷清除。将带有连接套的钢筋拧到待接钢筋上,然后按规定的力矩值,用力矩扳手拧紧接头。连接完的接头必须立即用油漆作上标记,防止漏拧。在钢筋连接生产中,操作工人应认真逐个检查接头的外观质量,外露丝扣不得超过1个完整扣。如发现外露丝扣超过1个完整扣,应重拧或查找原因及时消除。不能消除时,应报告有关技术人员做出处理。专职质量检查人员要抽查接头的外观质量,并用力矩扳手抽检接头的拧紧力矩,发现不合格时应及时处理。

3. 钢筋骨架的拼装

用焊接的方法拼接骨架时,应用样板严格控制骨架位置。骨架的施焊顺序,宜由骨架的中间到两边,对称地向两端进行,并应先焊下部后焊上部,每条焊缝应一次成活,相邻的焊缝应分区对称地跳焊,不可顺方向连续施焊。为保证混凝土保护层的厚度,应在钢筋骨架与模板之间错开放置适当数量的水泥砂浆垫块、混凝土垫块或钢筋头垫块,骨架侧面的垫块应绑扎牢固。为保证梁体各部位的保护层厚度,在钢筋与模板之间必须使用高性能细石混凝土垫块,垫块抗压强度不低于50MPa,要对保护层厚度加以控制,每次钢筋绑扎完毕灌注混凝土前,应仔细检查钢筋保护层垫块的位置、数量及其紧固程度。钢筋安装应建立严格的工序检验制度,重点检查钢筋型号、规格、尺寸、形状、数量、位置、间距是否和技术交底相一致,同时作好检查记录,签字手续齐全。

4. 钢筋骨架的运输和吊装

运输预制钢筋骨架时,骨架可放在平车上或在骨架下面垫以滚轴,用绞车拖拉。运输道路可根据现场条件,或设在桥上或设在桥侧面,孔数较多时,以设在桥侧面为宜。由桥侧面运进和吊装时,侧面模板应在骨架入模后再安装。用起重机吊装骨架时,为防骨架弯曲变形,宜加设扁担梁。

5. 钢筋骨架的质量要求

钢筋加工应建立严格的半成品工序检验制度,加工好的钢筋在运至桥位安装前需作安装前检查,重点检查钢筋型号、规格、尺寸、形状、数量是否和技术交底相一致,同时作好检查记录,签字手续齐全。钢筋骨架除应按规定对加工质量、焊接质量及各项机械性能进行检验外，并应检查其焊扎和安装的正确性，其允许偏差需符合规范的规定。

三、梁体混凝土灌注

1. 对混凝土的要求

梁体混凝土采用集中搅拌站生产的高性能耐久性混凝土，各项指标应符合配合比要求。混凝土入模前，应采用专用设备测定混凝土的温度、坍落度、含气量、水胶比及泌水率等工作性能，混凝土浇筑前2~3天应对混凝土入模温度进行随时观测，获得实际数值后采取措施，确保混凝土入模温度满足要求，如选择低温时段灌注、砂石料及拌和用水降温等措施。混凝土入模前各项指标的测试需作好详细记录，混凝土在夏季施工时，应选择温度较低的时段进行，并应对原材料、运输设备及模板系统进行防晒及降温处理，当入模实测温度大于30℃时，不得进行梁体混凝土的灌注；混凝土在冬期施工时，应选择湿度较高的时段进行，并应对原材料，运输设备及模板系统进行保温处理，当入模实测温度小于5℃时，不得进行梁体混凝土的灌注。

2. 混凝土浇筑顺序与浇筑方法

浇筑总原则：先部分底板，部分腹板，剩余底板，剩余腹板，最后顶板的浇筑顺序。混凝土的灌筑采用连续整体灌筑，一次成型，浇筑时间设计要求控制在6h以内，现在实际最快时间为6~7h左右。灌注时采用斜向分段，水平分层的方法：其工艺斜度以不大于5°为宜，水平分层厚度宜控制在30cm以内，先后两层的间隔时间不得超过混凝土初凝时间，混凝土的灌筑采用连续整体灌筑，一次成型，浇筑时间设计要求控制在6h以内，现在实际最快时间为6~7h左右。灌注时采用斜向分段，水平分层的方法。工艺斜度以不大于5°为宜，水平分层厚度宜控制在30cm以内，先后两层的间隔时间不得超过混凝土初凝时间，浇注应左右对称。由下坡端向上坡端进行。

第二节 预应力钢筋混凝土简支梁制造

一、铁路预应力混凝土简支梁主要结构

我国铁路常用跨度预应力混凝土梁的截面形式主要有以下3种。

（1）箱型截面，主要包括350km/h高速铁路简支箱梁系列（代表图号为通桥（2013）2322系列、通桥（2013）2321系列）、250km/h铁路简支箱梁系列（代表图号为通桥（2009）2229系列、通桥（2008）2221系列等）。

（2）T型截面，主要包括时速160km/h和200km/h客货共线铁路预制后张法简支T

梁（代表图号为通桥（2012）2101系列、通桥（2012）2201系列）。

（3）跨度16m后张法预应力混凝土简支槽形梁（双线、分片式）。

目前，我国高速铁路、客运专线铁路、城际铁路桥梁主要采用抗弯和抗扭刚度较大的箱型截面梁；普速、客货共线铁路桥梁主要采用传统的T型截面梁；兰新铁路第二双线的"百里风区"应用的是槽形截面梁。

二、预应力混凝土简支梁存在的问题

1.结构性问题

（1）简支箱梁

双线简支箱梁为截面对称、四点支撑结构，但在单线活载、列车横向摇摆力、风载、地震荷载、支点不平整等工况下，或受施工造成的不均匀自重、提（移、落）梁过程中吊梁点受力不均匀等因素的影响，都会造成梁体扭转。受支座约束，梁体各截面呈约束扭转状态。

有限元分析计算结果表明，由于箱梁底板宽度为5m左右，当结构出现支点不平整时，梁体会承受较大扭矩，与其他扭转因素相叠加，将会产生超过混凝土抗拉强度的扭转应力。由于箱梁横向按普通钢筋混凝土结构设计，因此极易在扭矩最大的梁端区域产生扭转裂纹。自2006年4月至今，对近150个制梁场的检查结果显示，约40%的简支箱梁端部内侧桥面板与腹板交界处有（纵向）裂纹。

（2）简支T梁

T型截面梁主要有单线梁（2片式）和双线梁（4片式）2种，通过横隔板进行横向预应力连接形成整体对称结构。受结构构造和预制、架设工艺的限制，单片边梁的截面呈不对称状态。由于T梁截面的不对称性，其截面的"弯曲惯性主轴"与外载（P）作用面（垂直轴）不重合，且形成一定的夹角。因此，在垂直荷载作用下，梁体按弯曲惯性主轴方向呈斜弯曲状态（可分解为垂直与水平2个分量），由此造成梁体下翼缘两侧的应力也不相同。由于不同跨度、不同高度的T型梁截面布置不同，其斜弯曲角度也不相同。对各类设计图纸斜弯曲角度的计算和统计结果表明，在桥面布置相同的前提下，跨度越大、截面越高，斜弯曲角度越小。

此外，由于这类分片式结构的整体性完全依赖于横向隔板连接的可靠性，其横向及扭转特性类似于"开口薄壁结构"，因此刚度值相对较低。如果横隔板连接失效，在列车活载、横向摇摆力、风载等作用下，同一跨的各片梁体之间的横向振动很可能出现振幅和相位不协调一致甚至相反的情况。

（3）槽型截面简支梁

在实际荷载作用下，槽型梁的受力状态包含纵向弯曲、横向弯曲和扭转等。在采用集中力模拟梁体下翼缘最不利应力状态的情况下，需要确定试验状态与实际运营状态的应力及挠度修正系数，否则批量生产时，常规静载试验的考核指标不易判定。

目前的槽型梁技术条件中，允许"底板横向裂缝宽度不大于0.15mm"。此规定对底板预应力筋的耐久性十分不利，不宜推广至沿海地区和潮湿地区应用。此外，鉴于该混凝土梁的使用环境为"百里风区"，应完善混凝土在磨蚀环境中的耐久性要求，以便于对质量的量化控制。

2.混凝土桥梁施工中存在的主要问题

（1）钢筋工程存在的主要问题

施工单位擅自修改部分钢筋的设计而未经设计单位批准便进行施工，使钢筋间距、数量、尺寸、方向等项目不能满足设计要求；钢筋交叉点顺扣绑扎不牢固、扎丝锈蚀；定位网间距过大，不利于预埋胶管准确定位，使预应力筋的实际位置与设计位置不一致等。

（2）混凝土工程存在的主要问题

混凝土配合比未经耐久性验证随意调整；掺和料及外加剂性能离散太大，导致拌和物的和易性、含气量不能满足工艺细则或标准规定要求；拆模不当导致磕伤桥面、梁体；振捣工艺不当造成支座板预埋件处混凝土不密实、在梁体表面形成斑迹和色差等；个别梁场甚至出现锚下垫板小口处混凝土空洞，导致磕断钢绞线的现象。

（3）预应力工程存在的主要问题

预应力张拉控制中，未能真正做到"四控"，甚至盲目追求两端伸长值的"同步率"而忽略张拉力，出现"本末倒置"现象；现场未核对伸长值超差量、限位板槽深与钢绞线直径不配套、刮伤钢绞线导致增加锚口摩阻值、无退锚装置导致无法应对意外断滑丝、未观察滑丝情况即切断钢绞线等情况时有发生。

（4）压浆质量控制中的普遍问题

压浆质量控制中普遍存在浆体流动度超标、密封罩漏浆、下料计量不准确、压浆设备性能落后不易保压、冬季施工保温措施不利等现象。

（5）封端质量控制中的主要问题

封端质量控制中存在封端未采用细石混凝土、未单独做耐久性试验、预应力钢绞线保护层厚度不足、防水涂料施工质量差等问题。

（6）桥面防水层制作存在的普遍问题

桥面防水层制作过程中，普遍存在L类卷材未留焊接搭接面（无复合层的光面氯化聚乙烯卷材）、桥面防水层保护层不满足TB/T2965—2011《铁路混凝土桥面防水层技术条件》要求、桥面湿接头处卷材悬出部分过宽影响后续湿接头混凝土浇筑等问题。

（7）桥梁预埋件存在的普遍问题

桥梁预埋件普遍存在以下问题：支座板、防落梁、接触网支柱等预埋件螺纹精度不满足要求；接触网支柱预埋件的定位措施无法保证位置准确度及垂直度；部分人行道板的预埋T钢锈蚀严重、位置不正确；锚下垫板不满足新认证细则要求等。

3.混凝土梁成品检验中发现的主要问题

在混凝土梁成品检验中发现的主要问题包括：少数梁场静载试验时梁下翼缘开裂；部

分梁体出现早期收缩、温差裂纹；封端混凝土产生新旧混凝土之间的收缩裂纹；提梁孔附近出现纵向受力裂纹；梁体表面混凝土色差及污染严重；梁体表面不平整，存在蜂窝麻面、硬伤磕损现象，喇叭口未清浆造成预应力束中心偏移等。

三、质量控制措施与建议

1. 结构性问题的改进

桥梁设计、研究单位应与施工企业、质检机构、监督部门、运营部门等建立畅通的信息沟通和质量反馈渠道，深入施工现场和运营线路，发现、总结以往设计中存在的不足之处，采取必要的纠正措施，实现优化设计。

（1）可在箱梁端部桥面板与腹板交界处增加构造钢筋或预埋件，防止该处出现受力裂纹。吊移梁时注意桥面所有吊点受力的均匀性，架设和存梁阶段应确保支座平整，4个支点标高控制在 2mm 以内。

（2）将 T 型分片式简支梁改为整体闭合式结构，防止斜弯曲的出现，增加抗横向弯曲刚度和扭转刚度。

（3）完善槽型梁设计，使其底板最不利工况下的抗裂性、刚度值在常规检验中能被涵盖和判定。也可通过增加底板横向预应力，避免底板出现横向裂纹。

此外，应跟踪新颁标准、设计规范，开展研究工作，及时发现已有设计图纸与新标准在技术指标上存在的差距，并及时改进、完善，避免由于设计与标准的不一致而导致成品梁的不合格。

2. 加强施工控制

施工过程控制中发现的问题，多数属于操作不规范所致。应从钢筋下料、绑扎、模板安装、混凝土配合比设计、浇筑、振捣、养护、预应力施加、管道压浆、封锚、防水层施工等环节入手，严格执行标准、图纸、工艺细则、作业指导书的要求，以实现每个分项工程满足验收标准的目标。以下对关键质量指标存在的问题及关键工序存在的普遍性问题提出改进建议和控制措施。

（1）梁体下翼缘受力裂纹

在桥梁静载试验时，有 10 余个梁场的样品梁下翼缘出现受力裂纹。这类裂纹一般出现在预应力区域，且卸载后闭合，裂纹宽度小于 0.1mm，长度较短（10mm~200mm），事后验证裂纹深度较浅（一般不超过 20mm）。箱梁出现裂纹的频次多于 T 型梁，而且出现的部位偏离跨中截面。

出现受力裂纹的原因一般有 3 种：①预应力不足导致开裂，这类裂纹一般出现在跨中附近，横向贯穿梁底，沿腹板向上发展一定的高度；②梁体的收缩应力、温度应力等初始应力与静载试验产生的应力叠加后，超出混凝土抗拉极限；③梁体大体积混凝土早期养护不当已产生的收缩裂纹，在施加预应力时闭合，在外荷载作用下，梁体下翼缘"消压"后收缩裂纹重新显现，此类裂纹出现的部位不一定在跨中截面。

根据箱梁抗裂安全系数较大、已发现箱梁裂纹部位一般偏离跨中截面、箱梁混凝土体积偏大、梁体内外收缩不易均匀、温度场变化梯度较大，而且裂纹多出现于北方干燥寒冷地区制造的梁体等综合因素，故判断箱梁裂纹的成因为上述第 2 种或第 3 种。

防止受力裂纹的措施主要包括：①进行预应力的瞬时损失测试，调整张拉力数值，确保实存预应力满足设计要求；②加强混凝土早期养护，控制收缩和温度不均匀所产生的应力或裂纹；③严格控制混凝土浇筑与拆模的间隔时间，确保预张拉后再拆模的工艺要求。

（2）防水卷材的搭接

目前，双面热融一次复合无纺纤维布 L 类卷材是桥梁防水卷材的主要材料。现在几乎所有桥梁生产企业的卷材搭接工艺均未按 TB/T2965—2011 要求进行"焊接"，铺设的卷材料未留"焊接区"。对此，施工单位应予以纠正，与卷材生产企业沟通，要求卷材边缘搭接面为单向光面氯化聚乙烯卷材（不复合无纺纤维布），预留光面宽度约 80mm，并在施工工艺中详细规定操作要点，正确铺贴卷材，防止"光面"与水泥基胶接触。

（3）混凝土坍落度及表面色差

引起混凝土坍落度变化的因素很多，包括水泥品种、掺合料用量、外加剂、砂率、施工温度和时间等。目前铁路建设对各种原材料的技术指标要求较高，水泥和掺合料中 C3A 含量要求不大于 8%、比表面积为 $300m^2/kg \sim 350m^2/kg$，需水量等指标也有严格规定。外加剂要求采用聚羧酸类减水剂，从化学反应机理上降低坍落度的经时损失速度。施工时，应从上述原材料质量的稳定性、外加剂与水泥的相容性、砂率、温度、时间等方面从严把关，砂率易取 35%~40%（砂率过大会增加骨料的比表面积，吸水过多降低坍落度；砂率过小则影响混凝土的和易性，易产生泌水离析现象），尤其要防止外加剂产品的质量波动，加强原材料进场检验，充分发挥梁场试验室的作用。此外，应避免高温作业，缩短混凝土浇筑时间。

混凝土表面色差的成因较复杂，原材料、配合比（水灰比）、模板锈蚀、脱模剂质量、拌和时间、振捣时间和振捣棒下插的深度等，均会影响混凝土表面色差；虽然箱梁与 T 梁均为分层、分段浇筑，但箱梁混凝土（2 个拌和站同时浇筑）表面的"分层线"出现的概率远多于 T 型梁（只有 1 个拌和站），可见不同批次（厂次）的水泥、粉煤灰、矿粉等料源是形成混凝土色差的重要因素；此外，水灰比的波动、拌和时间的差异、上下层混凝土之间是否经振捣充分融合、上下层混凝土浇筑时间间隔长短等也是影响混凝土表面色差的因素。为防止混凝土产生色差，应加强对上述因素的控制。例如：对模板除锈、采用优质脱模剂、稳定水灰比、不混用不同来源的粉料、充分振捣上下层混凝土、尽量缩短浇筑间隔时间等。

（4）支座板处混凝土密实性

若支座板外露底面有空腹声，则意味该处混凝土不够密实，会影响桥梁支点受力性能。为提高支座板处混凝土的密实性，对于箱梁，浇筑混凝土底板时，箱内的振捣人员应加强支座板和防落梁预埋件处拌和物的振捣；对于 T 型梁，可后安装梁端横隔板的上盖模板，在附着式振捣的同时，从外部横隔板处采用插入式振捣。

（5）封端混凝土收缩裂纹

封端与梁端新旧混凝土之间产生的收缩裂纹不利于锚具的耐久性防护，可通过调整封端混凝土中微膨胀剂的掺量予以克服。

3.质量监督检验管理

（1）检验机构

专业检验机构应补充检验方法，填补对抗扭转刚度检验判定的空白。对桥梁构件、原材料、零部件的质量提供量化检验报告，并及时向生产单位反馈检验结果，避免不合格品流入施工工序，减少浪费和损失，防止铁路建设质量隐患。

（2）施工监理

施工监理是专业化技术管理队伍，是过程控制的主要力量。施工监理应承担起施工质量、进度、投资（验工计价）控制的责任，监督、控制、见证产品质量形成的全过程（尤其是关键工序），及时提出预见性意见和可控方案，采取必要的预防措施，杜绝不合格品的出现。

（3）质量监督部门

质量监督部门应担负起对生产（施工）企业的生产能力、施工资质、质量管理体系、施工业绩的考核与评审工作，对企业的基础设施、生产设备能力、技术人员、施工人员、特殊工种作业人员等影响产品质量的关键因素严格把关，并在正常生产过程中保持严格的后续监督，确保企业的生产能力、质控能力始终满足相应细则的要求。

第三节　简支梁的架设

简支梁桥因有受力明确、制造集中、架设工序清晰、运用自如的特点，所以被作为一种不可缺少的桥梁结构广泛应用在铁路、公路、码头等交通设施中。简支梁架设是重要的施工工序，选配一台适用的架桥机是决定能否安全、优质、经济、快速地完成架梁施工任务的关键。

一、架设安装前的准备工作

1.架设方法的选择

在选择架设方法时，应以安全可靠和经济简单为原则，通常采用方法为人工架设、吊车架设、双导梁架桥机架设等。结合下列具体情况，选择最合理的方法。

（1）架设安装施工地形的条件：

①梁下空间利用的可能性，地面下埋设物的障碍对架设安装的影响程度；
②架设地点上空安全高度有无保证；
③架设时外界噪音、振动等对安装的影响程度；
④电力来源情况；
⑤预制梁及施工机械的运输道路条件。

（2）工程规模条件：如架设孔数和宽度，预制梁总数；预制梁的长度、高度、质量；桥的纵向坡度、平面线形等。

（3）下部构造条件：如下部构造的形状、尺寸和施工状况等。

（4）工期条件：如安装进度要求和架设时期、场所、时间长短有无限制等。

（5）架设安装机械设备条件：如已有的架设机械设备完好的情况，以及架设安装的机械操作人员配备情况。

2. 架设安装设备安全性的验算

为了保证架设安装工作的安全，一些大型的架设安装设备和相应的临时构造物的强度、刚度和稳定性应按架设安装的荷载进行验算。验算的荷载除构件本身质量外，还应考虑冲击力的作用。

3. 架设预制梁安全性的验算

预制梁在架设安装过程中，如果临时支承点位置与设计位置不一致，或构件纵横向发生过大的倾斜、扭曲或在架好的梁板上运输构件时，则可能在构件某些部位产生大于设计容许的应力，故应按施工过程的具体情况，在架设安装作业前进行验算。

4. 其他施工准备

（1）简支梁在架设安装时，砼的强度不应低于设计对架设安装所要求的强度。若无设计规定，应不低于设计强度的75%；对于预应力砼桥梁构件孔道灰浆的强度，如无设计规定时，应不低于30MPa。架设安装时，支承结构的强度，应符合安装构件时所要求的强度。

（2）架梁前技术要复核垫梁石的标高，无误后在墩台帽梁上放出每片梁的纵向中心线，弹出梁端线及支座"十"字中心线，保证每片梁的标高及位置符合设计图纸的要求，并标出梁号。架梁所需的场地要平整坚实，并保证制梁场与桥位之间便道畅通，确保运梁车运梁安全。

（3）钢丝绳：捆梁所用钢丝绳的破断安全系数不得小于10，钢丝绳直径不得小于Φ40mm，钢丝绳接头或固定绳环采用连接力最强的骑马式卡子。

二、简支梁架设

1. 人工架设

（1）施工准备：包括平整场地、埋设地垄、搭设移梁滑道及设置临时支墩等。

（2）平地起梁：在预制梁两侧搭设枕木垛，安装千斤顶，同时起顶，在梁底部铺设滑道，放入滚杠，或通过倒链横移到滑道上。

（3）运梁：在桥台侧安装卷扬机（绞磨），定滑轮安装在另一桥台上，通过滑轮组改变拖拉方向和拉力，在滑道上每 0.5 米间距放置滚杠，随着梁体前进来回抽放滚杠。

（4）横移梁：梁拖拉到临时支墩后，在盖梁和台帽上搭设横移滑道，如出现梁体与线路中线不平行现象，应立即根据梁的倾斜程度，调整滚杠的方向来纠正梁的方向。

（5）落梁就位：落梁工具采用油压千斤顶，两端同步起落。

（6）支座安装要求：支座底面中心应与墩台支承垫石顶面的十字线相重合；支座与梁底或与支承垫石顶面之间不应发生滑移或脱空现象；安装时不应产生初始剪切变形。

（7）劳力组织：成立架梁施工专业班组。施工前对作业人员进行技术交底和专门的技术培训，以保证施工的顺利进行。人员配备：班长 1 人，副班长 1 人，技术员 2 人，测量工 2 人，起重工 6 人，其他作业人员 20 人。

2. 吊车架设

（1）施工准备：包括修建临时运梁便道、租用吊车及拖车等。

（2）捆、吊梁：捆梁用钢丝绳从外围兜住预制梁，钢丝绳要易挂易摘，并容易从两片梁缝中脱出。钢丝绳绑扎在梁端预留的钢丝绳槽内，避开支座处的抗震锚栓孔，以免损坏锚栓孔。起吊钢丝绳夹角大于 60° 时，设置吊架或扁担梁。钢丝绳与桥梁底部及两侧面直接接触处应安放护梁铁瓦保护。吊装时，左右两侧升降速度一致，使桥梁在起落过程中基本保持水平，横向倾斜不得超过 2%，下落时应严防碰撞第一片梁。

（3）梁板运输：梁板均采用吊车吊至长平板车，依次运至待架桥位处。平板车车长应能满足支承点间距要求。板梁装车时应平衡方正，使车辆承重对称、均匀，在梁两端支座处支撑；对于 T 梁要进行斜撑加固，以放梁体倾覆，用斜撑支承梁时，应支在梁腹上，不得支在梁翼缘板上，以防止根部开裂。拖车在拐弯时行驶要缓慢，防止梁体滑移而产生负弯矩损伤结构。要注意梁体在平板车上的位置，保证卸梁后梁体方位正确。

（4）吊装就位：吊装时，先将梁体吊离平板车 10cm 左右，停车检查制动器灵敏性和可靠性，以及吊绳、吊钩是否绑好、吊稳，确认无误后，方可匀速起吊梁体落放在预先安好的支座上，同时确认梁两端落稳后，方可放松吊绳。梁体吊装到设计位置，经调整桥梁和桥支座在平面和立面上的位置，使之符合规定，保证支承垫石上所划梁梗中心线重合，然后缓缓落位。

3. 双导梁架设

（1）架桥机在台尾路基上拼装，由 35t 汽车吊提升拼装，架桥机前移时，吊梁小车置于导梁后端，以增加后端平衡重量，确保抗倾覆系数大于 1.5。导梁前端到达墩顶时，将前支架安装在墩顶预埋螺栓上，使前支架垂直后，固定好架桥机。并将交叉剪力拉杆拉紧，以保证横向稳定。

（2）用移梁台车把梁运至架桥机后跨内，吊梁行车后移，对准箱梁、空心板梁起吊点，两端同时起吊，预制梁起吊高度应使梁底超过架桥机中间横梁顶面。

（3）将简支梁纵移至待架梁跨，用止轮器固定纵移行车后，横移梁至设计位置下落安装就位；安装梁体时，必须按对称、均衡的原则进行安装，每片梁安装好后，设置保险垛或支撑，将梁固定并将梁与梁之间连接钢筋及时焊接，防止倾倒；待一跨单幅桥面预制梁全部架完后，浇注横隔板接缝混凝土。

（4）待一跨的预制梁全部安装完毕后，将架桥机的纵移行车退到后端，拆除前支梁和墩顶联结螺栓，前移架桥机，进行下一孔桥梁架设。

（5）架梁注意事项

①运输轨道中心应与已架好的梁体中心一致，两股轨道铺设后用方木或角钢间隔连接，防止运梁过程中台车脱轨。

②每架完一片梁，立即用方木或钢支架支牢，架梁过程中严禁碰撞已架梁片，防止梁片倾倒，伤梁伤人。

③架桥机架梁时，严格控制其对桥墩的水平冲击力，做到"慢加速，匀移动"。

第八章 铁路桥梁现浇法施工

第一节 就地浇筑施工

桥梁施工的就地浇筑法，简单地说，就是在桥位处搭设支架，在支架模板上安装钢筋和浇筑混凝土，达到强度后拆除模板、支架的施工方法。由于桥梁类型增多与跨径增大，构件生产的预制化，结构设计方法的进步，机械设备的发展，由此而引起施工方法的进步和发展，形成了多种多样的施工方法。目前常用的桥梁上部结构的施工方法主要有：①就地浇筑法；②预制安装法；③悬臂施工法；④转体施工法；⑤顶推施工法；⑥移动模架逐孔施工法；⑦横移施工法；⑧提升与浮运施工法，等等。

优先考虑就地浇筑法的原因浅析：

1.就地浇筑法无须预制场地，而且不需要大型起吊、运输设备，梁体的主筋可不中断，桥梁整体性好；整体施工的桥梁，在施工中无体系转换的问题，整个桥梁施工过程中，主梁处于无应力状态，使有支架的就地浇筑施工成为最简单、最可靠的施工方法，这是众所周知的优点，是优先考虑就地浇筑法的内在原因。

2.有支架就地浇筑法是历史最悠久的施工方法，人们往往积累了大量的施工经验，是最安全、最直接、最有把握的施工方法。

3.就地浇筑法是桥梁施工队伍中最广泛使用的桥梁施工方法，可适用于除吊桥以外的各种桥型。

4.就地浇筑法的支架搭设取材广泛，支架资源丰富而不贵，一次性投入少，在同等条件下，搭设支架就地浇筑法往往是最经济的施工方法。

5.桥梁工程是小城镇建设中不可或缺的重要组成部分，这些桥梁大多以中小桥梁为主，但受设计资质限制，桥梁设计往往由大中城市的设计单位完成，他们往往根据城市大桥设计经验，推荐挂篮悬臂浇筑等无支架施工方法，但这些中小桥梁往往造价不大，吸引不了实力雄厚的大型施工单位参与竞争，结果是当地中小施工队伍中标承担桥梁施工任务，这些中小施工队伍技术力量相对薄弱，也缺乏大型施工设备，实施无支架施工法困难较大，在这种情况下，就地浇筑法往往是最理想的施工方法。

6.城镇化进程中大量出现的中小桥梁，大部分只是跨越小河小溪，甚至是旱桥，净空高度往往不大，很适合于搭设支架就地浇筑法。

7. 小城镇建设中的小河流一般都没有通航要求，且为季节性洪水，通过合理安排施工程序避开汛期，或采用钢管桩加贝雷梁等措施，使之满足排洪要求，通过这些措施，仍然可以适用就地浇筑法施工桥梁。

8. 在山区和未开发地区建设桥梁，往往具备临时改河道引开河水的条件，待桥梁建设完成后再将河道恢复原状，或采用过水路堤等措施，使之满足支架现浇法要求，在这种条件下，搭设支架就地浇筑法必然成为首选的施工方法。

9. 由于临时钢构件和万能杆件系统的大量应用，在其他施工方法都比较困难或经过比较、施工方便、费用较低时，也有在大中桥梁中采用就地浇筑的施工方法。

第二节　逐孔施工法

一、逐孔施工的种类

逐孔施工法从施工技术方面有三种类型：

1. 采用临时支承组拼预制节段逐孔施工：它是将每一桥跨分成若干节段预制完成后在临时支承上逐孔组拼施工。

2. 使用移动支架逐孔现浇施工；此法亦称移动模梁法，它是在可移动的支架、模板上完成一孔桥梁的全部工序。

3. 采用整孔吊装或分段吊装逐孔施工：这种施工方法是早期连续梁桥采用逐孔施工的唯一方法，可用于混凝土连续梁和钢连续梁桥的施工。

二、用临时支承组拼预制节段逐孔施工

对于多跨长桥，在缺乏起重能力较大的设备时，可将每跨分成若干段，在预制场进行分段生产。随后移动临时支承梁，进行下一桥跨的施工。

1. 节段划分

采用节段组拼逐孔施工的桥梁，为了便于组拼，通常组拼的梁跨在桥墩处接头，即每次组拼长度为桥梁的跨径；在组拼的长度内，可根据起重能力沿桥梁纵向划分节段；对于桥宽在 10~12m，采用单箱截面的桥梁，分节段时在横向不再分隔；节段长一般取 4~6m。

2. 支承梁

（1）钢桁架导梁。导梁长按桥墩间跨长取用，支承在设置于桥墩上的横梁或横撑上，

钢桁架导梁的支承处设有液压千斤顶用于调整高程。为保证每跨箱梁节段全部组拼之后，钢导梁上弦符合桥梁纵断面高程要求，钢梁需设置预拱度。同时还需要准备一些附加垫片，用于临时调整高程。节段就位可从已完成的桥面上由轨道运送至安装孔，由于刚桁架导梁需要多次转移逐孔拼装，因此要求导梁要便于装拆和移运。当节段组拼就位，封闭接缝混凝土达到一定强度后，张拉预应力筋与前一跨桥组拼成整体。

（2）下挂式高架桁架梁。在节段组拼过程中，架桥机前臂必然下挠，安装桥跨第一块中间节段的挠度倾角调整是该跨架设的关键，因此要求当第一跨节段全都由架桥机空中吊起后，第一个中间段与墩上节段的接触面全部吻合。如在吊装中心出现节段横向偏移而不吻合的现象，应在节段下方用手拉葫芦调整，对于竖直方向的调整，可借助架桥机的下方的钢缆吊索油缸调整。

三、用移动支架逐孔现浇施工

当桥墩较高，桥跨较长或桥下净空受到约束时，可以采用非落地式支承的移动模架逐孔现浇施工。

1. 移动悬吊模架施工

移动悬吊模架的形式很多，其基本结构包括三部分：承重梁、从承重梁伸出的肋骨状的横梁、吊杆和承重梁的固定及活动支承。承重梁也称支承梁，通常采用钢梁，并根据桥宽来确定采用单梁或是双梁。承重梁除起承重作用外，在一孔梁施工完成后，作为导梁带动悬吊模架纵移至下一施工跨。承重梁的移位以及内部运输由数组千斤顶或起重机完成，并通过中心控制室操作。承重梁的设计挠度一般控制在 1/500~1/800 范围内。钢承重梁制作时要设置预拱度，并在施工中加强观测。

2. 支承式活动模架施工

支承式活动模架的构造形式较多，比较常见的构造形式是由承重梁、导梁、台车和桥墩托架等构件组成。在混凝土箱形梁的两侧各布置一根承重梁，支撑模板和承受施工重力。承重梁的长度要大于桥梁跨径，浇筑混凝土时承重梁支承在桥墩托架上。导梁主要用于运送承重梁和活动模架，因此需要有大于两倍桥梁跨径的长度。当一孔梁施工完成后进行脱模卸架，由前方台车和后方台车沿桥纵向将承重梁和活动模架运送至下孔，承重梁就位后导梁再向前移动。支承式活动模架的另一种构造形式是采用两根长度大于两倍跨径的承重梁分设在箱梁截面的翼缘板下方，兼有支承和移运模架的功能，因此不需要再设导梁。两根承重梁置于墩顶的临时横梁上，两根承重梁间用支承上部结构模板的钢螺栓框架连接起来，移动时为了跨越桥墩前进，需先解除连接杆件，承重梁逐根向前移动。

施工中结构体系的转换包括固定支座和活动支座的转换，如跨中为固定支座，但施工时为活动支座，施工完成后转为固定式。每个支座安装时按施工时的气温，混凝土的收缩徐变及混凝土的水化热等因素仔细计算，并在施工中加强观测。

移动模架需要一整套机械动力设备、自动装置和大量钢材，一次投资相对较高。为了提高使用效率，必须解决装配化和科学管理的问题。装配化就是设备的主要构件能适用不同的桥梁跨径、不同的桥宽和不同的形状的桥梁，扩大设备的使用面，降低施工成本。

四、整孔吊装或分段吊装逐孔施工

整孔吊装或分段吊装逐孔施工的吊装的机具的有桁式吊、浮吊、龙门起重机，汽车吊等多种所在的位置以及现有设备和掌握机具的熟练程度等因素决定。

整孔吊装和分段吊装施工应注意以下几个问题：

1. 采用分段组装逐孔施工的接头位置可以设在桥墩处也可设在梁的1/5附近，前者多为由简支梁逐孔施工连接成连续梁桥；后者多为悬臂梁转换为连续梁。在接头位置处可设有0.5~0.6m现浇混凝土接缝，当混凝土达到足够强度后张拉预应力筋，完成连续。

2. 桥的横向是否分隔，主要根据起重能力和截面形式确定。当桥梁较宽，起重能力有限的情况下，可以采用T梁或工字梁截面，分片架设之后再进行横向整体化。为了加强桥梁的横向刚度，常采用梁间翼缘板有0.5m宽的现浇接头。采用大型浮吊横向整体吊装将会简化施工和加快安装速度。

3. 对于先简支后连续的施工方法，通常在简支梁架设时使用临时支座，待连接和张拉后期钢索完成连续时拆除临时支座，放置永久支座。为使临时支座便于卸落，可在橡胶支座与混凝土垫块之间设置一层硫磺砂浆。

4. 在梁的反弯点附近设置接头，在有可能的情况下，可在临时支架上进行接头。桥梁上部结构各截面的恒载内力根据各施工阶段进行内力叠加计算。

第三节　悬臂法施工

一、悬臂桥梁施工工艺优点

从20世纪的中后期开始，悬臂桥梁施工技术开始被运用到我们国家的桥梁项目之中，它的重点是悬臂。它的优点比较明显。第一，能够用到跨度比较大的项目之中，特别是那些穿越河谷的桥梁。它的应用降低了地形等对施工的干扰。第二，它最为显著的特点是不用单独设置支架，因此它的施工量变少了，而且能够明显的缩减时间。第三，比对于一般的项目来说，该项施工活动不用依靠过多的吊装机械，明显的精简了步骤，便于浇筑工作一次完工。第四，它的机械性较为明显，降低了对人力的需求度，而且还能够节省资金。第五，不论是哪种性质的桥梁，都能够使用此类技术，比如高架桥或是拱桥。第六，通过使用该技术能够确保施工的品质良好，它的可控能力强大，此时的连接难度变弱。除此之外，它对于场地的规定不是很严格，可以在较为窄小的区域之中开展工作。

二、悬臂桥梁施工工艺的基本流程分析

1. 桥梁0墩的施工

它的施工工作是整个项目的重点内容，它的施工品质关乎总体的品质。它是初始化的桥墩，它的存在是为后续的建设工作提供强大的力，以确保后续建设工作顺畅开展。一般来说，在其建设之前，我们就要做好方案设计工作，而且要确保浇筑以及成型等工作顺利开展。

（1）"0号桥墩"的支架设计

对于项目来讲，支架设计是一项关键的工作。在开展具体的建设工作的时候，该桥墩下方的支架经由斜拉的形式和桥墩上方联系到一起，它的下方支架能够便于模板施工，能够降低荷载，能够将总体的力均传递给塔架。

（2）支架预压和钢筋骨架施工

当搭设好支架以后，就要开展预压活动，目的是为了防止支架发生变形现象。不过在其预压以前，要认真分析它的搭设是不是牢靠。只有做好预压工作，才能够保证后续的浇筑工作顺畅开展。在浇筑以前，要认真分析钢筋以及模具的具体方位，此类结构通常比较复杂。同时还要认真捆绑钢筋。接下来处理内模。

（3）混凝土浇筑施工

当我们捆绑好钢筋，安装好模具以后，就要开展浇筑活动。具体来说浇筑要按照从低到高的次序开展，而且要依照水平方向进行。在浇筑的时候，必须确保混凝土的特性良好、均匀，避免其存在硬块。

（4）顶板混凝土浇筑和养护工作

当做好浇筑工作之后，必须要测试强度。当强度达标以后才可以处理顶板。只有合理的养护才能够确保浇筑的品质，在浇筑完工以后要洒水护理，而且要掌控好浇水的时间，通常是在完工之后的两个星期之内进行，如果太早或是太晚都无法获取良好的效果。当其强度超过规定的百分之九十以后，就要开展张拉活动，而张拉的形式以及力度等都必须依据项目要求来设定。

（5）浇筑支架和模板的拆除工作

当总体的强度超过规定的百分之九十之后，就可以将模板卸掉。在卸载的时候，要防止结构破损，确保总体完整。如果需要的话，还要使用专门的设备辅助拆卸。

2. 悬臂桥梁的挂篮设计

当我们设置悬臂桥的时候，必须使用挂篮。通常要将其设置在箱梁上面，这样做的目的是为了提升它的受力水平。通过设置挂篮，我们能够获得一个非常宽广的活动区域，便于浇筑工作开展。在具体的施工的时候，我们要将钢筋等都放置到挂篮上方，而且之后的浇筑以及张拉等活动也都是在挂篮上开展的。一般来说，挂篮并不是固定不动的，它要随

着施工的改变而随时变化。也就是说当一个时期的工作完工以后,要将其上的构件卸掉,挪到之后的工序之中。

由于桥梁项目一直在发展,此时挂篮也在发展,之前的挂篮已经无法很好的应用到目前的项目之中。如今,在开展建设工作的时候,我们多是使用自锚平衡式结构挂篮。而且它的结构也应该结合项目的具体状态来设置。在选取挂篮的时候,一定要秉承着方便耐用的原则,而且要确保其符合施工规定。

3. 悬臂浇筑施工

悬臂浇筑是整个施工工艺的关键,混凝土的浇筑质量直接决定了桥梁结构的质量。通常采用快速凝结的水泥,可以加快施工工期进度。为了保证悬梁浇筑的坚固性,采用高强度的混凝土。通过实际工程的浇筑工作测试显示,在混凝土浇筑三十五小时之后,其强度就能达到标准强度的百分之七十左右。在施工过程中,要根据不同的工程状况来调整施工进度。

悬臂桥梁技术往往应用于跨度较大的工程之中,悬臂的浇筑跨径都为五十米以上。因此,在施工过程中,更应当重视一些施工细节的处理。在挂篮设备和模板的安装过程中,要及时地调节安装参数,控制模板的中心位置,保留模版的抛高量,并计算好抬高量和形变等。在浇筑过程中,要注意以下的施工事项:

(1)要保持模板的稳定性,防止混凝土下落的冲击力影响模板的位置,并保证模板和混凝土面的紧密平整,防止浇筑过程中出现褶皱。

(2)控制浇筑混凝土的凝结,在箱梁的施工过程中,一般要采用分批次浇筑。由于浇筑次序不同,混凝土的凝结程度也不相同。因此,在浇筑过程中,要对挂篮设备采用压重梁等措施,防止裂缝出现。

(3)加强接缝位置的施工处理。在梁体拆模之后,往往会出现端口参差不齐,影响混凝土的整体性。因此,要对端口进行凿毛处理,保证梁段的接缝紧密,同时要保证接缝处钢筋和锚具的质量。

(4)预应力管道的安装施工,在施工过程中要保持前后施工梁体段的衔接性。并采用胶布封闭缝隙,避免浆料进入,影响混凝体梁体的衔接。

(5)提高混凝土的早期强度,通常为了缩短施工周期,在混凝土中加入合适比例的添加剂,可以保证混凝土的强度,方便混凝土的拆模工作和预应力拉张。

4. 边跨梁合拢施工

合拢施工是悬臂桥梁工程的关键。良好的合拢施工可以提高桥梁的承载能力。通过合拢段施工,完成桥梁体系的整体转换。具体的施工关键点是:

(1)选用的施工设备的挂篮设备,同时边跨梁的合拢长度尽量较短。

(2)选择合适的合拢天气状态。温度对于混凝土的影响较大,因此在合拢施工中要选择适合的天气状况,避免在温度较高的时候进行合拢施工。通常会选择在夏天的早晨。

(3)增强合拢的强度。

（4）利用临时锁定技术将两侧悬臂结构进行临时固定连接，在完成浇注与养生、张拉后，再接触锁定。

第四节　顶推法施工

一、顶推法施工技术原理及方法

1. 顶推法施工技术的原理

对于顶推法施工的技术来说，其原理主要是沿着所建桥梁的纵线方向，然后在其后面台面设置两个分别以预制和分阶段的预制的桥梁体，最后是以纵向德合筋张力拉伸后，通过千斤顶来辅助施力的一种方法。它主要是借助滑轮，滑道等方面，将桥梁通过前推后拉的方式，将桥梁落位的方法。简单地说，顶推法就是将桥梁进行错位的，前后拉力相抵消的原理施工的。

2. 顶推法施工技术的方法

顶推法施工技术是在顶推力的作用下进行作业的。若一个桥梁的桥梁体，它在力的作用下在滑道上进行前移的运动，它在运动的过程当中势必要产生摩擦，但是因为它是在滑道上，多以摩擦的系数相对较小。而顶推的施工方法也正是要利用这种较小的摩擦来完成整个的施工过程。

二、顶推法施工技术在桥梁施工应用的准备

施工的关键是在一定的顶推动力作用下，梁体能在滑道装置上以较小的摩擦系数向前移动。根据施工资料显示，聚四氟乙烯板和不锈钢板之间的摩擦系数一般为0.04~0.06，静摩擦系数比动摩擦系数大些。顶推牵引装置是ZL系列中的自动连续顶推系统，为了不影响千斤顶的安装，在埋设起顶架时要准确定位；施工单位要合理安排人员，及时安装千斤顶和各泵站，并进行调试；滑道及侧限是箱梁平稳安全滑移的保证。其控制因素有：滑道标高、平整精确度、侧向限位安装等因素。施工时计算出滑道顶标高，进行测量精确控制，要求平整度偏差小于1mm；侧向限位系统及时正确安装完善。

三、桥梁顶推法的施工方法

1. 单点顶推法

单点顶推法主要应用于一些顶推梁段较短、直线桥梁当中，也适用于桥墩所承受水平

荷载较大或后座能提供较高的水平反力的桥梁中。单点顶推法的顶推千斤顶或拉杆牛腿大多安设在箱梁两侧。主梁预制场附近的桥台或桥墩为顶推装置集中区域，滑动支承设置在前方墩的各支点上。顶推施工时，滑块在各个钢板上进行滑动，并在前方滑出，同时不断在滑道后方喂入滑块，以保证梁身平稳前进。

2. 多点顶推法

这种方法是在每个墩台上设置一对吨位较低的水平千斤顶，使顶推力能够分散到每个墩台上。多点顶推是利用水千斤顶传给墩台的反力来对梁体滑动所产生的摩阻力进行平衡，因此在顶推过程中桥墩所承受的水平作用力较小，也就是说，多点顶推这种施工方法也可应用于柔性墩上。

另外，多点顶推法对顶推设备的吨位要求不高，比较容易获得，所以在预应力混凝土连续梁桥工程中应用比较广泛。与单点顶推法相比，多点顶推法不用使用大规模顶推设备，对顶推梁的偏离能够进行有效控制，且墩身所受的水平推力也较小，各墩施力较为均匀，比较适合应用于柔性墩和曲线桥当中。

四、顶推法施工技术在桥梁中的主要工艺

1. 制梁台座和节段的制作

制梁台座为预制箱梁节段和顶推作业的过渡场地。台座上一般设有可升降的活动底模架和不动的台座滑道。与制梁台座相配套的还有预应力钢束穿束平台、钢筋绑扎平台、测控平台及必要的吊装设备。这些设施使梁段制作具有明显的工厂化生产特点，从而有效地保证了箱梁的施工质量。梁体节段的预制周期制约全桥的施工工期。每联箱梁除首尾两节外，中间各节段长度均相等。由于节段较长，这个速度是不慢的。这要求模板设计时，外模必须是大块整体式，内模是可以整体拖出并整体推进的装备化机械化形式，还必须考虑蒸汽养生条件。

2. 导梁

导梁设置在主梁前端，可为等截面或变截面钢板梁。导梁结构必须通过设计计算，从受力状态分析，导梁的控制内力是导梁与箱梁连接的最大正、负弯矩和下翼缘的最大支点反力。根据施工经验显示，导梁长度一般为顶推跨径的0.6~0.7倍，较长的导梁可以减小主梁的负弯矩，但过长的导梁也会导致导梁与箱梁连接处负弯矩和支反力的相应增加，合理的导梁长度应是主梁最大悬臂负弯矩与使用状态支点负弯矩基本接近。导梁的抗弯刚度和重量，必须在容许应力范围内使架设时作用在主梁上的应力最小。通过计算和分析表明，当导梁长度为顶推跨径的2/3时，设导梁的抗弯刚度不变，如果顶推梁悬臂伸出长度在跨中位置时，则在支点位置的主梁出现最大负弯矩，其值与主梁的抗弯刚度与导梁的抗弯刚度比有关，与主梁重力与导梁重力比有关。此外，在设计中要考虑动力系数，使结构有足够的安全储备。

3. 滑动装置墩顶

滑道一般采用单滑道板形式，滑道板为一块整钢板，置于滑道垫块钢架之上，该种形式的滑道，能很好地承受各向作用力，而且标高容易控制，拆除也非常方便。近几年，台座滑道采用了一种连续梁式的整体滑道，它是通过在滑道梁上铺设滑道板形成的。整体滑道构造为：活动底模板＋滑块＋滑道板＋滑道梁＋重轨支座。如在支座上设置滑道顶推，其永久支座需在厂家做特殊处理，即施工时上、下部临时固定，以承受顶推的水平摩阻力。箱梁顶推到位后，将梁顶起，拆开盖板及滑道，解除支座上临时约束，恢复支座设计功能，完成落梁工序。

4. 顶推动力装置

顶推动力装置由千斤顶、高压油泵、拉杆以及顶推锚具组成，顶推动力一般使用水平千斤顶或自动连续千斤顶及其配套的普通高压油泵或专用的液压站作为动力装置。拉杆体系采用高强钢丝束、钢绞线束群锚体系，拉锚器的施力位置由拉箱梁腹板两侧逐渐过渡到拉箱梁底板的方式，并由穿过箱梁顶、底板布设笨重的传力型钢演变为仅在箱梁底板中心线预留孔插入牛腿式钢块拉锚器。拉锚器的间距应能保证墩上千斤顶有施力点和便于主墩上千斤顶统一更换拉索以提高顶推工作效率。

第九章 铁路隧道施工

第一节 隧道施工概述

一、我国铁路隧道施工技术概述

随着我国铁路建设步伐的加快,铁路在施工中面对的隧道地形问题会更多,出于各方面考虑,只有不断地发展铁路隧道施工技术,才能促进我国铁路事业的发展。铁路隧道施工技术就是通过相关专业技术人才的技术攻关,提高隧道施工设备技术水平,最终实现铁路隧道施工技术的提高,以此保证安全、稳定的实现铁路隧道施工。铁路隧道施工对象是非常复杂的地质,隧道地质的特点就是突发性、多变性、复杂性、危害程度大、危险系数高等,解决这些问题成为铁路隧道施工技术的关键,因此为顺利实现铁路隧道施工建设需要加强对隧道地质问题的技术研究,提高隧道施工技术水平。

二、铁路隧道施工存在的技术问题

1. 爆破精细控制技术

隧道开挖技术是隧道施工的核心技术之一,也是隧道工程界最为活泼的研讨热门,机械开挖技术和操控爆破技术是主要研讨方向。为了充分发挥机械设备技术进步的优势、提高开挖工作的效率和安全性、下降人力劳作工作量,隧道开挖呈现出由分步(台阶法)开挖向全断面开挖发展的趋势。其间,尤以精密爆破技术和脆弱围岩预加固全断面开挖技术为代表,就石质围岩隧道的开挖而言,当下有两个问题较为突出,一是操控爆破能力不足、破碎围岩条件下的光面爆破效果差;二是普遍选用的台阶法开挖技术不能满足隧道施工工序安全步距的相关规定。

光面爆破效果差,不只影响隧道开挖安全,还会形成普遍存在的超挖现象。现场的初步统计表明,因超挖形成的支护混凝土和二次衬砌混凝土超规划使用量平均达 30% 以上,还导致出碴量的增加,给项目成本控制带来很大的压力,而且还会形成支护背面空泛等质量安全事故。对于上述问题展开精密爆破技术应用的研讨,对隧道施工安全、质量和成本控制意义重大。

2. 隧道防漏水技术有待提升

隧道防水处理是隧道施工环节中重要的部分，防水处理质量直接影响隧道施工的质量，而目前隧道施工隧道渗漏水想象是隧道施工中常见的问题，由此可见隧道防渗漏水技术还有待提升。造成隧道渗漏水的主要原因除了使用质量不合格的防水材料外，最主要的还是防渗漏水技术还存在缺陷，防水板的铺设质量直接影响防水效果，但是目前在施工中使用的防水铺设设备技术与外国相比还存在一定的差距，铺设设备技术的落后造成防水处理效果的不理想。

3. 隧道沟槽问题

由于受到重主体而轻附属的影响，隧道工程内沟槽的施工技术没有配套的机械设备，所以，隧道沟槽是个难题。隧道沟槽仍然采用的是小块组合的钢模进行分段施工技术，这种技术工序繁多、施工的效率低下、整体性较差、须加固的支撑多、对技术人员要求较高以及循环的时间过长等特点，导致施工工程的成本加大。

4. 隧道结构被腐蚀

隧道结构腐蚀主要体现为衬砌腐蚀，被腐蚀的衬砌在受力性能方面会大大降低，还会出现变形，这样不仅缩短了使用寿命，对行车安全也会造成巨大的威胁。其原因是衬砌结构直接接触土壤，其中一些特殊地质会含有腐蚀性环境水，这些水会通过衬砌的工作缝、毛细孔或者变形缝渗透到衬砌的内部腐蚀构件。

三、改进隧道施工技术常见问题的措施

1. 控制材料质量

施工材料是施工中的主体，材料的质量直接影响到隧道的防水性能，进而影响到隧道的施工质量。所以在选择材料上一定要严格控制。最好以招标的形式，对不同规格的材料进行比较，结合具体施工需要，选择最佳的材料。只有保证施工材料的质量，才能够为后期的施工质量奠定坚实的基础。

2. 提高防渗漏水技术

首先做好基层防水处理，在防水基层处理时要采取科学的措施提高基层表面的平整度；其次科学放置防水板，铺设防水板的时候一定要按照严格的铺设顺序进行铺设，并且要保证所有的防水板都要覆盖住隧道周围的围岩，并保证两个防水板之间的搭接宽度要大于150mm。最后要正确处理隧道防水薄弱地方的防水设施。

3. 做好衬砌工作

（1）提高钻爆技术水平，优化钻爆参数，提高光面爆破效果，加强隧道开挖断面检测，

严格控制超欠挖，为衬砌施工创造良好的条件。

（2）根据实测位移时间曲线，施作前期支护及暂时仰拱 20d~30d 后变形显著减缓，根本趋于稳定，因而二次衬砌通常在开挖后 20d~30d 今后施作（水平收敛拱脚附近 7d 平均值小于 0.2mm/d，拱部下沉速度小于 0.15mm/d）。当围岩变形较大，流变特性显著，确需提早进行二次衬砌时，有必要对前期支护或衬砌结构进行加强。仰拱和边墙根底底部的虚碴，在立模前有必要整理洁净。

（3）施行洞外混凝土强行主动计量拌和站出产，混凝土原材料由主动计量体系计量，拌和时间要恰当，时间过短、过长都会破坏混凝土的均质性。

（4）衬砌浇筑选用 12m 轨行式衬砌模板台车施工。台车轨道选用 50cm（长）×20cm（宽）×20cm（高）的方木衬托，间隔 50cm。台车钢轨铺在方木上用道钉固定。衬砌台车模板有必要打磨润滑、除锈、涂刷脱模剂，并确保模板无变形和破损。模板紧贴前次衬砌面，与边墙搭接严密。坚持衔接平顺和衬砌净空尺寸的精确。端头模板、钢筋、预埋件安设结实。台车每 12m 为一施工循环，纵向施工循环搭接长度为 10cm~15cm，搭接错台小于 2mm。

（5）混凝土的拌制严厉按施工配料单计量，定时查看校对计量装置。加强砂石料含水率检测，及时调整拌和用水量。操控混凝土的入模温度，夏日施工温度高于 32℃时，用冷水冲刷碎石降温。尽量安排在夜间浇筑混凝土。

（6）严厉操控混凝土的出机温度、入模温度和浇筑温度。混凝土在运送和泵送过程中禁止加水。尽量缩短泵送间隔，以减少混凝土坍落度的丢失。选用专用混凝土运送车运送，运送过程中不能中止拌和且罐车在浇筑前有必要回转拌和不小于 1min 以避免混凝土发作离析、漏浆、严峻泌水等表象，运到位后由混凝土输送泵自下而上连续灌入台车模板内。

（7）浇筑时下料不宜太快，两侧边墙对称分层灌注，到墙、拱交界处停 1h~1.5h，待边墙混凝土下沉稳定后，再灌注拱部混凝土。混凝土灌注过程中必须及时振捣，时间以 10s/次~15s/次为宜，以提高混凝土的密实度和均质性，减少内部微裂缝和气孔。在初凝前宜进行二次振捣。

（8）按规定留置一定数量的同条件养护试件，以确定合理的衬砌脱模时间。混凝土拆模时的强度必须符合设计或规范要求，脱模时间由试验确定，当混凝土强度达到 8MPa 时方可脱模。脱模后喷水养护，养护时间为 7d~14d。

第二节　隧道基本施工方法

隧道施工方法有很多，但归纳起来大体上有全断面法、台阶法和分部开挖法 3 大类及若干变化方案。

一、全断面法

常用在Ⅳ~Ⅵ类硬岩中，利于组织大型机械化作业，提高施工速度。该法可采用深孔爆破，最深钻爆孔眼可达 5m，复合式衬砌单口月成洞可达 150m~240m。

二、台阶法

多用于Ⅱ、Ⅲ类较软而节理发育的围岩中，分为 3 种变化方案：

1. 长台阶法

上下台阶距离较远，一般上台阶超前 50m 以上或大于 5 倍洞跨，施工中上下部可配属同类大型机械进行平行作业，当机械不足时也可交替作业。采用此方案当遇短隧道或Ⅳ~Ⅵ类硬岩长隧道各区段需尽早贯通时，亦可改用半断面法，即将上半断面全部挖通后，再挖下半断面。它的施工干扰少，机械配套，施工通风和测量工作均较简单，可进行单工序作业。

2. 短台阶法

上台阶长度小于 5 倍但大于 1~1.5 倍洞跨，适用于Ⅱ、Ⅲ类围岩，可缩短仰拱封闭时间，改善初期支护受力条件，但是，上台阶施工干扰较大，当上台阶石渣运输采用悬吊式长皮带输送机时，石渣跨过仰拱施工区段，可减少施工干扰。

3. 超短台阶法

上台阶仅超前 3m~5m，断面闭合较快。此法多用于机械化程度不高的各类围岩地段，当遇软弱围岩时，需慎重考虑，必要时应采用辅助施工措施稳定开挖工作面，以保证施工安全。

三、分部开挖法

可分为 3 种变化方案。

1. 台阶分部开挖法

又称环形开挖留核心土法，适用于一般土质或易坍塌的软弱围岩地段。上部留核心土支挡开挖工作面，利于及时施作拱部初期支护增强开挖工作面的稳定，核心土及下部开挖在拱部初期支护保护下进行，施工安全性好。一般环形开挖进尺为 0.5m~1m 左右，不宜过长，上下台阶可用单臂掘进机开挖。台阶分部开挖法的主要优点是：与超短台阶法相比，台阶可以加长，一般双线隧道为 1 倍洞跨，而较侧壁导坑法机械化程度高，施工速度可以加快。

2. 单侧壁导坑法（CD 法—Center Diaphgram）

围岩较差，跨度大，地表沉陷难于控制时采用，此法单侧壁导坑超前，中部和另一侧的断面用正台阶法施工，故兼有正台阶法和双侧壁导坑法的优点，且洞跨可随机械设备等施工条件决定。该方法还有一些变化方法，如在开挖单侧壁导坑时也采用台阶法，并及时用斜支撑支护，一般将这种方法成为 CRD 法（Cross Diaphgram）。

3. 双侧壁导坑法

适用于浅埋大跨度隧道，地表下沉量要求严格，围岩条件特别差时，此法安全可靠，但速度慢，造价高。

4. 下半断面开挖

采用台阶法施工时，下半断面的落底和封闭应在上部断面初期支护基本稳定后进行，或采取其他有效措施确保支护体系的稳定性。进行下半断面开挖要求做到以下几点：

（1）认真加固拱脚，如扩大拱脚、打拱脚锚杆、加强纵向连接等，使上部初期支护与围岩形成完整体系。

（2）尽量单侧或双侧交错落底，避免上部断面两侧拱脚同时悬空。

（3）落底长度，视围岩状况而定，一般采用 1m~3m，并不得大于 6m。

（4）下部边墙开挖后，必须立即喷射混凝土，并按规定做好支护。

（5）量测工作必须及时，以观察拱顶、拱脚和边墙中部的位移值，当发现速率值增大，应立即进行仰拱封闭。

第三节　隧道施工爆破技术

一、隧道爆破常识

1. 隧道爆破的特点

（1）只有一个自由面（临空面）；

（2）炮眼深度受到一定限制，这是与隧道围岩条件、打眼机械工具、爆破技术等有关系；

（3）受隧道围岩条件的控制，爆破参数主要取决于围岩级别；还取决于开挖方法与断面大小；

（4）钻孔、装药、引爆都在较恶劣的条件下进行；

（5）隧道爆破、炮眼比较集中，1.5~2 个/m^2；

（6）多采用类比法设计，计算简单。不像洞室爆破、拆除爆破等要进行较复杂的计算和药包的布置。

2. 炮眼直径与炮眼深度

（1）炮眼直径：常采用 Φ32~Φ45mm 钻孔，采用液压台车液压钻机时，钻孔一般为 Φ48mm、Φ63mm、Φ76mm 和大中空孔 Φ102mm、Φ152mm。

（2）炮眼深度

浅孔——1~3m；手持式风钻、液压钻；

深孔——3~5m；钻孔台车、液压钻；

超深孔——＞5m；钻孔台车、液压钻。

3. 隧道爆破设计所依据的围岩分级

隧道爆破设计所依据的围岩分级，即是通用的"铁路隧道围岩分级"，而不是按岩土可爆性分级分类的。一般Ⅴ、Ⅵ级围岩不用钻爆法。

4. 炮眼的种类和作用

隧道开挖爆破的炮眼数目与隧道断面、围岩级别、爆破方法等有关，多在几十至几百范围内。

炮眼按其在开挖断面所在位置、爆破作用、布置方式和有关参数的不同可大致分为如下几种：

（1）掏槽眼

针对隧道爆破只有一个临空面的特点，为提高爆破效果，先在开挖断面的适当位置，布置一些装药量较多的炮眼，先行爆破，炸出一个槽腔，为后续炮眼的爆破创造新的"临空面"。

（2）辅助眼

位于掏槽眼与周边眼之间的炮眼，统称为辅助眼。其作用是扩大掏槽眼炸出的槽腔，为后续和周边眼爆破创造"临空面"。常把靠近掏槽眼的炮眼并有扩大掏槽作用的炮眼，又称为"辅助掏槽眼"或"扩槽眼"；常把靠近周边眼的一排炮眼，称为"内圈眼"。

（3）周边眼

沿隧道周边布置的炮眼称为周边眼。其作用是炸出较平整的隧道断面轮廓。按其所在位置的不同，又分为帮眼、顶眼、底眼。

爆破的关键是掏槽眼和周边眼的爆破，掏槽眼的辅助为周边眼的爆破创造了有利条件，直接影响循环进尺和掘进效果；周边眼关系到隧道开挖边界的超欠挖和对周围岩石的影响。

5. 隧道爆破有害效应

与所有工程爆破一样，隧道爆破同样会产生有害效应。

（1）爆破冲击波，应注意其对人对物的伤害。

（2）爆破震动，应注意其对建筑物、对隧道衬砌的破坏。

（3）爆破飞石，应注意其对人对物的伤害。

（4）爆破有害气体，应注意其对人的伤害。

（5）爆破噪音，应注意对人的伤害。

（6）爆破粉尘，应注意其对人的伤害。

二、隧道爆破设计

隧道开挖前应做好隧道爆破设计，这也是隧道实施性施组的一项内容，也是计划进度、工期、材料等的依据。

隧道爆破设计应做到"有图、有表、有计算、有说明"，并应绘制出大比例尺交底图对作业工人进行交底，付诸实施。

1. 隧道爆破设计的依据

（1）工程地质条件、围岩级别；

（2）开挖方法；

（3）开挖断面；

（4）掘进循环进尺；

（5）钻眼机具；

（6）爆破器材；

（7）施工队伍的操作技术；

（8）周围环境，尤其是城市隧道，更要考虑环境因素。

2. 隧道爆破设计的方法与内容

（1）利用经验参数，利用数理统计出来的参数，作为设计参数。

（2）工程类比方法：

①工程地质条件；

②断面大小；

③使用的爆破器材，尤其是炸药种类与药径；

④爆破效果。

（3）作一些简单的计算：

①炮眼个数；

②装药量与单耗、装药集中度等。

（4）要有炮眼布置图：包括掏槽眼、辅助眼、周边眼。掏槽眼较复杂时，应绘制大样图。图中要标明起爆先后顺序和雷管的安排布置。一般有正面图与剖面图即可。

3. 隧道掏槽形式和主要参数

掏槽效果的好坏，直接影响整个隧道爆破效果，明显的是对炮眼利用率和周边光爆炮眼的影响。

根据掏槽炮眼与开挖面的关系、掏槽眼的布置方式、掏槽深度以及装药起爆顺序的不同，可将掏槽方式分为如下几类。

（1）斜眼掏槽

斜眼掏槽的特点是掏槽眼与开挖面斜交。它的种类很多，如锥形掏槽、爬眼掏槽、各种楔形掏槽、单斜式掏槽等。

隧道爆破中常用的是水平楔形掏槽，其中深孔爆破采用大间距多对水平深孔楔形掏槽，一段为3.5m~5.0m深，使用于坚硬岩石较多。

①水平楔形掏槽

掏槽眼水平成对布置（两对以上），爆破后形成楔形槽口。炮眼与开挖面的夹角、上下两对炮眼的间距a与同一平面上一对掏槽眼眼底的距离b，是影响此种掏槽爆破效果的重要因素。此种掏槽形式的主要参数，随围岩级别不同而不同，列出一些经验数据作为设计参照。

②锥形掏槽

这种炮眼呈角锥形布置，各掏槽眼以相等或近似相等的角度向开挖面中心轴线倾斜，眼底趋于集中，但互相并不贯通，爆破后形成锥形槽。根据掏槽炮眼数目的不同分为三角锥、四角锥、五角锥等。四角锥形掏槽常用于受岩层层理、节理、裂隙影响较大的围岩。由于毫秒雷管的应用，此种较难操作的角锥形掏槽也很少使用了。因为毫秒雷管的应用，改善了掏槽效果。

斜眼掏槽具有操作简单，打眼精度要求较直眼掏槽低，能按岩层的实际状况选择掏槽方式和掏槽角度，易把岩石抛出、掏槽炮眼的数量少且炸药耗量低等优点。但是，炮眼深度易受开挖断面尺寸的控制，不易提高循环进尺，也不便于多台凿岩机同时作业和开挖断面小时，进尺受限制。

（2）直眼掏槽

直眼掏槽由若干个垂直于开挖面的炮眼所组成，掏槽炮眼形式多样，掏槽深度不受围岩软硬和开挖面断面大小的限制，可以实现多台钻机同时作业，深孔爆破和钻眼机械化，从而为提高掘进速度提供了有利条件。由于直眼掏槽凿岩作业较方便，不需随循环进展的改变而变化掏槽形式，仅需改变炮眼深度，且石碴抛掷距离也可近些，受到工地欢迎。但直眼掏槽的炮眼数目和单位用药量较多，对眼距、装药等要求严格一些，如果设计不当，可能使槽内岩石不易抛掷或重新固结而降低炮眼利用率。

①直眼掏槽形式

过去常用的有龟裂掏槽、五眼梅花掏槽（五眼中空）和螺旋掏槽。近十多年来，由于重型凿岩机械的使用，尤其是钻孔台车的使用，能钻大于102mm直径炮孔的液压钻机投入施工之后，直眼掏槽的布置形式有了新的发展。目前常见的形式有：

②影响直眼掏槽效果的因素

直眼掏槽以空眼作为增加的临空面，利用炸药爆炸的能量将槽内岩石破碎，并借助爆破产生的气体的余能将已破碎的岩块从槽腔内抛出。在直眼掏槽中，应注意以下几点：

a.眼距。空眼与装药眼之间的距离。当使用等直径炮孔时，此距离一般随岩石不同而变动，变动范围为炮眼直径的2~4倍；当采用大直径空眼时（≥Φ63mm），眼距不宜超过空眼直径的2倍。由于掏槽效果对眼距变化很敏感，往往眼距稍大就会造成掏槽效果降低或失败，而眼距过小不仅钻眼困难，还会发生槽内岩石被挤实现象，不能形成槽腔。

b. 空眼。中空眼不仅起着临空面和破碎岩石的发展导向作用（即使岩石破碎后向空孔方向运动），同时为槽内岩石破碎提供一个膨胀的空间。所以，增加空眼数目能获得良好的效果，一般随眼深加大，空眼数目也相应增加。

c. 装药。直眼掏槽装药眼一般要"过量过药"，装药长度占炮眼长度的85%~90%，如果装药长度不够，会发生"留门槛"和"挂门帘"现象。当深度大于3.0m时，可能发生"管道效应"（即大炮眼装小药卷，爆破时，可能存在药卷爆熄现象），应采取相应措施防止爆轰中断。措施：一是加大药卷直径，做到偶合装药。二是使用导爆索串装药卷；三是采用高威力炸药等。

d. 辅助抛掷。采用辅助药卷，置于空眼底部（底部加深20cm），在掏槽眼全部起爆后接着起爆，帮助把槽内已破碎岩石抛出槽腔，达到确保掏槽效果的目的。

e. 钻眼质量。要保证钻眼的准确，使各炮眼之间保持等距、平行极为重要。如果两眼打穿，易造成殉爆，降低槽内岩石抛掷，使岩石再挤紧，不能形成自由面。如果距离过大，或钻眼偏斜，易发生单个炮眼直径扩大或单个炮眼爆炸，炮眼间的岩石不易崩落，形成"岩梗"。

（3）混合掏槽与特种掏槽

①混合掏槽是指两种以上的掏槽方式的混合使用，一般在岩石特别坚硬或隧道开挖断面、较大时使用。

a. 直眼与斜眼结合成的掏槽。

b. 角锥与直眼结合的掏槽。

c. 楔形与直眼结合的掏槽形式。

a~c 混合掏槽一般用在比较坚硬岩中。

d. 此外，还有升级掏槽，它是采用逐级加深的炮眼布置，按掘进方向平行钻孔，把全部掏槽深度分阶段达到爆破的目的。

这种掏槽可适用于各类不同条件与岩石状况。

②特种掏槽

a. 复式掏槽

严格地说，复式掏槽也属于斜眼掏槽。在大断面隧道掘进中，为加大掏槽深度，可采用两重、三重或四重楔形掏槽眼，每对掏槽眼呈对称布置，深度一层一层加深，与工作面夹角由小到大。复式掏槽也叫多重楔形掏槽或V型掏槽。复式掏槽的爆破角（掏槽眼与工作面的夹角）与掏槽眼深度的相互关系，应使从每个眼底所做的垂线恰好落在开挖断面两壁与开挖面橡胶的临空面上；最深掏槽眼眼底的垂线也必须落在隧道内，即与已爆出的工作面相交；复式掏槽根据开挖断面的大小及进尺常分为二级复式掏槽和三级复式掏槽。复式掏槽在一般情况下，上、下排距为50~90cm，硬岩取小值，中硬取大值。在坚硬岩层中爆破时，最好使用高威力炸药，一般布置上、下两排即可。如果断面特别大，岩石十分坚硬，同时大于3m时，可用三排或四排，更有甚者特大断面达到8~10排。

b. 二次掏槽

为了克服深眼爆破中装药底部仅产生挤压爆破作用和弱抛掷，可将掏槽炮眼分段起爆，这样有利于槽腔的形成，提高掏槽槽腔的有效深度，在小断面—中断面10~15m²中，深孔3.0~5.0m，可采用台车打眼，直眼二次掏槽，达到炮眼利用率在90%以上。现在此种方法，已推广到斜眼掏槽中，也达到炮眼利用率95%。这种掏槽叫斜眼二次掏槽。

二次掏槽的关键是一、二次起爆雷管的间隔延期时间，应在50ms；二是里、外起药卷之间要堵塞足够长度的泡泥，而且要堵塞密实，避免因殉爆引起两段装药同时起爆，达不到分段起爆的目的。

总之，掏槽形式多种多样，在；理解掏槽的意义与作用时，可以根据打眼工具与岩层情况在实践中进一步创新，以达到提高炮眼利用率的目的。

4. 隧道爆破参数设计

（1）炮眼直径

炮眼直径对凿岩生产率、炮眼数目、单位耗药量和岩壁平整度均有影响。

一般隧道的炮眼直径在Φ32~Φ50mm之间，大型液压钻机可打Φ102mm、Φ75mm、Φ63mm炮眼，作为中空孔。药卷与眼壁之间的空隙一般为炮眼直径的10%~15%。

加大炮眼直径以及相应装药量可使炸药能量相对集中，爆炸效果得以提高，也可以减少炮眼数目。但炮眼直径大于Φ45mm，则需要重型凿岩机。因此，一般还是以Φ32mm~Φ45mm作为装药孔与中空孔。重型凿岩机钻装药孔Φ48mm、Φ63mm，作为中空孔可钻Φ75mm、Φ102mm、最大Φ152mm。设计时，必须根据岩性、凿岩设备和工具，钻头直径、炸药性能等作综合分析，合理选用孔径。

（2）炮眼数量

炮眼数量主要与开挖断面、炮眼直径、岩石性质和炸药品种（性能）有关，炮眼的多少直接影响凿岩工作量。

炮眼数量的计算很简单，炮眼数量按照其能装完设计的炸药量来计算。通常按各炮眼平均分配炸药量的原则进行计算。

$$N = \frac{qS}{x\gamma}$$

N——炮眼数量，不包括不装药的空孔眼数/个；

q——单位炸药消耗量，按工程类比法，有参考值表，直接查找，或根据自己的经验。一般在$q=1.2~2.4$kg/m³选取。硬岩取大值，软岩取小值。

S——开挖断面面积；

x——装药量系数（计算装药系数），即装药长度与炮眼全长的比值，可参考下列数据。

γ——每米药卷的炸药质量，kg/m，2 号岩石铵梯炸药每米质量，列于下表 9-3-1。

表 9-3-1　装药系数 X 值

围岩级别 炮眼名称	IV	III	II	I
掏槽眼	0.50	0.55	0.80	0.80~0.85
辅助眼	0.40	0.45	0.60	0.70~0.75
周边眼	0.40	0.45	0.50	0.60

表 9-3-2　2 号岩石铵梯炸药每米质量 γ 值

药卷直径（mm）	32	35	38	40	44
γ（kg/m）	0.78	0.96	1.10	1.25	1.52

按公式计算出的 N 值，还应根据光面爆破、预裂爆破周边眼需增加一些来调整。下面列出炮眼数量参考值。

表 9-3-3　炮眼数量参考值

围岩级别	开挖面积（m²）				
	4~6	7~9	10~12	13~15	40~50
IV	10~13	15~16	17~19	20~24	
III	11~16	16~20	18~25	23~30	
II	12~18	17~24	21~30	27~35	75~90
I	18~25	28~33	37~42	43~48	80~100

上表应考虑光爆与预裂爆破需要增加一些炮眼。

（3）炮眼深度

考虑炮眼深度的因素：围岩级别、打眼机械及工具、循环进尺要求、炮眼利用率高、作业循环时间最省、超挖小等技术经济指标。

目前较多采用的是浅孔 1.0~1.8m，中深孔 2.5~2.3m，深孔 3.5~5.15m，当岩石坚硬，断面大，又有深孔钻机时，在采用台阶法开挖时，下台阶可以采用超深孔爆破，深度可达 15m。

（4）装药量的计算及分配

炮眼装药量的多少是影响爆破效果的重要因素。药量不足，会炸不开，炮眼利用率低和爆落石碴块度过大；装药量过多，则会破坏围岩稳定，崩坏支撑和抛碴过散过远，对装碴不利，增加洞内有害气体，相应地增加排烟时间和供风量等。

合理的药量应根据所使用的炸药的性能和质量、地质条件、开挖断面尺寸、临空面数目（如台阶法下台阶开挖临空面有 2 个）、炮眼直径和深度及爆破的质量与安全控制要求来确定。

目前多采取先用体积公式计算出一个循环的总用药量，然后按各种类型炮眼的爆破特征进行分配，再在 I 点爆破实践中加以检验与修正，直到取得良好的爆破效果为止的方法。

计算总用药量 Q 的公式很简单，为下列：

$$Q = qV$$

式中：Q——一个爆破循环的总用药量，kg；

q——爆破每立方米岩石所需炸药的消耗量，主要取决于围岩级别、临空面数目、断面大小。下表列出经验数据，供选用。所用的炸药是 2 号岩石铵梯炸药。

V——一个循环进尺所爆落的岩石总体积（"紧方"），m^3，其值为

$$V = LS$$

其中 L——设计进尺 = 炮眼深度 × 炮眼利用率；

S——开挖断面面积，m^2。

表 9-3-4　爆破岩石所需单位耗药量（kg/m^3）

开挖部位和开挖面积（m^2）		围岩级别			
		IV	III	II	I
一个自由面	4~6	1.5	1.8	2.3	2.9
	7~9	1.3	1.6	2.0	2.5
	10~12	1.2	1.5	1.8	2.25
	13~15	1.2	1.4	1.7	2.1
	16~20	1.1	1.3	1.6	2.0
	40~50			1.2	1.6
多个自由面	扩大挖底	0.6	0.7	0.9	1.1~1.2
		0.5	0.6	0.8	1.0

①当开挖断面大于 $50m^2$ 时，单位耗药量还要低一些。

②当单位长度药卷重量大时，药量也要适当增加。也就是药卷比重大时，单位耗药量需适当增加。

（5）炮眼布置

按照围岩类别和开挖断面、掏槽形式等在断面图上作图布置炮眼。

按下列原则布置炮眼：

①先布置掏槽眼，其次是周边眼，最后是辅助眼。

掏槽眼位置一般应布置在断面中央偏下部位，其深度应比其他眼加深 20cm~30cm。为爆出平整开挖面，除掏槽与底板眼外，所有掘进炮眼眼底应基本落在一平面上。底部炮眼深度一般与掏槽眼相同。之所以要加深掏槽眼、底板眼深度，是因为要确保掏槽的掏槽效果和深度，要确保底板不留台阶（不留"门槛"），同时因为这两部的爆破，岩层对其的夹制作用特别大。

②周边眼沿隧道轮廓布置，基本上取等距离布眼，断面拐角拐弯处应布眼，应考虑周边眼有一定的外插角，外插斜率为 0.03~0.05，使前后两排（两槽）炮眼的衔接台阶为最小，一般在 10~15cm，即不影响风钻操作为宜。深孔爆破其台阶会大些，一般为 25~35cm。应尽量控制超挖。

周边眼间距 E，可根据围岩级别、光面爆破、炮眼直径、药卷种类或预裂爆破、装药结构、断面形式等，结合工程类比加以确定。并应在现场爆破中实践，并加以修正改善。

E 值一般都能找到参考数值，设计时即可使用参考值。预裂爆破的 E 值要比光面爆破的 E 值取得小一些。

表 9-3-5　周边炮眼参数表

围岩级别	周边炮眼间距 E（cm）	抵抗线 W（cm）
Ⅰ～Ⅱ	光爆 55~70 预裂（40~50）	60~80
Ⅱ～Ⅲ	光爆 45~65 预裂（40~45）	60~80
Ⅲ～Ⅳ	光爆 35~50 预裂（35~40）	40~60

此处"抵抗线" W 为内圈眼到轮廓线的距离。

同时，底板眼比拱、墙周边眼间距可以大一些。炮孔直径≥Φ48mm 时，周边眼 E 可适当加大。

教科书上对光面爆破周边炮眼间距 E 有一套计算公式。一般认为工程类比，比计算结果好。我们认为，还是以参考值加上试爆，不断修正为好。

$$E \leq [\sigma_c]/[\sigma_p] \leq K_i d$$

$[\sigma_c]$——岩体极限抗拉强度，MPa。

$[\sigma_p]$——岩体极限抗压强度，MPa。

d——炮眼直径，cm。

$K_i = [\sigma_c]/[\sigma_p]$

③辅助眼的布置也同样采用类比方法和已有参考值进行。原则在掏槽炮眼与周边炮眼之间，均匀分布布置。按照一圈一圈或一排一排地布置，需确定同一圈的炮眼间距和圈与圈之间的距离（一般为抵抗线 W）。这里应注意拱部炮眼可稀一些，因为，拱部爆破，岩石有自重的作用。

施工经验证明，一般抵抗线约为炮眼间距的 60%~80%。

炮眼间距也同样取决于围岩级别、炮眼直径、炸药种类。一般在采用 2 号岩石铵梯药卷时，抵抗线（圈距或排距）W 取 0.8~1.0m，硬岩取小值，软岩取大值。这样炮眼间距约为 1.0~1.2m。拱部范围的距离可取大一些 1.2~1.4m。底板以上第一排炮眼与底板距离即底板眼抵抗线 W 要取小些，取 0.8m 为合适。

④在图上按上述原则与参考值布置后，根据爆破方量核算总的炮眼数，并计算出单耗炮眼数（个/m³），并与计算公式计算结果相比较，然后可作适当调整。

⑤当炮眼深度超过 2.5m 时，靠近周边眼的内圈眼应与周边眼有相同的倾角（外插角角度）。

⑥当岩层层理明显时，炮眼方向应尽量垂直于层理面，这样爆破效果较好。

⑦隧道开挖面炮眼，在上述原则基础上。有以下几种布置方式：

a. 直线形布眼：将炮眼按垂直方向或水平方向围绕掏槽开口呈直线形逐层排列。

b. 多边形布眼：围绕掏槽部位由里向外逐层，布置成多边形。

c. 弧形布眼：顺着拱部轮廓线逐圈布眼。

d. 圆形布眼：当开挖面为圆形时，炮孔围绕断面中心逐层布置成圆形。

（6）起爆顺序的安排

起爆顺序的正确设计是隧道实施光面爆破与预裂爆破的关键。爆破时，炮眼起爆先后顺序正确才能达到理想的爆破效果。

正确的起爆顺序：先爆破的炮眼为后续爆破的炮眼减小岩石的夹制作用和增大临空面，创造更好的爆破条件。同时起爆的一组炮眼，能共同作用，爆炸力更强。

为了保证准确地按设计顺序起爆，应使用毫秒雷管和1/4秒级雷管起爆。这样，爆破就能由里向外，一层一层的准确剥离、破碎，达到高的炮眼利用率和平整的开挖轮廓。

正确的起爆顺序是先掏槽，后辅助眼，由里向外分层起爆，然后是底板眼、侧壁眼和压顶眼。

根据现场已有和可能购进的毫秒雷管和1/4秒级雷管系列来设计起爆顺序和安排起爆雷管的段数。一般毫秒雷管有1~15段系列和1~20段系列。一般1/4秒级雷管有1~10段。

应根据雷管的延期时间（ms或1/4s）的长短来安排起爆雷管。

起爆延期时间：每一段雷管"内存"有"时间"（比喻），起爆是同时点火起爆的，用不同段的雷管装在炮孔中，则起爆时间"有先有后"，只要正确安排，就达到有顺序地起爆的目的。

起爆延期时间安排的主要原则：

①前后时间时隔最好为50ms~100ms。

②预裂爆破和光面爆破周边和底板尽量使用"同段雷管"（同时起爆有共同作用效果）。

③掏槽炮眼起爆尽量安排炮眼能逐一起爆，掏出更好的槽腔，形成新的临空面。

④为了减少爆破震动，又要求每次同段雷管起爆总药量（同一段雷管引爆的装药量之和）要控制在允许范围内，同一段雷管起爆的炮眼数目要控制在允许范围内。

（7）堵塞炮泥

隧道内所用的炮眼堵塞材料一般为砂子和黏土混合物，比例大致为砂子50%~40%，黏土50%~60%，堵塞长度视炮眼直径和孔深而定。当炮眼直径在Φ32和Φ45mm时，堵塞长度不能小于20cm和45cm。深孔爆破堵塞长度应在45cm以上。

（8）起爆网路

起爆网路是隧道爆破成败的关键，它直接影响爆破效果和爆破质量，起爆网路必须保证每个药卷按设计起爆顺序和起爆时间起爆。

在无瓦斯与煤尘爆炸危险的隧道中进行爆破一般都采用导爆管起爆系统起爆。网路设计简单，一般不采用孔内延期方法起爆。只要求联结牢固，簇联时一来导爆管数不超过15根。

采用电雷管起爆网路则需要作详细计算与设计。

在隧道工地常使用的是并串联网路，把所有导爆管联结成网路后，用火雷管（即发雷管）引爆，注意，使用火雷管引爆，设计导火索长度应大于 5m，即点火作业人员能有足够时间撤离到安全地点躲避。

三、光面爆破和预裂爆破

在隧道爆破施工中，首要要求是开挖轮廓与尺寸准确，对围岩扰动小。过去采用的普通爆破方法不仅对围岩的扰动大，而且造成大量超、欠挖。采用光面爆破和预裂爆破能使开挖轮廓与尺寸准确，对围岩扰动小，大大地减少了超欠挖，安全、经济。隧道局早在 1979 年就在衡广复线坪乐段大瑶山等 11 座隧道开挖施工中全面推广应用光面爆破和预裂爆破技术，取得很大成功，并创造了大断面深孔掏槽技术和全断面深孔光面爆破和预裂爆破技术，并在全国进行推广应用。

1. 隧道光面爆破方法

（1）隧道光面爆破的特点与标准

光面爆破是通过正确确定爆破参数和施工方法，尤其是正确选择周边眼的钻爆参数与装药结构，周边孔爆破是在设计断面主爆体爆破之后最后同时起爆，使爆破后的围岩断面轮廓整齐，最大限度地减轻爆破对围岩的扰动和破坏，尽可能地保持围岩的完整性和稳定性的爆破技术（或称"方法"）。其主要标准为：开挖轮廓成形规则，岩面平整；围岩岩壁上保持 50% 以上的半边炮眼痕迹（亦称"炮眼痕迹保存率"），无明显的爆破裂缝；超欠挖符合规定要求，围岩无危石、无坍塌等现象。"铁路隧道施工规范"提出了具体标准。

光面爆破的优越性：对围岩的扰动小，又尽可能保存围岩自身原有的承载能力，这正是实施 NATM 的基本原则之一，从而改善了初期支护和衬砌结构的受力状况，可以减小初期支护强度。由于围岩岩壁圆顺平整，减少了应力集中和局部落石现象，是隧道防坍的有力措施，从而增加了施工安全度，减少了超挖和回填量，能节省大量混凝土，降低工程成本，加快施工进度。光面爆破可减轻振动和保护围岩，所以它是山岭隧道、城市市政隧道、地铁隧道等有效的开挖爆破方法。

（2）隧道光面爆破的主要参数

隧道光面爆破主要参数包括：周边眼的间距（E），周边眼的抵抗线（W）（即周边眼至内圈眼的距离）、周边眼密集系数（$K=E/W$）和装药集中度（线装药密度）等。

同时，应根据爆破器材，选择周边装药结构和安排起爆雷管。

影响光面爆破参数的因素很多，主要有岩石的可爆性、炸药品种、一次爆破的断面大小、断面形状、凿岩设备、钻孔直径和深度等，其中影响最大的是地质条件。光面爆破参数的选择，通常采用简单的计算并结合工程类比法加以确定，在初步确定后，一般可在现场爆破实践中加以修正改善。

有条件的工点或有必要时，可做"爆破成缝试验"，其方法在"铁路隧道施工规范"中有详细介绍。同时，"规范"也提出了"光面爆破参数""可供选用的光面爆破药卷规格""周边眼装药结构参考图"等供设计时选用。

①周边炮眼间距 E

在不偶合装药的前提下,光面爆破应满足炮孔内静压力小于爆破体的极限抗压强度,而大于岩体的极限抗强度的条件。按以下公式确定 E 值。

$$E \leqslant [\sigma_c]/[\sigma_p] \leqslant K_i d$$

d——炮眼直径,cm;

$[\sigma_p]$——岩体极限抗拉强度,MPa;

$[\sigma_c]$——岩体极限抗压强度,MPa;

E——周边眼间距,cm。

实施施工中,取得经验数据作为设计参数,一般 $K_i=10\sim18$,即 $E=(10\sim18)d$;当炮眼直径为 $\Phi32mm\sim\Phi40mm$ 时,$E=35cm\sim70cm$。

也可以在两个炮眼间增加导向空眼,导向眼到装药眼间的距离一般控制在 40cm 以内,才能取得效果。

此外,还应注意炸药品种与药卷直径对 E 值也有影响。

②周边眼抵抗线 W 与装药密集系数 K。

周边眼的间距 E 与周边眼的最小抵抗线 W 有着密切关系,通常以周边眼的密集系数 K 表示,$K=E/W$,其大小对光面爆破效果有较大影响。必须使应力波在两期相邻炮眼间的传播距离小于应力波到临空面的传播距离,即 $E<W$("理论")。实践表明,$K=0.8$ 较为合适,也可考虑 $K=0.9$。周边眼抵抗线 W 一般取 $55\sim80cm$。

③周边眼装药量

周边眼装药量通常以线装药密度表示。恰当的装药量应是既具有破岩所需的能量(不留残眼),又不造成围岩的过度破坏。设计时应根据孔距、抵抗线、石质和炸药种类、装药结构综合考虑确定装药量(装药集中度 q,kg/m)。下面提供"光面爆破参数表",可供设计选用之。

表 9-3-6 光面爆破参数表

围岩级别	炮眼间距 E(cm)	抵抗线 W(cm)	密集系数 K	装药集中度 q(kg/m)
Ⅰ~Ⅱ	55~70	60~80	0.7~0.9	0.30~0.35
Ⅱ~Ⅲ	45~65	60~80	0.7~0.9	0.20~030
Ⅲ~Ⅳ	35~50	40~60	0.6~0.8	0.07~0.12

④装药种类、装药集中度与装药结构

a.使用低爆速、低猛度、低密度、高威力传爆性能好的炸药。

b.采用不偶合装药结构。不偶合装药系数最好大于 2。但应注意药卷直径不小于该炸药的临界直径,以保证传爆。小于时,会拒爆。往往采用间隔装药。此时,相邻炮眼所用的药卷位置应错开,以充分利用炸药效能。不偶合装药与间隔装药。

c.严格掌握与周边眼相邻的内圈眼的爆破效果,为周边眼爆破创造良好的临空面。周边眼应尽量做到同时起爆。

d.严格控制装药集中度,间隔装药与小直径药卷都是为此目的而采用的。为克服眼底岩石的夹制作用，通常在眼底需加强装药，尤其是深孔爆破。但总的装药量不变。

2. 隧道预裂爆破方法

预裂爆破是首先起爆周边眼，在开挖断面内其他炮眼爆破之前，先沿着开挖轮廓线预裂爆出一条裂缝，即各周边眼形成相互贯通的裂缝，与原岩体分割开来，这条裂缝用以反射爆破地震应力波。同光面爆破一样，预裂爆破是合理选择爆破参数与施工方法，尤其需要正确选择周边眼钻爆参数与装药结构，起爆顺序是首先引爆周边眼，使沿周边眼的连心线炸出平顺的预裂面，然后起爆掏槽炮眼，再起爆辅助眼。

由于爆破过程和破岩条件不同，在减轻对围岩的扰动程度上，预裂爆破较光面爆破的效果更好一些。所以，预裂爆破很适用于稳定性较差而又要求控制开挖轮廓的软弱围岩，但预裂爆破的周边眼间距和最小抵抗线都要比光面爆破小，相应地要增加炮眼数量，钻眼工作量增大。同时装药集中度较光面爆破大一些。

理想的预裂效果会形成光滑的岩壁。但预裂爆破受到只有一个临空面条件的制约，影响预裂爆破效果的因素很多，如钻孔直径、孔距、装药量、岩石性质、地质构造、炸药品种、装药结构及施工操作因素等，而这些因素又是相互影响的。

目前，确定预裂爆破主要参数的方法有理论计算法、经验公式法和经验类比法三种。就现状来说，预裂爆破的理论研究还很欠缺，设计计算方法也很不完善，现在大多数普遍采用经验类比初步确定爆破参数，再由现场试验调整，逐步得到满意结果。同光面爆破方法一样，在有条件的工点和必要时，可做"成缝试验"。其方法亦见于"铁路隧道施工规范"。

四、钻爆施工

钻爆施工是把钻爆设计付诸实施的重要环节，包括钻孔、装药、堵塞和爆破后可能出现的问题处理等。

隧道爆破通常都要求每一循环进展尽可能大，但在很多情况下，往往由于过高地估计爆破效果而带来一些困难。因此，在施工设计中，不但要了解实际掘进速度的可能性，而且还要注意开挖方法。

1. 开挖方法

隧道施工方法的选用，应根据工程地质和水文地质资料，结合设计断面大小、支护类型、隧道长度、工期要求等因素综合研究确定。当采用钻爆法施工时，一般选用全断面法、台阶法和导坑法等。

铁路隧道的高度一般在 8.0~8.5m 左右，从施工进度考虑，在岩层完整、岩石较坚硬时，即围岩为Ⅰ~Ⅱ级，部分为Ⅱ~Ⅲ级，以采用全断面爆破掘进为宜。这种方法施工工作面空间大，能充分发挥机械效能，适用于大型机械作业；工序少，便于施工管理与施工组织；开挖断面大且一次成型，有利于采用深孔爆破。

当隧道高度较大而又无大型凿岩台车时，或者围岩不允许全断面开挖时，可用台阶法开挖施工。一般是正台阶法施工。只有围岩特别好，隧道高度较大而无大型凿岩台车，才采用反台阶法施工。

由于台阶法对地质适当性较高，变更容易，目前我多大多数隧道都采用此法开挖。

当地质条件比较软弱，涌水量加大或缺乏全断面开挖机具时，可采用导坑法开挖。

全面开挖法，爆破只有一个临空面，分部开挖，扩大刷帮、挖底、挖墙部这些部位的开挖爆破要充分利用导坑和已挖上台阶的临空面，起爆顺序：靠临空面的炮眼先起爆，依次由下而上，由里向外爆破。

2. 钻眼

目前，在隧道开挖施工中，广泛采用的钻孔设备为凿岩机和钻孔台全液压或风动钻机。土办法是台架打眼。也有采用"人机套打"开挖大断面隧道。"人机套打"，在地质条件好，台车开挖与人工手持式风钻台架相配合，长短炮眼结合，达到更好的光面爆破效果。

施钻前由专门测量人员根据设计在掌子面布孔，必须标出掏槽眼和周边轮廓，严格按照炮眼的设计位置、深度、角度和孔径，分工定点、定位进行，多台钻机作业，应注意防止炮眼交叉打穿，炮眼总数不小于设计的90%，掏槽炮眼位置误差不大于5cm。如果出现大的偏差，应废弃重钻，切实保证钻孔质量。

注意掌握周边眼的外插角，大大超挖大。太小造成欠挖或造成下一循环"作业净空"不够。"作业净空"指无论手持式风钻，还是液压重型钻机，其在作业时，打眼工具要占一定的位置。

还要注意，平行打眼，同时注意掌子面明显不平整时，应调整炮眼的孔深，使炮眼底在一个平面上。

3. 装药

在装药之前，应清孔，将炮眼残渣，积水清除，并检查炮眼位置、深度、角度是否满足操作要求（按设计与打眼误差一并考虑），装药时严格按照设计装药量进行，"起爆药卷"按设计起爆顺序和雷管段别安排，"对号入座"。

隧道爆破中，常采用的装药结构为：

（1）掏槽炮眼：连续装药，尽可能采用接近于1的不耦合系数，即耦合装药。

（2）辅助炮眼：连续装药，不耦合系数采用1.3~1.5。

（3）周边炮眼：小直径药卷连续装药，不耦合系数宜为2；间隔装药系数1.5~2.0之间。

目前，还是人工装药为主，机械装药卷机装药正在推广。

连续装药结构按照雷管在炮孔中的位置不同又可分为正向起爆、反向起爆和双向起爆三种起爆方式。

实践表明，将起爆雷管装在孔底部位，反向起爆，有利于克服岩石的夹制作用，能提高炮眼利用率，减少岩石破碎块度，减少大块率。现在一般都采取这种方式起爆。

隧道周边眼间隔装药时，往往常用正向起爆方式，即从孔口向孔底方向起爆。

4. 堵塞

隧道爆破所使用的炮眼堵塞材料一般为砂子和黏土混合物，其比例大致为砂子 50%~40%，黏土 50%~60%，堵塞长度视炮眼直径为定，一般不能小于 20cm，炮眼直径在 45cm 以上时，不小于 45cm。堵塞可采用分层人工捣实法进行。

5. 起爆

起爆网路必须保证每个药卷按设计的起爆顺序和起爆时间起爆。

采用导爆管起爆法，联结方法必须正确，簇联每束不超过 15 根起爆管，为了"准爆"可以使用双雷管起爆。所有联结雷管都必须使用即发雷段或用火雷管加装导爆管，连接必须牢靠。

起爆网路的雷管，可采用火雷管，引线必须大于 5 米，以确保点火人员有足够时间撤离到安全地点。如采用电雷管引爆网路时，电力起爆地点必须在安全地点。最安全的起爆方法是采用长导爆管 300m，用击发枪起爆网路，但太费导爆管，成本高，一般不使用。只适合露天或洞室爆破。

6. 瞎炮的预防与处理

放炮时，炮眼内的装药未发生爆炸，雷管未爆炸，俗称"瞎炮"。

（1）瞎炮的预防

①爆破器材要妥善保管，严格检验，禁止使用技术性能不符合要求的爆破器材。

②不同燃速的导火索应分批使用，不应在同一循环中使用。

③防止导爆管破裂或拉断，防止油、水、泥沙进入导爆管口段。

④防止爆破器材在有水的工作面被水浸泡，避免爆破器材受潮。

⑤同一串联支路上使用的电雷管，其电阻差应不大于 0.8 欧姆，重要网路不超过 0.3 欧姆。

⑥提高爆破设计质量。设计内容包括炮孔布置、起爆方式、延期时间、网路敷设、起爆电流、网路检测。网路检测指电力起爆电雷管网路。

⑦提高操作质量。火雷管起爆要保证导火索与雷管紧密连接，雷管与药包不能脱离；电力起爆要防止漏接、错接和折断脚线，网路接地电阻不得小于 1×10^5 欧姆，并要经常检测开头和线路接头是否处于良好状态。要防止炸药卷连接装药时，药卷之间有堵塞物；药卷之间要"紧接"，其间隔超过殉爆距离时，会产生瞎炮。

（2）瞎炮处理

①经检车确认炮眼的起爆线路完好时，可重新起爆。

②打平行眼装药起爆，平行眼距瞎炮孔口不得小于 0.3m。为确保平行眼的方向允许从瞎炮取出长度不超过 20cm 的填塞物。深孔与超深孔，不宜采用此法处理瞎炮。

③用木制、竹制或其他不发生火星的材料制成的工具，轻轻将炮眼内大部分填塞物掏出，用聚能药包诱爆。

④瞎炮应在当班处理。当班不能处理或未处理完毕,应将瞎炮做上记号,在现场交接清楚,由下一班继续处理。

⑤导爆管其爆发,若导爆管在孔外被打断,可以掏出仍在孔内的部分导爆管,长度25cm~30cm,接上导爆管重新起爆。

第四节 洞口施工

一、隧道洞口特点

1. 隧道洞口岩层稳定性差

隧道洞口地段,一般覆盖层薄,岩层破碎、松散、风化严重,同时,洞口段往往也是软硬岩交界的地方,地形和地质条件极不稳定,且地表水汇集,隧道洞口段成洞特别困难。

2. 隧道洞口结构受力体系复杂

隧道洞口边坡岩体在长期表生地质作用下处于平衡状态,隧道施工破坏了山体原有的平衡。隧道洞口仰坡开挖后,仰坡由三维受力状态变为二维受力状态,因此仰坡容易出现片落现象。隧道洞口开挖后,仰坡与隧道顶板的交叉部位处于一维受力状态,受力条件十分不利,若不及时进行维护,该部位很容易产生坍塌。其次是洞口处顶板一端由工作面支撑,另一端则处于悬空状态,属悬臂梁结构,其稳定性较差。另外,隧道洞口处常常还会有一些明挖(深)路堑,其边坡也处于二维受力状态。随着隧道洞口段的开挖和支护,该段将重复进行应力释放与重新分布,因此,往往会引起洞口段地表滑坡、坡面崩塌、偏压及塌方事故发生。

3. 隧道洞口施工支护加固工程量大

隧道洞口边仰坡和进洞开挖,使山体原有的平衡状态遭到破坏,若不及时采取加固措施,极易产生坍塌、顺层滑移、古滑坡复活等现象。在开挖过程中,必须要对隧道洞口路堑边坡、洞口及洞顶以上仰坡进行锚喷预加固处理;进洞前采取超前锚杆、超前小导管周边注浆、设置大管棚等超前预支护技术;开挖后及时喷射混凝土和仰拱紧跟形成封闭受力环。

4. 隧道洞口植被容易遭受破坏

山区隧道洞口生态植被极其脆弱,若隧道洞口进洞方案制定不妥、洞口勘察设计选址不当、洞口变坡点设置不合理或洞口处在深路堑等,都会造成大面积原生植被的破坏,且难以恢复生态,容易出现水毁冲刷和水土流失,严重者会造成隧道洞口坍塌。

5. 隧道洞口施工需要解决的关键问题

为了确保隧道洞口施工进洞安全，必须解决好以下关键问题：①隧道洞口仰坡的片落或滑落；②隧道洞口附近路堑边坡的坍塌；③仰坡与隧道顶板交叉部位的坍塌；④隧道顶板的冒顶；⑤隧道洞口段的下沉；⑥洞口段控制爆破；⑦监控量测和超前地质预报。

二、隧道洞口施工方案设计

1. 洞口开挖方案的选择

隧道进洞施工方案必须结合地形地貌、水文地质条件、施工水平、施工安全等因素进行综合分析判断，制定出切实可行的施工方案。同时，在选择施工方法时，还应充分考虑向隧道洞身主体施工方法转换的问题。另外，为了减少对围岩的震动和扰动，应优先选用控制爆破、接长明洞、前置式洞口施工方案，避免因围岩暴露时间过长发生有害变形。

2. 洞口支护加固方案设计

（1）注浆加固

注浆可将节理裂隙发育到一定厚度的岩层胶结成具有一定强度且较完整的壳体，同时可堵塞涌水渗透，隔绝水源。当隧道洞口段埋深较浅，岩石破碎且地形平缓时，可在地表对隧道顶板岩层进行注浆预加固，加强隧道顶板岩层的整体性，也可减少地表水的渗透。

（2）小导管注浆加固

超前小导管注浆加固也是一种广泛使用的辅助施工措施，往往与钢拱架一起设置。隧道洞口仰坡防护完成后，首先整修成洞面，安装第一组钢拱架，使第一组钢拱架尽量贴近洞面，通过利用风枪沿钢拱架的腹部穿过将小导管顶入岩层中，并与钢拱架焊接牢固，共同组成预支护体系。使用注浆设备将浆液压入小导管内，并通过管壁的注浆孔注入地层孔隙，凝固围岩，从而使隧道围岩形成加固圈，保护隧道开挖的顺利进行。

（3）管棚加固

当隧道洞口位于松软破碎的地层中，或在很差的地质条件下进洞时，可采用管棚法加固。管棚应与钢拱架一起使用，钢管的尾部需架设在钢拱架上并焊死。

（4）锚喷混凝土加固

在浅埋洞口地段，可能会形成边挖边塌的局面，偏压洞口往往一侧边坡开挖过高，形成不稳定边坡，危及施工安全，采用锚喷混凝土加固是比较合适的，一是洞口边仰坡表层预加固，先按设计坡度刷坡，然后沿坡面喷混凝土，必要时加设锚杆钢筋网；二是洞口上方陡坎加固和仰坡加固，洞口上方陡坎系指洞门端墙施工前，衬砌拱顶外缘至仰坡坡脚的陡立壁面。三是洞口浅埋段预加固，当洞口自然坡度较缓，围岩软弱，隧道覆盖层薄，洞口开挖后地层不能自稳时，以锚杆加固为主。地表锚杆采用垂直打入，将锚杆伸至衬砌拱圈外缘的设计位置，以增加锚杆锁固围岩的能力。

（5）超前锚杆及自进式预应力锚杆加固

开挖掘进之前，在开挖面的拱部一定范围内，沿隧道断面的周边，向地层内打入一排纵向锚杆，通过锚杆形成对围岩的加固作用，形成超前于工作面的围岩加固棚。

自进式预应力锚杆是一种新型加固材料，近期在加固隧道洞口的施工中得到了广泛应用。自进式预应力锚杆的优点：①自带钻头，可以自行钻进，有利于操作和围岩稳固；②可采用连接套管接长，操作方便；③可利用常规钻孔机械钻进；④配有拱形垫板及螺母，可施加预应力；⑤可以进行压浆，浆液通过锚杆中空部分流到前端，然后倒流回到杆尾，能完全充填锚杆；⑥与截面相同的实心锚杆相比，具有更大的抗剪、抗弯和黏结力。

3. 加强监控量测

加强现场监控量测，对施工信息进行采集、分析、反馈，建立一套严密的监控量测反馈体系，实现动态反馈设计与信息化施工，确保施工安全、优化设计、指导施工。

4. 确定合理的控制爆破设计

根据隧道洞口地质水文条件，选择合适的爆破方法和钻爆参数，既能提高爆破效果，加快施工进度，又能限制爆破对围岩的破坏和震动。通常硬岩隧道采用光面爆破，软岩隧道采用预裂爆破，分布开挖时采用预留光面层爆破较好。

（1）光面爆破

光面爆破是通过正确确定周边眼的各爆破参数，使爆破后的围岩断面轮廓整齐，最大限度地减轻爆破对围岩的震动和破坏。光面爆破对围岩扰动小，可保存围岩自身原有的承载能力，改善衬砌结构的受力状态，减小应力集中和局部落石现象，增加了安全度。

（2）预裂爆破

预裂爆破实质上是光面爆破的一种，其爆破原理与光面爆破相同，只是分区起爆顺序不同。预裂爆破先在周边眼间炸出贯通裂缝，对围岩的破坏扰动小。由于贯通裂缝的存在，使得主体爆破产生的应力波在向围岩传播时受到大量衰减，从而有效地减少了对围岩的扰动。

（3）分部开挖预留光面层爆破

隧道开挖前，岩体中的初始应力处于平衡状态，开挖后，岩体中的应力将重新分布，洞室周围的围岩将发生变形。为了减少围岩松动，防止塌方和落石，洞口段采用放小炮、浅孔松动爆破。

三、洞口施工的关键技术

1. 施工准备

隧道进洞施工前，应进行边仰坡防护和加固，平整洞顶地表，作好洞顶防排水工程。

2. 加强环保、减少边坡开挖量

隧道洞口进洞施工不但要满足安全性、经济性，更重要的是要保护好环境，尽量减少施工作业对原始山体和植被的破坏。开工施工时，先清理隧道洞口段上方及侧方有可能滑塌的表土，灌木及山坡危石等。在进行洞口土石方工程时，不能采用深眼大爆破或集中药包爆破，以免影响边坡的稳定。按设计要求进行边、仰坡放线，自上而下逐段开挖，如果发现地形地貌与设计不符时，及时通知设计代表现场办公，合理设置洞口边仰坡变坡点，尽量降低洞口边仰坡开挖的高度，减少刷坡面积和范围以及洞口段植被的破坏量。

3. 选择合理的进洞掘进方案

首先选用合理的进洞方案，隧道大跨施工应选择变大跨为小跨的施工方法，如CD法、双CD法、CRD法、双侧壁导坑法；其次是选择适宜的辅助施工工法，如环形开挖留核心土法、前置式洞口工法等。

4. 采用控制爆破技术，严格控制爆破震动

在进行洞口开挖时，选择适当的爆破方案和方法，采用微震动控制爆破技术，既有利于快速进洞，又可确保进洞安全。

5. 加强监控量测和动态施工

布置好隧道洞口洞顶沉降观测点，及时做好隧道洞口段围岩监控量测、地表的沉降观测和地质超前预报工作，及时施作隧道洞门和二次衬砌。坚持动态设计、动态施工、动态管理，严格尊重施工信息，必要时及时修改设计图纸，确保信息化施工。

6. 加强洞口段地基基础处理

洞口段圬工基础必须置于稳固的地基上，对地基强度不够的部分需采取加强措施，如：扩大基础、桩基、压浆加固地基等措施，设计有仰拱时应及时施作仰拱，封闭基础围岩，及早形成一个封闭的圆形受力环，有利于隧道洞口安全。

7. 隧道洞口接长明洞进洞

如果隧道洞口有塌方落石的威胁，或仰坡不甚稳定，可采用接长明洞的方式进洞，即在洞口处先做一段明洞拱圈，拱圈抵紧仰坡坡脚，在明洞拱圈上及时进行回填可以起到加固仰坡作用。

8. 加强初期支护及二次衬砌

隧道洞口段受力体系与洞内不同，施工所承受的荷载很大。虽然其荷载在开挖后初期已形成，但随着时间的推移其荷载还将继续加大，故在施工中，一是要加强初期支护及二次衬砌，二是隧道初期支护必须紧跟掌子面，减少围岩暴露时间，控制围岩变形，及时施作仰拱封闭成环，并尽早施作二次衬砌混凝土。

第五节　洞身开挖

一、洞身开挖一般规定

1. 洞身开挖前应仔细进行测量放样。开挖过程中，应随时测定隧道轴线位置和高程，在洞内每隔 50m 设置一个水准点，保证按设计方向和坡度施工。监理独立进行测量复核，并做好复核记录备查；

2. 洞身开挖必须采用有利于减少超挖、减少围岩扰动的施工方法并预留变形量。边沟、电缆沟及边墙基础应同时开挖，不得二次爆破开挖；严格控制开挖爆破，尽量做到不欠挖和不超挖。拱脚、墙脚以上 100mm 内断面严禁欠挖；

3. 隧道爆破应采用光面爆破，必要时采用预裂爆破技术；隧道双向开挖的贯通应选择在Ⅳ级以上围岩地段，对挖相距 25m 左右时；

4. 瓦斯地层隧道施工应按现行《煤矿安全规程》的有关规定执行；

5. 在洞身开挖过程中，为保证洞内工作人员施工安全，应配备安置足够长度的逃生管道；

6. 超挖部分必须采用混凝土回填密实，严禁用石渣填塞。

二、开挖方法

根据设计及地质情况，并结合设备条件合理选择开挖方法：

1. 中隔壁法（CD法）施工

（1）上部导坑的开挖循环进尺控制为 1 榀钢架间距（75~80cm）；

（2）只有当一侧先开挖部分已喷射了混凝土且达到设计强度要求后，才能进行另一侧洞身开挖工序；

（3）洞身开挖左右两侧的导坑之间的纵向间隔距离，应能充分满足稳定性的需求，一般情况下不应当小于 15m；

（4）全断面开挖完工时，应高度重视及时完成全断面初期支护闭合这一关键工序；

（5）中隔壁拆除时间的判定要以拱顶下沉和净空收敛为依据，且二次衬砌需在拆除完工时立即施作。

2. 交叉中隔壁法（CRD法）施工

（1）中隔壁的拆除时间要求同 CD 法；

（2）应配备适合导坑开挖的小型机械设备，提高导坑开挖效率；

3. 双侧壁导坑法施工

（1）围岩开挖应尽量采用挖掘机和人工配合无爆破施工，以尽量减少对地层的扰动；

（2）必须先做好洞内排水工作，严防钢支撑结构体地基部分发生软化，而削弱了稳定性；

（3）侧壁导坑开挖完成之后，应及时展开初期支护，左右导坑前后施工拉开距离，不宜小于15m；

（4）导坑与中间土体同步施作，则导坑应超前30~50m。

4. 环形开挖留核心土法施工

（1）环形开挖留核心土法，开挖断面应分为上、中、下及底部四个关键部分；

（2）核心土留存面积，应充分考虑维持稳定性的需要，需满足≤总断面积的50%；

（3）核心土与下台阶开挖应在上台阶支护完工后、喷射砼强度达到设计强度的70%后进行；

（4）每一开挖台阶完成后，需及时喷射4cm厚混凝土封闭围岩。

5. 台阶法施工

（1）如果隧道围岩整体性较好，采用台阶法开挖，光面控制爆破，有效减小对围岩的扰动；

（2）上台阶施工时，钢架底脚设锁脚锚杆以利下台阶开挖安全，下台阶在上台阶喷射混凝土强度达到设计强度的70%后开挖；

（3）台阶分界线不得超过起拱线，上台阶长度不得大于30m；

（4）仰拱开挖前必须完成钢架锁脚锚杆，每循环开挖进尺不得大于3m。

6. 全断面开挖法施工

（1）循环进尺应控制在3~4m，采用大型机械配套作业；

（2）超前开挖导洞时，应控制好开挖距离。

三、隧道开挖钻爆要点

1. 应严格控制欠挖，尽量减少超挖，不同地质围岩超挖允许值应符合规定；

2. 长大隧道要考虑选用性能先进的钻孔设备，且技术指标稳定的多臂液压钻孔台车；

3. 当掘进150m以上，隧道施工必须实施管道通风；

4. 钻眼施工工序开展之前，应先准确标识出开挖轮廓线，精准定位好炮眼部位，其误差值需严格控制在5cm范围之内；经过检测验收程序，并断定完全达到设计要求后，才可以展开钻眼工序；

5. 一般应用直眼掏槽，斜眼掏槽时的炮眼方向，应尽量与岩层节理面垂直；

6. 应配备专用炮泥机加工炮泥，保证装药堵塞质量。需严格按照炮眼设计图，来确定装药量，并自上而下进行；

7. 雷管要"对号入座"，要定人、定位、定段别，严禁乱装药；

8. 炸药引爆后，按爆破作业规定检查有无瞎炮等可疑现象，并及时排除隐患。

第六节　隧道装、运渣

隧道作业往往首先就是开挖导坑，而开挖作业占整个工程量的比重较大，约占总造价的 20%~40% 以上。同时，隧道的施工进度一般又是制约工期的重点。运输作业是把开挖的土石在一定时间内装车。运到洞外，把石渣丢弃到指定的地点，并把洞内施工所需要的机具材料运入洞内指定场所。迅速装运石渣，可使钻爆作业加快进度。加速了整个循环作业，加快了施工进度。

装渣运输由 4 个环节组成：装车、调车、运输、卸渣。为了保证总工期，必须保质保量地按期完成隧道工程。

一、装渣

装渣就是把开挖爆破而得的石渣装入车辆．这项工作看似简单，但较费力费时。需装车的石渣数量可根据开挖体积（包括超挖部分，超挖系数在一般情况下可取 1.15~1.25）乘以开挖后松散系数而得。

漏斗或者漏斗棚架出渣．利用石渣自重掉入运载车内，省力省时。有条件时，应尽量利用漏斗或漏斗棚架出渣。

人力装落地石渣，劳动强度很大。仅在缺乏机械、断面小而无法使用机械装渣时才考虑用人力装渣。此外，机械装渣时。也需要人力装渣作为辅助．例如。机械不能到达的"死角"处需人力辅助。

机械装渣不仅减轻了劳动强度，而且装渣速度快，大大缩短了作业时间。机械装渣是目前隧道施工中常被采用的。装渣机械有许多类型，如翻斗式装渣机、带有转载机的装渣机（装渣机为带式运输机，铲斗装渣后先落入带式运输机，然后由带式运输机装入后方运输车辆）、连续式装载机、轮式装载机或履带式装载机等。有的是电动的，有的是风动的，有的是内燃的。施工时根据施工条件、出渣量的大小、坑道空间等选用。

装渣机具应与运输车辆配套，应能发挥机具的较高效率。从而提高装渣速度。此外，为提高装渣效率，需从机械构造、机具设备配套、石渣块度及形状等角度综合考虑，仅从单一因素着手，往往不能收效。

二、调车

运输作业的效率，与车辆调度有很大的关系。空车及时调入，装渣机尽量减少等车时间，以发挥更大机械使用率，也就是提高了实际装渣时间，这与调车作业做得好坏是有很大关系的。

有轨运输时，开挖面应有调车设备。以加快空车调入。调车设备有许多类型，如平行调车器、浮放调车盘等。设有适当的调车设备，可大大加快调车作业，在施工中应予以注意。

三、运输

运输是把石渣运到洞外，并在指定地点弃渣。此外，洞内需要的材料、机具等（如混凝土集料、支撑材料、回填材料）需运入洞内指定地点。在隧道施工现场，运输作业往往是非常繁忙的。

运输车辆有无轨的和有轨的，如汽车、斗车、手推车等。人力推车或手推车在短隧道施工。且为重车下坡或平坡，又无牵引机械时才使用。使用时要注意制动装置，防止发生事故。牵引机械可采用内燃机车、电瓶车、架线电车等。有些运输车辆自己就有动力，如汽车，槽式列车等。

科学的运输组织和管理是十分重要的，在施工中需注意线路（有轨运输或无轨运输）的良好状态。有轨运输需合理布置洞内外轨道、岔线、渡线，要有利于调车、装渣、装卸、卸料等作业。应建立健全管理制度。如集中调度、信号控制等。调查好运输量、运输时间、材料进洞情况等，编制好运输图；防止运输发生阻车、车辆积压、石渣不能及时装运、材料供不应求等混乱情况；运输作业应有专人负责。

四、卸车

卸车也应该高效率。在弃渣场的选择上，应考虑卸渣方便，不占良田，不堵河道（或航道），不污染环境，同时注意环境美观。如条件允许尽量把渣场推平，做到弃渣造田，文明施工。

五、防排水施工控制

渗水是隧道工程的一大质量通病。要解决好这一问题，必须注意防排水的施工控制工作，要进行细致的调查观察，根据工程隧道防排水设计方案、环保要求及国际国内惯例，因地制宜地采取相应的治理措施。目前，国内一般按照"以排为主、以防为辅、防排结合"的综合治理原则进行防排水施工。施工人员应对洞内的出水部位、水量大小、涌水情况作细致的观察记录，不断完善排水措施。隧道防排水工程一般包括衬砌柔性防水工程及衬砌漏水防止工程。柔性防水层材料应采用施工安装方便、耐久性、防水性、缓冲性等性能良好的复合防水卷材。二次衬砌应做成防水混凝土结构，采用防渗混凝土或特种防渗膨胀水泥。对于二次衬砌浇注接缝处，应使用遇水膨胀橡胶型止水带，以防止工作缝薄弱环节发生漏水。应高度注意排水工程的施工质量，从严控制衬砌背面环、纵、横排水工程以及路基排水工程和路缘排水工程的施工质量。

第七节 支护工程

隧道支护就是在隧道开挖过程中，对隧道周围岩石采取加固的措施，确保隧道周围岩石的稳定性，避免隧道开挖施工过程中出现坍塌的事故，所采用的一种重要的施工手段。虽然随着社会经济的发展，我国隧道工程也呈现出迅猛的发展趋势，但是隧道工程安全事故发生的概率也随之不断地增加。经过深入的研究分析发现，支护手段与施工工艺不合理是导致大多数隧道事故发生的主要因素。

一、隧道施工初期支护

隧道工程施工中，采取的初期支护，主要是在隧道开挖后，针对围岩进行的封闭施工，以达到避免围岩因为受到水和空气的侵蚀而出现下降的现象，将围岩变形与应力最大限度的释放出，确保围岩的稳定性，为隧道开挖施工的顺利进行做好准备。隧道开挖初期，采取的支护施工方法是隧道施工的重要环节之一，这一支护技术的应用，确保了围岩自身的稳定性，承担着来自原围岩变形所产生的压力。就初期支护的主要组成内容而言，其主要是由喷射混凝土、锚杆、钢拱架联合等几部分组成的。

1. 喷射混凝土

喷射混凝土作为隧道开挖过程中封闭暴露围岩最常用的处理方法之一，其对于促进围岩稳定性的提升具有极为重要的意义。由于干喷作业在施工过程中所产生的大量的粉尘，不可避免的会对施工人员的身体造成伤害。所以，通常采用湿喷方式进行施工。根据隧道工程施工的特点和要求，喷射混凝土主要采取的是厂拌的方式，也就是在拌和站内集中进行混凝土的拌和，然后利用运输车辆，将混凝土运送至隧道施工现场，最后进行混凝土喷射施工作业。混凝土喷射施工在实际操作的过程中，应该按照以下步骤执行：混凝土的喷射作业，应当采用分段、分片以及分层逐一进行。喷射顺序一般按照自上而下的顺序，每一段长度一般最好别超过 6m。在喷射时，首先应当喷射低洼处，然后在依据自上而下的顺序，分层喷射。对于有钢筋网或者是钢拱架时，先喷射钢拱架与壁面间，然后在喷射钢架之间。对于边墙而言，应当从墙角开始，向上喷射。分层喷射，在进行后一层的喷射时，一定要等到前一层混凝土终凝后，才能进行。边墙混凝土厚度一般为 7~10cm，拱部混凝土厚度为 5~6cm，混凝土的喷射一定要均匀。

2. 钢拱架架设

钢拱架质量是影响隧道工程施工进度与安全的重要因素之一。所以，施工人员必须对钢拱架施工予以充分的重视。按照钢拱架施工工艺的顺序进行施工，钢拱架施工过程中的要点则主要有以下几方面：①在施工过程中，必须确保钢拱架截面高度保持在10~18cm范围内，同时在钢拱架架设过程中，必须严格地按照钢拱架架设的要求控制架设时间；②钢拱架各节之间的连接，必须采用螺栓连接的方式，确保连接板与螺栓紧密地贴合在一起，并密切关注钢拱架受力的特征。经过长期的实践应用发现，钢拱架在初期支护中作为承受围岩荷载的主要结构，其轴力最大位置应位于钢拱架的拱腰处，才能达到有效控制围岩变形的目的。

3. 锚杆

隧道施工现场地质条件和使用要求的不同，选择的锚杆类型也存在一定的差异。如果锚杆施工过程中孔位偏差过大，就会对隧道钻孔方向产生不利的影响。另外，为了确保隧道施工的顺利进行，在钻孔结束后必须及时的去除孔内的石屑等杂物，然后按照施工工序的要求进行灌浆施工，并在灌浆施工结束后将锚杆插入。在这一工序施工的过程中，必须确保锚杆插入前先安装垫板，同时确保喷射混凝土面与垫板紧密地贴实在一起，才能确保将锚杆露出岩面的长度控制喷射混凝土厚度以下。

二、二次衬砌支护

二次衬砌支护作为初期支护完后，在内侧架设模板浇筑混凝土所形成的衬砌结构，其与初期支护都是复合式衬砌的重要组成部分。根据隧道工程施工的特点和要求，二次衬砌施工必须严格的按照以下施工工序施工：首先，进行边墙整体的混凝土浇筑施工以及仰拱部混凝土浇筑施工；其次，施工过程中剪力最大的部位不能设置水平施工缝，同时严格的按照要求做好防水措施，确保二次衬砌施工的顺利进行。另外，混凝土材料的配比必须符合工程设计要求，才能避免二次衬砌施工出现裂缝的现象，确保二次衬砌表面浇筑的平整、圆顺以满足工程施工的质量要求。

三、超前支护

所谓的超前支护，实际上就是我们常说的预支护，超前支护的目的是为了确保隧道开挖的稳定性而采取的一种预先加固围岩的施工技术，超前支护施工技术的应用，保证了隧道施工过程中围岩破碎情况下施工人员的生命安全。就目前而言常用的超前支护方式主要有以下几种。

1. 超前大导管

这一施工方法在应用之前，必须先搭符合施工要求的工作平台，然后利用导向架，将钢管沿掌子面外轮毂线较小的外插角插入掌子面前方，最后进行注浆施工作业，以达到预先加固掌子面前方围岩的目的。

2. 超前小导管

施工技术与超前大导管的作用相似。在小导管施工开始前，必须先采取喷射混凝土的方式将开挖面以及其后的一段进行封闭处理，然后沿着隧道的拱部外轮毂线将带孔钢管打入其中，最后再向钢管内注入水泥浆，确保水泥浆液深入围岩中，以达到有效加固围岩的目的。由于小导管施工工艺与大导管施工工艺相比较而言，其具有操作中简便且经济效益显著等各方面的优点，所以，超前小导管与钢支护相结合的施工技术，已经成为目前隧道工程施工中最常用的施工技术之一。

四、支护的施工要点分析

1. 喷射混凝土

喷射混凝土可以药盒、镶嵌岩体快，将其粘合为一个整体，此种喷射混凝土的方法可以避免围岩的松动，起到牢固围岩的作用。并可以使围岩呈现三轴应力状态，在围岩表面形成抗力和剪力。并且在混凝土的作用下，可以避免岩土体的塌陷，增强岩土体的强度，此外喷射混凝土的支护方式也可以与其他支护方式联用，以此增强其支护效果。向隧道围岩喷射混凝土能够有效保障围岩之间的黏结力，降低围岩松动发生的概率，并能有效缓解应力集中的情况。一般来说，当洞室内的围岩因为施工而出现分割的岩块时，使用喷射混凝土的方式最为合适。此外，该种支护方法可以在围岩的表面产生一定的抗力、剪力，从而使得围岩应力与其产生一种互相平衡的状态。由于混凝土层具有一定的结构刚度，所以喷射混凝土能够稳定一些稳定性较差的围岩，避免出现坍塌的现象。施工单位可以将喷射混凝土的支护方法与其他支护方法结合使用，缓解其他支护长期受到压力而出现的变形情况。正因如此，我国现阶段在路桥隧道工程中主要使用的支护方式就是喷射混凝土支护。

2. 锚杆支护

在岩石当中打入锚杆，起到固定岩石作用的支护方式成为锚杆支护。锚杆支护能够给予围岩反作用力，并使得围岩的应力状态进行改变。一般来说，锚杆支护主要应用在一些刚度恶化严重的围岩中，并起到控制围岩刚度的作用。当施工单位给予区域内的围岩一定量的锚杆之后，就行在整个区域形成围岩加固圈，使得锚杆与围岩共同承担荷载所造成的压力，并最终达到提高围岩承载能力的目的。

3. 钢筋网

钢筋网与锚杆支护属于共同使用的支护方式。一般来说，锚杆支护的分布密度较为稀疏，而一些距离锚杆支护较远位置的岩体则相对稳定性较差，而这些位置的岩体也是导致坍塌事故发生的主要原因。钢筋网的使用能够进一步提高锚杆支护的稳定作用，解决锚杆支护所不能固定的盲区。

4. 支撑支护

支撑支护的主要作用在于其可以使用自身结构上的强度来对围岩起到支撑的作用，并抑制围岩的变形情况。一般来说，当路桥隧道工程的工作面开挖环节完成之后，就必须按照预期设计的标准进行支撑支护的安装工作。上述四种支护方式为路桥隧道工程中的常用支护方式，为了确保围岩的整体稳定性，四种支护方式一般会共同使用。

总之，越来越多的新技术和新材料在隧道工程施工中的应用，不仅为隧道支护手段的发展和创新提供了全面的技术支持，而且随着研究人员针对隧道支护技术研究力度的进一步加强，更多的高质量低成本隧道支护技术已经通过验证，并被应用于隧道工程施工中，这些新技术和工艺的应用，也为我国隧道工程建设事业的发展奠定了坚实的基础。

第十章 铁路隧道施工辅助作业

第一节 通风与防尘

隧道工程及施工技术飞速发展,对其安全性要求也日益重视。隧道施工中,由于爆破、内燃机械等因素的存在,现场施工人员受到粉尘和噪音等威胁十分严重。因此,加大通风除尘措施,降低各种作业产生的粉尘和有害气体等意义重大。

某隧道洞身结构按新奥法施工原理设计,即以系统锚杆、喷混凝土、钢筋网、钢架等组成的初期支护与二次模筑混凝土相结合的复合衬砌形式。施工掘进为单向双洞开挖。

一、水文地质条件

隧址区构造、剥蚀高中山地貌区。区内地貌多形成高山、峡谷。沟谷多呈"V"型,谷底陡窄,沟床坡降大,水系呈树枝状。区内山脊最高约1450m,沟谷最低约1040m,相对高差约410m,地形总体变化大。隧道近东西向穿越一山体,总体地形南高北低。隧道整体位于一山体的北面斜坡上,整体坡度50°~75°,基岩大部出露,为岩浆岩,坡体植被主要为少量草丛、灌木,基岩局部出露节理、裂隙较为发育。

隧址区地下水主要有松散层孔隙水、岩浆岩裂隙水。松散层孔隙水主要赋存于第四松散堆积层中,接受大气降水及地表水的补给顺地形向沟以及沟下游排泄,并部分补给下伏地下水,具有补给条件差、径流距离短的特征,地下水不丰富。岩浆岩裂隙水主要赋存于花岗岩的裂隙中,埋藏分布于风化带裂隙和构造裂隙中,其富水性和透水性较好。

二、隧道施工

1. 施工技术方案

隧道根据设计衬砌形式不同,采用注浆小导管、药卷锚杆、喷射混凝土、钢筋网、钢支撑作为初期支护,40~50cm厚的二次衬砌。

在防护棚搭设施工中,重点施工流程及注意事项如下:

(1)钢管及扣件必须附有该产品的生产许可证和产品合格证,并对进场产品进行抽样检验,取得合格检验单后方可使用。当使用旧钢管时,要求其表面锈蚀度不得超过0.5mm;钢管弯曲变形在端头1.5m以内不得超过5mm,立杆弯曲不得超过12mm,否则就应进行校正后再使用;发现有裂缝(或焊接裂缝)须补焊好后再用。禁止使用有裂缝、滑丝、变形的扣件。

(2)参加搭设的工人必须经过专门的安全技术培训,经考核合格,持架子工有效特种作业操作证,经体验合格后方可上岗。并在上岗前进行安全技术交叉和相关安全技术学习,使他们在思想意识上重视防护棚搭拆的危险性和应采取相应的安全措施。

(3)防护棚搭设时先立立杆,立立杆时要临时固定。临时固定方法可设临时斜撑。

(4)在安装扣件时,所有扣件的开口必须向外,以防止闭口缝的螺栓勾挂操作者的衣裤,影响操作安全。

(5)防护棚的横向受力杆件应交叉设置于立杆的不同侧面,使立杆在受载时偏心减小。

(6)在搭设防护棚时,每完成一步都要及时校正立杆的垂直度和上下横杆的标高和水平度,使防护棚的步距、横距、纵距上下始终保持一致。

(7)防护棚立杆钢管在2m以上钢管及横杆、隔棚、防护栏杆钢管用黄黑色油漆涂刷。

(8)防护棚严禁与外脚手架连接。

(9)防护棚的防雷、防电、防火。防雷:防护棚采用单独埋设接地防雷装置。具体方法为在防护棚角部处用L50×5角钢 L=1500mm 埋入地下,再用40×4扁钢引出与防护棚连接。防电:电线不允许直接绑扎在防护棚上。棚内的照明电线、灯具应与各金属管有效绝缘隔离。防火:在防护棚立杆上设置一定数量的灭火器材。

2.施工质量保障

搭设质量控制包括:立杆的垂直偏差:纵向±15mm;横向±10mm;全部稳定后,纵向水平力的冲击位移 $£_{max}$=10mm;横向为 $£_{max}$=30mm;扣件紧固力矩不得低于40N·m,不高于50N·m。并用力矩扳手抽测。

防护棚上严禁堆结荷载。不得以防护棚为卸料平台,堆放周转材料。禁止振动设备及混凝土泵送管道与防护棚联系。防护棚验收与保养,防护棚基础必须经过现场生产副经理、项目工程师、安全员等联合验收合格后,方可进行上部防护棚搭设。棚架体经过7.1条有关人员验收合格后当场办理好验收手续,挂验收合格牌后方可使用。架设班组长每周对防护棚进行检查和保养。检查重点是防护棚的垂直度、基础、联结件的数量、位置、堆荷情况、临边的防护等。发现隐患及时消除,并做好检查和保养记录。

洞身开挖采用自制多功能台架人工手持风钻钻眼,光面爆破或预裂爆破,装载机装碴自卸汽车运输。洞口V级围岩段采用环状开挖留核心土施工方法,以"短进尺、弱爆破、快封闭、勤量测"作为本隧道施工的指导方针。开挖完成后及时施做初支钢架、锚杆和挂网混凝土初期支护及下循环超前支护。

三、通风和防尘措施

1. 通风控制条件

坑道中各因素参数要求如下：氧气含量，按体积计，不得低于20%。粉尘允许浓度，每立方米空气中含有10%以上游离二氧化硅的粉尘为2mg；含有10%以下游离二氧化硅的水泥粉尘为6mg；二氧化硅含量在10%以下，不含有毒物质的矿物性和动植物性的粉尘为10mg。有害气体浓度，一氧化碳不大于30mg/m³。当施工人员进入开挖面检查时，浓度可为100mg/m³，但必须在30min内降至30mg/m³；二氧化碳按体积计，不超过0.5%。氮氧化物换算成NO_2为5mg/m³以下。隧道内气温不得超过28℃。

隧道施工时，供给每人新鲜空气量，不应低于3m³/min，采用内燃机械作业时，1kW功率的机械设备供风量不宜小于3m³/min。隧道开挖时全断面风速不应小于0.15m/s，坑道内不应小于0.25m/s。但均不得大于6m/s。

2. 施工通风计算

钻爆法施工，循环进尺按2.0m，炸药用量1.3kg/m³，通风时间按30min考虑。钻爆法施工时掌子面所需风量应按洞内要求最小风速、洞内人员需风量、一次爆破后30min排除掌子面炮烟所需的风量计算，取其中的最大值为设计风量。总阻力为风管段阻力和隧道段阻力相加。风管段阻力包括静压损失和动压损失；隧道段阻力包括沿程阻力损失、动压损失和局部阻力损失。正洞隧道内摩阻系数为0.02，采用直径为1.65m的风管，管节100m，百米漏风率为1.3%，管道内摩阻系数为0.019；

（1）风量计算

根据洞内同时作业的最多人数计算，采用公式：

$$Q_1 = qmk \; (m^3/min)$$

式中 q——洞内每人每分钟所需新鲜空气，取3m³/min；m——洞内同时工作的最多人数；k——风量备用系数，取1.15。

另按洞内同一时间爆破使用的最大炸药量计算，采用压入式通风计算：

$$Q_{2压} = \frac{7.8}{t} \times \sqrt[3]{AS^2L^2} \; (m^3/min)$$

式中：t——通风时间取30min；A——同一时间起爆总药量；S——平导断面面积；L——压风管口至工作面距离，取30m。

按洞内允许最小风速计算，采用公式：

$$Q_3 = 60VS \; (m^3/min)$$

式中：V——洞内最小允许风速 m/s，最小允许风速为0.15m/s；S——洞室面积。

取以上三种计算得到的最大通风量作为设计通风量。

（2）漏风量及风压计算

隧道供风量：

$$Q_{隧}=P \cdot Q, \quad P=(1-\beta)-L/100$$

式中 P——漏风修整系数；β——百米漏风率；L——通风管长度。

通风总阻力 = 风管段阻力 + 隧道段阻力。

3. 通风注意事项

压入式进风管口或抽出式排风管口应设在洞外适当位置，并做成烟囱式，防止污染空气再流入洞内。通风管靠近工作面的距离，压入式通风管的出风口距工作面不宜大于15m。当有两个以上的通风系统相互交错，通风时，要在横通道、竖井等部位布置风门，防止新鲜风与污风的混流。通风机应装有保险装置，发生故障时能自动停机。通风系统应定期测定通风的风量、风速、风压，检查通风设备的供风能力和动力消耗并做好记录。如通风设备出现事故或洞内通风受阻，作业条件太差，所有人员应撤离现场，在通风系统未恢复正常工作和经全面检查确认洞内已无有害气体之前，不得进入洞内。采用机械通风，施工场所的噪声不得超过90分贝，如有超出，第一，检查风机消声器的工作性能，第二，改装或增设消声器。风管安装顺直、严密；风管的联结采用密封法兰盘接头，橡胶垫板，拧紧，尽最大努力防漏降阻。

4. 通风排烟管理措施

设立通风排烟作业班组，作业人员实行通风排烟值班。风管安装做到平、直、稳、紧，且不漏风。风管转弯半径应不小于风管直径的3倍，风机及风管必须随掘进而延伸。通风机安装牢固，通风方向与管道方向基本一致，尽量增大每节风管的长度以减少风管接头。出现问题，及时维修，保证通风效果。作业面爆破前，做好对风机及风管防护，爆破后由专职人员携带防毒面具进入拆除防护及延伸送风管，确保送风管出风口到掌子面距离少于30m，同时尽快开启送、排风机，达到加速排烟的目的。当开挖与砼浇注或开挖与喷射砼平行作业时，通过浇注砼或喷射砼处的风管应换接临时风管以保证向开挖面和混凝土工作面的顺利通风。

5. 洞内防尘

洞内防尘的基本原则采用湿式凿岩和湿喷混凝土工艺，水幕降尘和个人防护相结合。
喷雾降尘：放炮后，利用爆破冲击波启动喷雾器，采用风水喷雾器，对掌子面喷雾降尘。
水幕降尘：在掌子面30m处设一台光电控制自动水幕降尘器，对掌子面开挖范围封闭降尘并净化空气。

喷射混凝土规范控制风压，一般控制在0.15MPa以内。在喷射混凝土工作面设局部风机和集尘仪。个人防护，掘进、装碴及其他辅助作业工人佩带防尘口罩。喷射混凝土工作人员佩带附有净化器和呼吸器的出碴防尘；水洗岩帮，放炮后出碴前，用水枪在掘进工作面自里向外逐步洗刷隧洞顶板及两帮。水枪距工作面15~20m处，水压一般为0.3~0.5MPa。装碴洒水，在装碴前及装碴时，向碴堆不断洒水，直到石碴湿透。对干燥的石碴，其洒水量可取 4~8L/m³；如果石碴湿度大，可以少洒水或不洒水。喷混凝土防尘，采用湿喷工艺，添加黏稠剂、速凝剂等外加剂，也可加入合成纤维降低回弹率。严格按照喷防尘安全帽。

第二节 供 风

隧道施工中开挖、支护和衬砌三条主要作业线所采用的机械（具）设备，应向电气化、液压化、自动化方向发展。但在现阶段，除少数长大隧道外，大部分隧道施工时仍采用以压缩空气为动力的风动机械（具）设备。

压缩空气俗称高压气，即经空气压缩机压缩后的具有一定压力的空气。要保证风动机械（具）设备正常运转，压缩空气必须具有足够的风量和风压。

一、供风量的计算

空气压缩机（称空压机或压风机）站应提供能满足各种风动机械（具）设备正常运转及输送损耗所需要的风量。供风量的大小可根据下式计算：

$$Q_{供} = \sum nq_1k_1c + La \quad (\text{m}^3/\text{min}) \tag{1}$$

式中：n——同时使用的各种风动机械（具）的台数；

q_1——每台风动机械（具）的耗风量，可查阅有关机械手册（m³/min）；

k_1——因机械磨损而使用风量增大的系数，取 $k_1 = 1.2~1.3$；

c——同时工作系数；

L——高压风输送管路的理论长度，即实际铺设的管路长度与配件折算的管路长度之和（km）；

a——每 1km 高压风管在单位时间内的漏风量，取 $a = 1.5~2.0$m³/（km·min）。

二、空压机站

空压机站主要由空压机、配电设备、储风缸（俗称风包，用于均衡风压及排泄高压风中的油和水）、送风管及其配件、循环水池（用于冷却空压机）等组成。

空压机按动力来源可分为电动和内燃两种。短隧道可采用移动式内燃空压机，长隧道可采用固定式大型电动空压机。

空压机所配置的台数应按下式计算确定：

$$N = \frac{Q_{供}}{q_2 u} k_2 k_3 \quad (\text{台})$$

式中：$Q_{供}$——计算供风量，按式（1）计算；

q_2——一台空压机生产的能力；

u——海拔高度对空压机生产能力影响的折减系数；

k_2——空压机磨损引起效率降低的修正系数，取 $k_2=1.05\sim1.10$；

k_3——备用系数，取 $k_3=1.3\sim1.5$。

空压机站一般应靠近洞口，与铺设的高压风管路同侧，并注意防洪、防火、防爆破，机房要求地形宽敞，通风良好，地基坚固。空压机组采用并列式布置，两空压机之间的净距不小于1.5m，此外，还应考虑空压机出入、调换、加油、加水等方便。

三、高压风管管径的选择

高压风管管径应根据可能出现的最大风量和容许的最大风压损失来确定。使之满足：能通过计算的最大供风量；送风管末端的风压不小于 0.6MPa，以保证高压风通过胶管到达风动机械（具）后仍能保持 0.5MPa 的风压，即风压损失 $\Delta P=0.1$MPa。

高压风管管径选择可按下列步骤进行：

1. 计算出送风管路最大的理论长度；
2. 根据最大供风量及送风管管路最大的理论长度，查风管直径；
3. 根据查得的风管直径及最大供风量，得出风压损失 ΔP 值，当 $\Delta P \leqslant 0.1$MPa 时，则查得的风管直径即可使用，否则必须将风管直径加大一级，并按上述步骤重新选取，直至满足要求为止。

四、高压风管管路铺设要求

1. 管路铺设时应做到平、顺、直，接头严密，架设牢固，使之尽量减少风压损失。
2. 有平行导坑的隧道，主风管路一般布置在平行导坑内横通道对面一侧，支管路从轨道下方穿过进横通道到正洞。
3. 独头巷道的隧道，风管应位于水沟异侧。
4. 有计划地安装洞内支管路及闸阀，做到既满足各工点施工需要，又应尽量减少管路配件数量。
5. 主风管路设在距工作面 30~40m 处，其末端配有分风器用的 50~75mm 高压胶管。风枪用的高压胶管一般为 19mm，其长度不超过 10m。
6. 严寒地区的洞外管路应采取防冻措施。

第三节 施工供水与防排水

一、施工供水

隧道施工中由于凿岩、防尘、喷射混凝土、灌注混凝土衬砌、混凝土养护及空压机冷却等需要大量用水。另外，施工人员生活（饮水及洗澡）也要用水，因此要有供水设施。

（一）水质要求

凡无臭味，不含有害矿物质的洁净天然水都可以作施工用水，但仍应做水质试验分析。对拌制混凝土的用水，要求硫酸盐含量不大于1500mg/L，氢离子含量（pH值）不少于4，且无油、糖、酸等杂质。作为防尘用水，要求大肠菌指数每升水中不超过三个。生活用水要求新鲜清洁。

（二）用水量估算

用水量与隧道工程的规模、施工进度、施工人员数量、机械化程度等条件有关，变化幅度较大，一般可参照表10-3-1来估算1d的用水量，再加一定的储备量。

表10-3-1　1天的用水量

用水项目	单位	耗水量	说明
风枪用水	t/（h·支）	0.2	
喷雾用水	t/（min·台）	0.03	每次放炮后喷雾30min
衬砌用水	t/h	1.5	包括混凝土养护及洗石用水
机械用水	t/（台·d）	5.0	循环冷却用水
浴池用水	t/次	15.0	
生活用水	t/（人·d）	0.02	

（三）供水方式

供水方式主要根据水源情况而定。在选择水源时，应根据当地季节变化，要求有充足的水量，保证不间断供水。通常应尽量利用自流水源，以减少抽水机械设备。工程中具体做法一般是把山上流水或泉水，河水或地下水（打井）用抽水机扬升到山顶的蓄水池中，然后利用地形高差形成水压，通过管路送达使用地点。蓄水池形式一般为开口式。水池容量根据最大计算用水量、水源及抽水机等情况而定。为防止抽水机发生故障或偶尔停电，还应考虑备用水量。根据经验可按1d用水量的1/2~2/3来修建。

蓄水池位置应选择在基底坚固的山坡上，避开隧道洞顶，以防水池下沉开裂后漏水渗入隧道，造成山体滑动或洞内坍方。

水从水池出水口到达隧道开挖面，其水压应不小于 0.3MPa，所以水池与隧道贯通开挖面间应有一定的高差值，即

$$H \geq 1.2（30+h_{损}）（m）$$

式中：1.2——水压储备系数；

$h_{损}$——管路的全部水头损失，其值为

$$h_{损}=\sum h_{摩}+\sum h_{局}$$

其中：$h_{摩}$——管路摩擦损失，

$h_{局}$——管路局部损失。

管路水头损失的计算可查阅有关手册。

供水管道，主管直径一般为 75~150mm，支管直径为 50mm。管路铺设时应保证质量，确保不漏水，严寒地区应有防冻措施。

二、铁路隧道防排水施工

近年来，随着高速铁路的快速发展，隧道防排水施工技术水平也在不断提高，对隧道防排水施工技术及质量提出了更高的要求。隧道防排水设计是否合理及最终施工质量的好坏，不仅影响隧道施工质量验收评定，而且也会影响隧道运营安全。隧道施工的关键是"一看光爆，二看防水"，光面爆破效果好坏直接影响隧道初期支护成本和质量，也间接影响防排水质量，因此，如何较好推广应用新工艺新技术新材料，确保隧道防排水施工质量至关重要。

1. 影响隧道防排水施工质量的主要因素

（1）相关管理制度是否完善及参建人员的素质高低。健全的质量管理制度、参建人员的责任心及操作水平将对隧道防排水施工质量造成直接影响。

（2）防排水材料质量。防水材料质量指标、性能是否满足设计要求，直接影响防排水施工的质量。施工中应积极推广应用新型防水材料。

（3）防排水施工机具及设备。防排水施工所用超声波焊接机、射钉枪、爬行焊机、手持热风枪、止水带热熔焊机以及与隧道主体混凝土结构相关设备等性能好坏也将直接影响防排水施工的质量。

（4）施工工艺及施工方法。隧道防排水施工工艺及施工方法是否得当是影响防排水质量的关键所在。施工中应严格推行新工艺、新技术。

（5）作业环境。主要包括两个方面，一是工人操作的作业环境，防水层铺设台架设计应方便作业人员操作，不留死角，并配置吊装设备。二是隧道所处地理、气象、水文及地质环境，遇涌水量较大的地段，应进行动态设计，应按"防、排、堵、截"相结合的原则进行处理。

（6）设计合理性。以前隧道纵环向盲管设计要求纵向盲管全隧贯通设置，且与环向盲管及边墙横向泄水孔采用三通连接，存在较多弊病，盲管一旦出现一处不通将影响整个

隧道排水功能，且三通连接处质量较难控制，稍有疏忽会造成断开，最终被混凝土堵塞。

隧道防排水施工质量的影响因素是多方面的，从隧道开挖初期支护到模注混凝土的各个工序质量都将对防排水施工质量造成影响。

2. 隧道防排水施工失败主要表现及其原因探索

经过对多座隧道的观察发现，隧道防排水施工失败主要表现在以下几个方面：①变形缝处漏水；②施工缝处漏水；③二次衬砌混凝土表面渗水。其主要原因分析如下：

（1）设计不合理

隧道设计未采用分段独立排水系统进行排水，不利于衬砌混凝土背后积水排出。隧道纵、环向盲管理论上可以将水引出，但施工中发现纵向盲沟在水量比较小时，排水速度较慢，且在二次衬砌施工时也很容易形成积水，承压后发生串水现象，造成隧道两侧边墙纵向施工缝处经常处于潮湿状态，甚至处于渗水状态。在隧道涌水量较大地段，未根据实际涌水量进行动态排水设计，由施工单位自行增设排水盲管，不能满足排水要求。

（2）施工方面的原因

①纵、环向盲管安装不规范。一是盲管未固定好，混凝土浇筑时发生移位，甚至定位不准确；二是安装不顺直，甚至出现反坡现象；三是接头未连接好，出现断开现象；四是土工布包裹质量不能满足要求。以上现象均会在灌注混凝土时，盲管被水泥砂浆堵塞，排水不畅。

②防水板施工不规范。一是防水板安装时固定点数量不足，未紧贴基面，松弛度不足，混凝土浇筑时造成破损；二是工人操作不熟练，认识不足，麻痹大意，形成漏焊、假焊现象，充气检查不到位；三是钢筋模板安装时造成防水板破损未进行有效修补；四是超声波点焊时电流过大，点焊时间过长，防水板被烧穿。

③膨胀式止水带、止水条安装不规范。止水带安装不居中，埋设深度过大或过小；搭接长度不足，焊接质量不满足设计要求；对已安装的止水带防护不到位，损坏严重，特别是仰拱端头处止水带经常被挖掘机破坏，未进行补救，即使修补效果也不能满足设计要求；施工缝处膨胀式止水条安装采用预埋工艺，遇水先期膨胀而失去止水效果，应选择预留凹方式，在灌注混凝土前安装。

④钢筋混凝土施工质量达不到设计要求。目前隧道普遍采用模板台车衬砌，工作窗口数量不足或不按窗口进行分散布料，钢筋密度较大，混凝土振捣不密实，且二次衬砌拱部混凝土灌注不饱满，易在拱顶形成一条纵向积水通道。

⑤施工缝、变形缝施工质量未控制好。施工缝和变形缝是隧道防水中的相对较薄弱环节，对此业界有"十缝九漏"的说法。施工缝表面混凝土浮浆、杂物、积水未处理干净，表面未进行凿毛处理或凿毛不到位，且混凝土灌注前未预先采用砂浆铺底。

⑥初期支护渗漏水严重。初期支护前未对洞身出水点进行集中引排处理，防水层和混凝土在有水环境下施工，防水层和混凝土的施工质量无法保证。

⑦仰拱施工基底清理未清理干净，存在虚碴、杂物，极易形成仰拱底部水流通道，造

成在营运后承压水从混凝土施工缝处上升，从而造成翻浆冒泥现象。

⑧开挖成型较差，初期支护表面不平整，对基面外露锚杆、钢筋头、螺杆钉头等未进行清除，造成防水板破损。

3. 防排水施工主要技术措施

（1）加强技术培训，培训合格后才能上岗作业。通过防排水施工技术培训，使管理人员、操作人员能够清楚地认识到各道工序的防水施工要点，熟练掌握防水施工工艺，提高管理、操作人员防水各道工序施工质量意识。

（2）严格施工纪律，建立健全责任制和奖罚制度，提高管理、作业人员的工作积极性和主动性，建立各个岗位的责任制及相应的奖惩制度，让每个岗位的人员都能够认识到必须作好本职工作，按照隐蔽工程检查程序报检，验收合格后方可进行下道工序。

（3）加强对防水材料质量进场管控。通过招投标选择合格供应商，隧防排水材料应具备生产许可证、产品合格证和试验检测报告等相关质量证明文件。施工中应从源头上进行把控，相关管理人员严格把控质量检验及进场关，杜绝不合格材料投入主体工程。

（4）推广应用新工艺新技术。施工缝、伸缩缝处止水带安装采用钢端模、角钢对夹工艺。施工中应根据不同的衬厚度定制仰拱端模及二衬端模，安装模板时将止水带预先固定在模板中间；纵向施工缝处止水带应采用角钢进行固定，且采用螺栓进行对夹连接。

止水带连接采用热熔焊接工艺。环向止水带长度应根据隧道几何断面尺寸及施工工艺要求，由生产厂家定制，尽量避免或减少接头。当确需接头时，塑料止水带应采用塑料焊接机进行焊接，橡胶止水带应采用热压机硫化搭接胶合，接头强度不得低于母材强度的80%，焊接长度满足设计要求。

防水板铺设采用热合焊接工艺。防水板采用无钉孔铺设，即先用 $\Phi 80$ 热熔垫圈和射钉将缓冲层无纺土工布固定于基面上，再用热合器将防水板热化粘接在塑料垫圈上。垫圈布置间距，拱部 0.5m~0.8m，边墙 1.0m，并呈梅花形布置，确保防水层紧贴基面。

严格按照独立排水设计进行施工，纵向盲管从上一衬砌节段边墙处引入，从下一衬砌节段边墙处引出，环、向盲管从两侧边墙处直接引出，纵、环向盲管相互独立，互不影响，循环安装，在二次衬砌台车边模两端相应高度预留盲管引出孔眼，准确控制出水口位置，且盲管进出口位置距施工缝变形缝距离不得小于1m，最后在施作两侧水沟电缆槽时分别将纵、环向盲管引入侧沟，引入侧沟时管口高度高出水沟底面不小于15cm，避免今后被沟底淤泥堵塞，造成排水不畅。

二衬拱顶回填注浆应在二衬混凝土灌注完成后，混凝土强度达到设计强度60%，二衬台车脱模前及时进行。混凝土灌注前在拱顶纵向预贴 $\Phi 30$ PVC注浆花管和排气管（检查孔），采用胶带预贴牢固，避免混凝土灌注时预贴管脱落，造成堵塞，且小心安装，不得捅破防水板。注浆材料采用M20微膨胀性水泥砂浆，注浆压力达到设计终压或排气管出浆时，拱部混凝土已灌注饱满，结束注浆并进行封孔处理。

（5）地表处理。施工期间，对隧道周围的地表水，应采取有效的截水、排水、挡水和防洪措施，防止地表水流入隧道内，危及施工安全。

（6）综合运用注浆防水。在富水地段或软弱地层，应根据水压、涌水量及围岩自稳能力等情况，采用全断面注浆或帷幕注浆进行加固堵水，主要加固隧道开挖轮廓线以外的一定范围以及隧道开挖面，加固范围宜为隧道开挖线以外3~8m；当围岩有一定自稳能力时采用周边小导管预注浆堵水；当初期支护出现大面积渗漏水或支护结构变形较大时，除加强支护措施外，应采用径向注浆进行堵水加固。

第四节　施工供电与照明

一、供电线路

隧道供电电压一般是三相四线400/230V，动力机械电压标准是380V，成洞地段照明用220V，工作地段照明用24~36V。

对于长隧道考虑到低压输电因线路过长而使末端电压降得太多，故用6~10kV高压电缆进洞，然后在洞内适当地点设变电站，将高压电流变为400/380V，再送至工作地点，洞内220V照明线均应使用防潮绝缘导线，并架设在离地面2.2m以上高的瓷瓶上。高压电缆的架设高度应高出地面3.5m。

二、铁路隧道照明设计

隧道照明的主要作用是为了方便设置在隧道内的工务、电力、牵引供电、通信、信号等设施的维修养护工作。长期以来，既有铁路隧道的固定照明在照明灯具、控制方式、供电线路维修等方面存在诸多不利因素，隧道的照明问题一直没有引起足够的重视和解决，给隧道内的线路检查和养护维修作业带来很多困难，直接影响检查和作业的质量，使得隧道内的线路维修处于不良状态；成为运输安全生产的一大隐患。随着我国科学技术的进步和铁路建设的高速发展，铁路建设以及设备配套标准也在不断提升，隧道照明作为其中一项不可或缺的重要组成部分，它的新建和改造标准也在发生着很大的变化。为了能给铁路机车车辆和养护人员提供一个安全舒适的照明环境，设计人员在设计构想过程中，应通过科学设计，尽可能地满足安全标准的各项要求。

1. 隧道照明存在的问题

建于20世纪的铁路隧道照明，固定照明大多选用传统的钠灯，照度低，光线昏暗，使用寿命短，维修更换频率高、不方便。随着运行时间的推移，隧道内损坏的灯具数量不断增加，由于不能及时更换，照明环境更加恶化，养护人员巡视的次数和质量相应下降。

日常的维修检查以及施工作业，例如工务人员起道、拨道作业，调整轨缝，检查钢轨裂纹，整治冻害；供电人员调整导高、拉出值等都受到了影响，给行车安全留下了隐患。

2. 隧道照明相关标准

为避免及减少需要进入铁路隧道人员的不适，创造安全舒适的环境，隧道照明在减少事故方面发挥着至关重要的作用。因此，根据《铁路隧道固定灯具技术条件》TB/T2796—1997 第 3.3 条光学性能要求，隧道照明照度均匀度不得小于 0.25，灯具不得有直接眩光；同时要满足《铁路隧道照明设施与供电技术条件》TB/T2275—91 第 3.6.1 条照度标准要求：固定照明在轨道上面的最小照度不应小于 1.0lx，作业照明在轨道上面的最小照度不应小于 15lx。

3. 铁路隧道照明灯具设计选型要求

铁路隧道灯具要适应隧道内潮湿、有水、通风不良的环境，要求密封性能良好，且散热良好，灯具用水冲洗清洁时不能进水。此外，灯具要具有良好的抗风和防震性能，在高速列车通过时保证光源具有较高的使用寿命。

（1）低眩光照明

在不影响视觉舒适度的条件下提供最佳的视觉效果，光分布均匀且低眩光的灯具为达到要求。另外，灯具的光分布必须准确地位于光束扩展角内，即不存在溢出光。

（2）低成本

隧道照明的主要成本由灯具费用、用电费用和维护费用构成，同时还因电缆、管渠、管道及安装附件而存在的附加费用。显然，如能利用良好光源的灯具就可以减少灯具数量，简化安装过程及附件的费用，降低隧道照明的工程成本。

（3）方便维护

简单方便的维护可节约照明工程成本。因此，采用的灯具应性能可靠，安全性高，不需经常性维修，具有较高的 IP 防护等级和维修便捷的特点。

（4）防腐性能

隧道里有机车排放的许多 SO_2、NO_2 等废气，在潮湿的空气中易形成酸腐蚀，应达到《化工防腐低压电器》JB1043—67 和《电工产品化学气体腐蚀试验方法》JB4324—86 以 SO_2（浓度为 17.5mg/L）为腐蚀剂的试验要求。

（5）良好的防护

针对隧道照明存在的湿度和灰尘，灯具需要满足防水、防尘的要求。为了安全的需要，必须选择具有良好防触电保护和绝缘性可靠的灯具。

（6）防震性能

铁路机车通行时震动和风力很大，铁路隧道灯对抗震性要求更高，最好能通过风洞测试。

4. 隧道照明实现方式比较

隧道照明实现方式主要有高压钠灯、LED灯和无极灯。LED灯和无极灯属第四代光源，在节能和环保方面有较大的优越性，应用于隧道照明尚处于起步、发展阶段，其光源可靠性、灯具安全性、灯具合理结构等问题尚未定型，还有待于在更多的工程案例中得到检验。高压钠灯透雾性好，技术成熟，随着产品的更新换代，新型高效钠灯是目前广泛使用的光源。

（1）发光效率方面，LED灯和无极灯光效高于钠灯光源。

（2）节电成本方面，LED灯和无极灯节电优于钠灯，在隧道长度长、布置灯具数量多的隧道节能效果显著。

（3）无极灯和LED灯显色指数高，钠灯显色性稍差。

（4）透雾性能方面，由于隧道的环境特殊，钠灯的金黄色光透雾性能优于LED灯、无极灯。

（5）钠灯初始投资成本低，LED灯和无极灯的初期投入要比钠灯大很多，约为4倍左右。

（6）维修方面，钠灯损坏只需更换一只灯管，LED灯的维修工序要比钠灯多很多，无极灯一旦损坏要全灯替换、成本高。

（7）LED灯和无极灯产品无统一的国家标准，良莠不齐。

（8）高压钠灯光源含有重金属，光源废弃后会造成重金属污染，不环保。

5. 隧道照明供电及控制

照明线路的损耗约占输入电能的4%左右。影响照明线路损耗的主要因素是供电方式和导线截面积。三相四线制供电比其他供电方式线路损耗小得多。因此，照明系统应尽可能采用三相四线制供电，三相负荷尽量平衡。

按照铁路电力施工规范要求，在隧道口的两端均应该能控制灯的开闭。

第十一章 不良及特殊地质地段铁路隧道施工

第一节 溶洞地段施工处置方法

一、隧道通过岩溶地段的原则

隧道通过岩溶地段本着"稳妥可靠、保证工期、经济合理、不留后患"的目标，坚持"以堵为主、限量排放、排堵结合、综合治理"的原则治理岩溶水，坚持"短进尺、弱爆破、强支护、早封闭、勤量测"的原则通过岩溶地区。

二、岩溶地质预报

岩溶段首先采用地貌、地质调查与地质推理相结合的方法进行定性预测，再结合地表钻孔探测、超前导坑预报、洞内超前钻孔预探、隧道岩溶预探等方法进一步查明溶洞的分布范围、类型、规模、发育程度、填充物、相对隧道位置及地下水等情况，为正确制定通过岩溶地段的施工方案提供资料。施工中应坚持将超前地质预报纳入施工动态管理工作中，根据地质预报资料制定施工方法，在施工中根据开挖后的实际情况不断调整施工方法和各类参数，并与地质预报资料相对比，不断提高地质预报的准确性。

三、岩溶水处理

客观条件限制不能采用排水方案，或因溶洞规模为大型、特大型充填溶洞并有丰富的下水时，采用注浆堵水；隧道遇到较大岩溶积水和暗河时，排水不致引起地表下沉和影响当地居民生产生活用水时，采用排水方法。复杂情况下采用截、堵、排综合治水措施。

1. 注浆堵水，加固围岩

洞内断裂、岩溶富水带采用渗透注浆，岩溶软塑状充填淤泥采用高压劈裂注浆，地表采用深孔填充注浆。劈裂注浆分三阶段进行；第一阶段为渗透注浆，注浆压力保持正常工作压力，用双液浆填充围岩间隙，堵塞渗水通道；第二阶段为劈裂注浆，压力保持在正常工作压力到终止压力间，进行围岩永久性堵水加固；第三阶段为用超细水泥浆填补空隙，加强堵水效果。

注浆结束后，对注浆效果进行检查；在注浆范围内按规定选取2~3条钻孔，取岩芯法检查，通过对岩芯强度、密实度等鉴定，判定注浆质量，采取进一步施工方案。

2. 引排水

根据岩溶形态、相对隧道位置、岩溶水流量大小分别采用暗沟排水、涵洞及泄水洞排水、渗沟及铺砌排水。保证溶洞排水顺畅，不致因隧道修建破坏原有排水体系。

3. 暗沟排水

溶洞位于隧道底部，溶洞无填充，岩溶水由泄水洞自然排出。

4. 涵洞和泄水洞排水

溶洞自行排水顺畅，地下水很发育，暗沟不能满足排水要求，在洞底设置涵洞和泄水洞排水系统，进行引水汇排。

5. 渗沟及铺砌排水

隧道横穿多支溶洞，且岩溶仍在发育中。

6. 综合治理

复杂岩溶水地段岩溶水采用注浆堵水与暗沟、渗沟及铺砌排水、涵洞及泄水洞引排水相结合的方法对岩溶水进行截、堵、排，综合治理，以达到理想的治水效果。

四、溶洞处理

溶洞根据几何形状可分为大厅式、管道式、蜂窝式3种，通过溶洞地段的方法有封堵、填充、支撑加固、跨越等。施工方法根据溶洞的分布范围、类型、规模、发育程度、填充物、相对隧道位置、地下水等情况确定。

1. 小型溶洞处理

跨度3m的小型溶洞采用填充法处理，区分不同情况分别采取浆砌封闭、回填压实，隧底回填、拱顶防护，换填片石、加强衬砌，隧道底板梁处理以及条形基础等措施。

（1）浆砌封闭、回填压实

当溶洞地下水涌量较小时，隧底采用C15片石混凝土回填，边墙部位1~1.5m范围内用浆砌片石回填，其余用弃碴，空隙吹砂填满，压注水泥浆胶结。当隧底出现突水溶槽时，采用钢筋混凝土封填，铺设钢筋混凝土仰拱，预埋出水管，注浆封堵。

（2）隧底回填、拱顶防护

当隧道穿过垂直发育、无填充、干燥溶洞时，隧底可用块石、碎石回填密实，距隧底 1~1.5m 范围内，用 7.5 号浆砌片石回填。如果溶洞顶距拱顶高度小于 5m，可在拱部填塞干砌片石，压浆挤满片石空隙。如果溶洞顶距拱顶高度超过 5m，可在拱顶砌筑 1m 厚 7.5 号浆砌片石护拱，护拱上回填 2~5m 厚干码片石缓冲层，起缓冲作用，防止溶洞石块掉落砸坏衬砌。

（3）换填片石，加强衬砌

当通过裂隙发育的槽状溶洞、岩洞有充填物，且岩溶水较发育时采用。

①支撑墙

当溶洞深 5m，填充物较少，可以清理出坚硬基础时，采用支撑墙。清除填充物，用浆砌片石墙支撑加固溶洞顶板，底部水流通路处设置涵洞，排泄岩溶水。

②支撑柱

5m 溶洞深度 10m，溶洞填充物较多，无法清理出坚硬基础，且岩溶水流量大时，采用支承柱减小顶板悬空跨度，回填空隙并压浆加固溶洞底。柱间距根据顶板厚度、节理、溶缝发育情况，并考虑稳定性确定。

③支撑拱

溶洞顶板破碎、节理发育，洞内充填松散，无法采用柱、墙支顶，回填加固不牢靠。在溶洞内隧道通过范围修筑钢筋混凝土拱桥，拱桥与溶洞顶板间空隙用 C15 号混凝土或片石混凝土填塞。

④挖孔桩

溶洞深度＞10m，支撑柱、墙稳定性无法达到要求。溶洞中设置挖孔桩，边墙底设置托梁，隧底设置地基梁。桩底嵌入稳定基岩内，桩顶钢筋伸入混凝土底板梁内。与底板连成一体，共同形成钢筋混凝土板梁。

⑤嵌补法

溶洞顶板内小型溶穴，采用浆砌片石填塞或干砌片石压浆填塞密实。

（4）跨越法

隧道跨越通过较大溶洞，如果溶洞较大，填塞或加固施工困难；或溶洞虽小但流水量大，不宜堵塞；或溶洞填充物松软不宜建造基础时，采用跨越法通过。

①简支跨越

隧道衬砌采用拉杆拱、边墙梁结构，底部采用简支结构跨越通过。

②栈桥跨越

边墙基底一侧遇到岩溶时，可按一定间距设置支墩和悬臂横梁，悬臂横梁用锚杆锚固于基岩中，将隧道仰拱变为钢筋混凝土板梁，支承于支墩或悬臂横梁上，支承边墙。

③拱桥跨越

利用拱桥跨越溶洞，并承托道床及墙拱衬砌。

④边墙拱跨越

隧道一侧边墙穿过溶洞，溶洞填充物松软且深，不宜施工边墙基础或换填基础通过，可采用边墙拱跨越。

⑤整体浮放、支托跨越

溶洞断面下部收缩，溶洞堆积体较厚，且稳固可靠，具有相当承载能力。可采用封闭式钢筋混凝土整体衬砌直接浮放于堆积体上，衬砌可分节整体浇筑，节间预留沉降缝。堆积体大孔洞用混凝土填充，并压浆加固，同时加大衬砌断面，净空加高50~100cm，加宽40cm。

2. 大型充填式溶洞处理

对裂隙发育的岩溶地段、大型充填式溶洞，施工时除采用预注浆堵水加固外，还可按常规锚喷构筑法，既采用管棚、小导管、超前锚杆、钢架支撑、挂网钢筋网、喷射混凝土强支护方法通过。

（1）长管棚

隧道通过大型填充溶洞时可在隧道开挖轮廓线以外打入超前长管棚，再压注双液浆的方式通过。管棚施工速度慢，施工复杂，费用高，一般用于双线或多线大断面隧道的岩溶处理。

①管棚支护位置及主要技术参数

管棚一般支护于隧道拱部，钢管中心设置在隧道开挖轮廓线以外约60cm外，管棚不许侵入隧道开挖线以内，以免开挖线与钢管相互干扰。钢管长度一般为10~30m，钢管终端必须穿越岩溶嵌入整体岩层内2m，岩溶地段长度大于30m时，两组纵向钢管间水平搭接长度不小于1.5m。如果钢管直径大于100mm，钢管内应加设三角形钢筋笼，以提高钢筋抗弯、抗剪性能。

②工作室

工作室选在岩石完整围岩稳定地段，工作室边缘至岩溶的纵向稳定层厚度不小于4m，工作室大小要满足施钻要求、钢管定位及外插角要求。

③钻孔

钻孔可选用钻速快、外插角大、移位方便的液压钻孔台车，可缩式易退钻头。注浆孔深度10~15m。

④注浆参数选择

超前预注浆应以劈裂注浆为主，渗透注浆为辅。注浆的各类参数如：扩散半径、注浆速度、注浆终压、注浆段长、单孔注浆量等，可根据注浆目的、围岩特性、注浆设备等因素进行选择。

⑤注浆材料的选择

注浆材料一般选用水泥、水玻璃混合液。

溶洞内堆积物较多无法全部清理时，可采用长、中、短注浆管反复注浆，在浆液中渗入膨胀剂,加固掌子面和基底。掌子面开挖采用双侧壁导坑法,尽量减小对围岩的扰动。

(2)超前小导管、锚杆

采用小导管、锚杆超前注浆施工,锚杆一般采用中空注浆锚杆。该方法可单独应用于围岩破碎地段,也可用作为一种辅助手段应用于长管棚施工完成后仍需加固的围岩段。该方法同时起到注浆加固、超前支护作用。

小导管、锚杆主要技术参数:导管直径40~60cm,锚杆直径22~28cm,长度2~6m,外插角8°~16°,环向间距20~40cm,搭接长度1~2m。

单液浆:水玻璃单液浆,用硫酸调节胶凝时间,硫酸掺量为水玻璃的45%~55%,pH=3.1~3.5。

双液浆:水泥—水玻璃双液浆。

3. 地表处理

在坑口修筑截、排水沟,挡水坝,使能流入陷坑的地表水顺利远引,防止地表水流入陷坑。采用垂直注浆对溶洞顶部的陷坑进行注浆加固,并用钢筋混凝土封闭陷坑口。隧道穿过陷坑部位时,可采用长管棚劈裂配合超前小导管注浆,加固陷坑底部。

第二节 岩爆的处理

岩爆属于不良地质序列。岩体中聚积的弹性变形势能在一定条件下突然猛烈释放,导致岩石爆裂、崩落并弹射出来,发出一种爆裂式的响声,这种现象统称岩爆或称冲击地压。

一、岩爆发生的原因

当岩体中有较高的地应力,并且超过岩石本身的强度时,岩石适应不了过高应力集中而失稳发生破坏。特别是在地下洞室开挖过程中,在高应力地区,岩体原有的平衡状态遭受破坏,随着岩体中应变能的突然释放,岩石爆裂,岩块剥离崩出,往往严重破坏开挖工作面,使设备受损甚至造成人员伤亡。

从施工现场来看,岩爆有2种类型:一种是轻微缓慢型岩爆,发生爆炸时岩块并不弹出,而是沿岩面自由剥落,声音小、岩块大。另一种是较严重的速爆型岩爆,发生时产生的震动烈度可达4级地震,能破坏地面建筑物;发生在地下洞室内时,对施工人员的安全、机械设备的损坏及施工进度的影响都是不可轻视的;若岩爆瞬间发生,会发出很大响声,裂开的岩块立即被弹射出来且距离较远,弹射出的岩块以小块石头为主,粒径一般为几厘米,有些达10cm以上。

二、岩爆生成条件

1. 山体内地应力较高，岩体内储存着很大的应变能，当这部分能量超过坚硬岩石本身的强度时，容易产生岩爆。

2. 围岩坚硬、新鲜、完整、致密、脆性、裂隙极少，或仅有隐裂隙，具备储存能量的条件，属于脆性破坏类型，当应力释放后，回弹变形很小。

3. 洞室埋深大于200m，且远离沟谷切割的卸荷裂隙带。

4. 无断层，节理少，无裂隙（或不发育），无岩溶，处于闭合状态，岩层倾角平缓（在10°左右）。当掌子面与断层裂隙或节理走向平行时，容易发生岩爆。

5. 地下水极少，岩体干燥、坚硬、密实、完整，这是岩体聚集能量的有利条件。

6. 岩体中节理密度小，张开度也小，在闭合状态或掌子面有大量岩脉穿插时，也容易产生岩爆。

7. 开挖断面形状不规则，断面岩石起伏大，造成局部应力集中的部位，容易产生岩爆。

8. 当隧洞轴线与最大挤压力方向垂直（或近于垂直）时，产生较大的径向压力，当作用于隧洞顶部、洞壁和洞底时，容易促发岩爆。

9. 沿山脊、山峰走向开挖的隧洞易发生岩爆。这是因为岩体为微风化岩体，坚硬、致密、新鲜，与周围不良地质，特别是岩溶等的联系极少，为孤立岩体。一般洞室顶部的岩体上覆盖厚度较大，往往为400~800m，甚至更厚，岩体内储存有大量的能量，一旦岩体破坏失稳，就会发生岩爆。

三、岩爆的防治及处理措施

在高应力地段施工过程中，应积极、主动地采取防治措施和强有力的施工支护，确保岩爆地段的施工安全，将岩爆发生的可能性及岩爆带来的危害降到最低。在施工中应采取如下技术措施。

1. 在施工前应查看和研究有关地质勘测资料，有试验条件的，应先进行概念模型建模及数学模型建模工作。通过三维有限元数值运算，反演分析，以及对隧道不同开挖工序进行模拟，初步确定施工区域地应力的数量等级，以及施工过程中哪些部位及洞段里程容易出现岩爆。优化施工开挖和支护顺序。做好物质准备，为防治岩爆提供初步的理论依据。

2. 在施工过程中，做好地质探测、岩爆预报、超前钻孔、声反射及地温探测等措施。同时，可利用洞内地质编录，观察岩石的特性，并进行综合分析，科学地判断可能发生岩爆的高应力范围。

3. 打超前钻孔，以便转移、减压、释放、扩散隧洞掌子面岩石的高地应力。钻孔直径一般为45~60mm，孔深8m以上，间距可随机掌握。必要时，还可以垂直岩面打径向应力释放孔，孔距为几十厘米、深度为1~3m不等。

4. 在岩爆区施工时，要加强监测工作及支护工作，特别是要重点对围岩和支护结构进行观察。当听到岩石有爆裂声时,应立即采用钢支撑、木排架等进行支护,防止安全事故发生。

5. 在岩爆区掘进时,采取短进尺、多循环的施工方式;并采用弱爆破、勤支护的方法防止岩爆带来的破坏。开挖进尺一般控制在每排炮或每台班 2m 以下。要做好洞壁、洞顶光面爆破,尽可能使开挖断面规则成形好,以减少局部应力集中。

6. 加强施工支护。放炮后,立即向拱顶、侧壁喷混凝土及打缓冲锚杆或挂钢筋网等。必要时,还要架设钢拱架和木排架。衬砌砼工作要紧跟开挖工作面,减少岩石暴露时间。支护材料准备充分,做到随时应急支护,防止安全事故的发生。

7. 在超前孔内压水减压,避免应力集中。

8. 洞室放炮后,尽快向掌子面前的渣堆、洞壁、洞顶及掌子面喷水,以降低岩石能量,消除岩爆产生的气浪。

9. 在岩爆地段施工的人员和设备要有保护措施,做到安全施工。

10. 要派专人巡视、旁站、监测岩爆的变化,分析研究岩爆的发生规律,为隧道开挖作业提供指导。

四、岩爆的特征

1. 发生岩爆的岩石以砂岩为主,其次为完整的石灰岩等,这些岩石坚硬干燥,在未发生岩爆前无明显征兆,但有时会发生突发性的岩石爆裂。

2. 一般在洞内爆破之后,岩爆很快就会发生,在 24h 内更为明显,延续时间可达 1~2 个月,甚至更长。

3. 岩爆多发生在距离掌子面 1~3 倍洞径范围内。小型岩爆不超过几平方米,大型岩爆可达几百平方米。

4. 岩爆时,围岩崩落的岩石,小的有几厘米的颗粒,大的可达数吨重。小石块以鳞片状脱落,脱落面与岩壁方向一致。

5. 由于受钻孔爆破的影响,洞段应力被重新分布,造成大面积岩爆区岩石脱落,形成气浪。片状岩块甚至会堵塞隧洞。

第三节　施工遇有流砂治理措施

一、流砂成因

基坑挖土至地下水位以下,当土质为细砂土或粉砂土的情况下,往往会出现一种称为"流砂"的现象,即土颗粒不断地从基坑边或基坑底部冒出的现象。一旦出现流砂,土体边挖边冒流砂，土完全丧失承载力，致使施工条件恶化，基坑难以挖到设计深度。严重时会引起基坑边坡塌方。临近建筑因地基被掏空而出现开裂、下沉、倾斜，甚至倒塌。

流砂现象产生的原因是水在土中渗流所产生的动水压力对土体作用的结果。动水压力G_D的大小与水力坡度成正比，即水位差愈大，渗透路径L愈短，则G_D愈大。当动水压力大于土的浮重度时，土颗粒处于悬浮状态，土颗粒往往会随渗流的水一起流动，涌入基坑内，形成流砂。细颗粒、松散、饱和的非黏性土特别容易发生流砂现象。

二、防治方法

由于产生流砂的主要原因是动水压力的大小和方向。当动水压力方向向上且足够大时，土颗粒被带出而形成为流砂，而动水压力方向向下时，如发生土颗粒的流动，其方向向下，使土体稳定。因此，在基坑开挖中，防治流砂应从"治水"着手。防治流砂的基本原则是减少或平衡动水压力；设法使动水压力方向向下；截断地下水流。其具体措施有：

（1）枯水期施工法枯水期地下水位较低，基坑内外水位差小，动水压力小，就不易产生流砂。

（2）抢挖并抛大石块法分段抢挖土方，使挖土速度超过冒砂速度，在挖至标高后立即铺竹、芦席，（也可就地取材用废旧模板铺在流沙表面）并抛大石块，块石的大面应向下，平放。抛石的厚度一般≥300~500mm，以平衡动水压力，将流砂压住。此法适用于治理局部的或轻微的流砂。

（3）设止水帷幕法将连续的止水支护结构（如连续板桩、深层搅拌桩、密排灌注桩等）打入基坑底面以下一定深度，形成封闭的止水帷幕，从而使地下水只能从支护结构下端向基坑渗流，增加地下水从坑外流入基坑内的渗流路径，减小水力坡度，从而减小动水压力，防止流砂产生。

（4）冻结法将出现流砂区域的土进行冻结，阻止地下水的渗流，以防止流砂发生。

（5）根据地质报告确定降水井的深度，凡在地质报告中发现含有粉砂，细沙的地质时都是产生流沙的因素。打井时在其粉砂或细沙层都要在井外层包裹适当厚度的土工布（$200g/m^2$~$300g/m^2$）或棕皮进行防护，防止流沙进入。人工降低地下水位法即采用井点降水法（如轻型井点、管井井点、喷射井点等），使地下水位降低至基坑底面以下，地下水的渗流向下，则动水压力的方向也向下，从而水不能渗流入基坑内，可有效地防止流砂的发生。因此，此法应用广泛且较可靠。

（6）挖土施工现场的道路和弃土堆放也是影响基坑塌方的一个不可忽视的诱因之一，基坑周围道路宽度一般≥6m，堆土高度≤2m，遇雨季时要有可靠的排水措施，防止地表水漫灌基坑，造成边坡塌方。

（7）如果工程较大，施工周期长时需考虑对已经开挖的边坡进行加固处理，例如喷射厚度≥80~150的水泥砂浆或浇筑混凝土对边坡进行保护。如果工期较短，但恰逢雨季时，基坑的边坡需要用塑料布或其他遮雨材料进行覆盖，在基坑的上口要用可靠的措施将塑料布或其他遮雨材料压好，防止地表水在塑料布或其他遮雨材料下面窜入，造成边坡塌方。

（8）遇到塌方严重时，也可以暂时先回填，在保证周围安全后方可重新打井，降水。降水井深度一定要比基槽底低 5~8m，降水时间要 ≥ 7~10 天。否则很难保证继续施工的效果。如果基坑面积较大时，必须要保证在基坑中间也要增加降水井。

（9）当基坑开挖时遇到流沙，甚至造成边坡塌方时，一定要仔细查找原因，不可连挖连塌，造成较大施工事故。情况危险时要及时采取局部回填或灌水措施，防止事态继续扩大，造成较大损失。

（10）总之，不论采用哪种降水方法，都要保证降水时间，在降水未达到可靠的效果之前，不可操之过急。否则会前功尽弃，边挖边塌方，造成事故现场的难堪场面，甚至造成其他安全事故。

第四节　瓦斯隧道施工预防对策

由于我国交通事业的飞速发展，已建、在建的及将要建设的隧道工程数量巨大，隧道所跨越的地质情况越来越复杂，其中又以瓦斯隧道的情况特别突出，本书根据《煤矿安全规程》《铁路瓦斯隧道技术规范》《瓦斯检查工》等技术规程，并结合相关隧道施工中的经验，对隧道施工瓦斯预防和治理进行总结。

一、瓦斯及其危害

1. 瓦斯的成分

瓦斯指的是从煤（岩）层内逸出的各种有害气体的总称，其主要成分是沼气（甲烷（CH_4）、二氧化碳（CO_2），有时还有少量的二氧化硫（SO_2）、硫化氢（H_2S）、一氧化碳（CO）等气体，习惯上说的瓦斯指的就是沼气。

2. 瓦斯的性质

瓦斯是一种无色无味无臭的气体，但有时由于伴生着碳氢化合物和微量硫化氢，会发出类似苹果香的特殊气味，相对密度为 0.554，瓦斯微溶于水，有很强的扩散性和渗透性，瓦斯无毒，瓦斯的主要性质是具有燃烧性和爆炸性。

3. 瓦斯的危害

当空气中瓦斯浓度较高时，会相对降低空气中氧气含量，使人窒息死亡；瓦斯燃烧时，可能发生火灾烧毁工程物资或烧伤施工人员；瓦斯爆炸时，产生高温高压，摧毁巷道和损坏设备，使人员伤亡或产生大量有毒有害气体使未受伤害人员中毒死亡。瓦斯的危害主要指的是瓦斯爆炸后对人、设备所造成的伤亡或破坏。

4.瓦斯燃烧或爆炸的条件

形成瓦斯爆炸必须具备三个条件是瓦斯浓度、点火温度及火源、足够的氧气含量，三者缺一不可。

（1）在新鲜空气下，瓦斯爆炸的界限浓度为5%~16%，当瓦斯浓度在9.5%时，瓦斯爆炸最强烈，威力最大。瓦斯爆炸的界限浓度不是固定不变的，会随外界的条点变化而变化。

（2）一般情况下，瓦斯的点燃温度为650℃~750℃，同样瓦斯的点燃温度与瓦斯浓度、混合气体的压力、火源性质有关。

（3）瓦斯爆炸需要大量的氧气，根据实验得知，当氧气浓度低于12%时，瓦斯混合气体失去爆炸性。

二、瓦斯隧道的分类

根据《铁路瓦斯隧道技术规范》规定，瓦斯隧道分为低瓦斯隧道、高瓦斯隧道及瓦斯突出隧道三种，瓦斯隧道的类型按隧道内瓦斯工区的最高级别确定。瓦斯隧道工区分为非瓦斯工区、低瓦斯工区、高瓦斯工区、瓦斯突出工区共四类。低瓦斯工区和高瓦斯工区可按绝对瓦斯涌出量进行判定。当全工区的瓦斯涌出量小于$0.5m^3/min$时，为低瓦斯工区；大于或等于$0.5m^3/min$时，为高瓦斯工区。瓦斯隧道只要有一处有突出危险，该处所在的工区即为瓦斯突出工区。判定瓦斯突出必须同时满足下列4个指标：①瓦斯压力$P \geq 0.74MPa$；②瓦斯放散初速度$\triangle P \geq 10$；③煤的坚固系数法≤ 0.5；④煤的破坏类型为Ⅲ类及以上。

三、瓦斯隧道施工中瓦斯的预防方式

根据以上介绍可知，瓦斯隧道施工中瓦斯的防治工作主要是防止瓦斯的爆炸而采取的安全措施。由瓦斯的性质及瓦斯爆炸的条件可得，我们施工中只有降低瓦斯浓度、控制火源、降低混合气体中氧气浓度，便可有效控制瓦斯爆炸的发生。实际上，施工中采取可能的有效手段是降低瓦斯浓度和控制火源。

1.降低瓦斯浓度主要采用如下几种方式

（1）加强通风，增加空气流动性，并及时排放出隧道内含瓦斯的混合气体。通风的主要作用是供给隧道内足够的新鲜空气，满足施工人员呼吸；稀释、排除有害气体及粉尘，保持空气的清洁程度；创造良好的施工环境。

（2）隧道内保持经常性湿润，勤洒水。洒水的作用是部分瓦斯可溶解于水中，降低瓦斯浓度；起到除尘作用，保证洞内空气清洁；创造良好施工环境。

2.控制火源主要采用如下几种方式

（1）控制火源进入瓦斯隧道，要求采用严格的管理方式，检查施工人员随身携带的可引起燃烧的物品如打火机、香烟等易燃易爆物品，并进行严格的登记。

（2）对用电系统进行改造，采用矿用防爆物品，如防爆低压灯、防爆接线盒、防爆开关等。

（3）对施工机械进行改造，洞内所有的施工机械都要进行防爆改装，以防止机械作业过程中产生火花。

（4）对洞内有可能产生火花的作业行为要采用严格的审批制度，施工部位20米区域内要进行严格的瓦斯检查，检查人员跟踪作业，并配备灭火器、救生设施等。

（5）爆破作业必须采用煤矿许可的矿用炸药，装药量、雷管、炮泥及放炮点附近的瓦斯浓度必须符合《煤矿安全规程》有关规定。

四、瓦斯隧道施工主要安全措施

1. 瓦斯检查措施

瓦斯检查是一项重要的措施，是准确掌握隧道瓦斯浓度，防止瓦斯爆炸的重要手段。根据相关规定，隧道总回风流中瓦斯浓度高于0.75%时，必须查明原因进行处理；回风流中瓦斯浓度超过1%时，必须停止工作，撤出人员，采取措施，进行处理；掘进面及其他作业点风流中达到1%，必须停止电钻打眼；爆破点附近20m以内风流中瓦斯能度达到1%时，严禁爆破；掘进面及其他作业点、电动机及其他开关安设点附近20m内、风流中达到1.5%时，必须停止工作，切断电源，撤出人员，进行处理；隧道内体积大于$0.5m^3$的空间内瓦斯浓度达到2.0%时，附近20m范围内必须撤离人员、切断电源、进行处理；当瓦斯浓度超过3.0%时，检测人员禁止前进。

瓦斯检测分人工检测和自动监控设备检测，高瓦斯隧道施工必须采用人工检测与自动监控设备检测相结合的方式检测，瓦斯检测人员必须24小时不间断连续检测，检测方式采用顺序检测与巡回检测法，人工检测必须配备便携式、光干式两种检测仪器。瓦斯检测部位，根据瓦斯相对密度为0.554的性质，可知瓦斯容易聚集于隧道拱顶，及风流不畅处，故自动监控设备均要在此类地方安设瓦斯检测器，一般在掌子面、回风流、二衬台车、防水板台车处安设4个探头均可满足施工安全需要，其安设在距拱顶25cm处。人工检测必须加强此类部位及其他探头检测不到的容易聚集瓦斯的部位的检测。

必须实行瓦电闭锁。

2. 通风措施

（1）主风机通风，根据隧道施工特点，瓦斯隧道通风一般采取全风压式纵向通风，即在隧道两侧或一侧布置通风管道，由隧道外向洞内进行压入式通风。其主要作用是由洞外向洞内供应新鲜的空气，改善施工环境；产生空气流动，稀释和排出瓦斯混合气体。

主通风机的选择，应满足瓦斯隧道内掌子面风流风速不小于1m/min，龙溪隧道单洞采用4台110kW的主风机通风，施工中应减少中途风筒漏风、降低风阻并保证风机安全可靠运行。减少风筒漏风主要采取的措施有减少风筒接头数量，即采用长风筒，龙溪隧道施工采用的是30m长风筒；防止风筒破口，施工中应注意防止放炮崩坏风筒、避免人为原因损坏风筒，对有破口的风筒要及时进行修补或更换，修补最好采用胶水修补；降低风阻的主要方式有，风筒吊挂要平直、拉紧、吊稳，风筒拐弯要平缓，勿使风筒褶皱；保证风机可靠运行采取的措施有，采用双电源或备用电源法，当一项电源停电时，另一项电源必须在10min内启动向洞内供风。

必须执行风电闭锁。

（2）局部通风机通风，局部通风机的主要作用是减少瓦斯聚集，吹散洞内局部聚集的瓦斯混合气体，一般采用小功率的风机并安设在瓦斯容易聚集的部位或地方。龙溪隧道采用的是5.5kW局部通风机。局部通风机的开启前必须检查其周围10m范围内的瓦斯浓度，当瓦斯浓度低于0.5%时方可开启，否则应采取措施进行处理后在开启，根据瓦斯的性质，局部通风机应尽可能地安设在隧道下侧。

3. 超前钻探

超前钻探是为了准确掌握煤层的位置、产状、厚度和瓦斯储存状况。根据《铁路瓦斯隧道技术规范》要求，要用地质钻机进行超前钻探，并在距煤层10m、5m（垂距）时分别进行钻探。具体施工中，风钻同样可以起到相同作用，在进入煤系地层后，每次都用5m钻杆打2~3个超前钻孔，放炮进尺控制在3m以内，使工作面始终保持距煤层2m以上安全距离，根据打眼时的钻进速度、岩屑性质及浆液颜色，很容易对煤层作出判断。

采用5m超前钻探工艺，避免了钻机的频繁移动，不中断隧道的正常掘进，简便易行，事半功倍。

4. 电器设备、作业机械的防爆改装

《铁路瓦斯隧道技术规范》规定，隧道内高瓦斯工区和瓦斯突出工区内的电器设备和作业机械，必须采用矿用防爆型。

其实，瓦斯隧道内对固定敷设的电缆、照明、通信、信号采用防爆型的，但移动电器设备、作业机械仍可采用非防爆型的，这是因为瓦斯隧道内瓦斯浓度增加最快时候为打眼过程中和放炮后，在此过程中，通过通风，瓦斯浓度均被稀释至0.5%以下，故非防爆型移动电器设备、作业机械即可进洞作业。即便是通风中断，因瓦斯浓度升高需要一个过程，此时，非防爆型移动电器设备、作业机械也可采用就地熄火、开出洞外等措施，此方式需要有一个严格的制度进行管理。

5. 钻爆作业

因为瓦斯隧道内瓦斯浓度增加最快时候为打眼过程中和放炮后，故钻眼过程中必须采用湿式钻孔，爆破必须采用煤矿许用安全炸药，起爆必须采用电力起爆，电力起爆必须使用防爆型起搏器作为电源，并使用煤矿许用毫秒延期电雷管，且最后一段的延期时间不得大于130ms。

爆破前后必须实行严格的"一炮三检"制度；所有炮眼必须采用水炮泥与黏土炮泥封堵；爆破网路和连线必须采用串联连接方式，线路所有连接接头应相互扭紧，明线部分应包覆绝缘层并悬空。

6. 隧道火源管理措施

明火是引起瓦斯隧道内瓦斯爆炸的主要因素，所有瓦斯隧道施工必须严格控制火源，控制一切可能产生的火花的作业行为。

洞口设立安全检查岗，检查所有进洞人员设备，不得携带香烟、打火机、电子通信设备、不得穿化纤衣物等。

如果洞内必须进行动火作业或进行可能产生火花行为的作业，必须采用严格的动火作业制度，首先必须经过严格的检查、审批，条件适可时，发给动火作业证，进行作业，作业过程中必须有安全员、瓦斯检测员跟班作业，并配备适当的灭火器材、救生设备（如干粉灭火器、呼吸自救器等），作业完成后，必须经两人检查现场无残火方可结束。

动火作业证，必须一事一证，并填写时间，过期作废。

7. 瓦斯救护

《铁路瓦斯隧道技术规范》规定，高瓦斯工区及瓦斯突出工区应配备救护队。瓦斯隧道施工，不可预见性和不可抗因素多，施工任何瓦斯隧道均不可能保证绝对不发生瓦斯事故，配备救护队的目的就是为了及时、有效地对瓦斯事故进行救护。

进行瓦斯隧道施工的项目必须配备一支专业性队伍，并配备相应的医疗设备、器材。同时必须与当地的矿山救护队、医院建立协作关系，借助于矿山救护队、医院这两支"援军"作为自己的预备队，这样才能行之有效的运转瓦斯救护体系，解除后顾之忧，集中精力抓施工。

第五节 坍方的处理

在铁路隧道建设中，由于自然地质条件的影响，常会发生坍方、突水、涌泥砂、溶洞等病害，给隧道施工带来极大危害。坍方以其高发性、高危性严重威胁着工程安全，甚至给国家与人民的生命财产造成重大损失，是隧道施工的头号大敌。防坍、治坍工作已经成为不良地质条件下隧道施工的首要问题。据不完全统计，国内大部分在建或已建的隧道均发生过不同程度的坍方。

例如，在建的内昆铁路新寨隧道在150m的煤系地层施工过程中便发生了四次坍方，不仅影响工程进度，而且在坍方处理中也浪费了大量的人力与物力；侯家湾四号隧道造成了洞塌人伤的严重后果。这些都提醒我们工程技术人员，在铁路隧道建设中，一定要充分认识到坍方对工程的危害及由此造成的损失，也要了解坍方产生的一般原因及常用的处理方法，以便做到尽可能防止坍方发生。当坍方发生时能对坍方进行快速有效的处理，恢复正常施工，把损失减少到最小。

在不良地质地段修筑隧道，常常出现洞顶、侧壁的滑移和坍落现象，严重的甚至发生冒顶情况，这些统称为坍方。坍方不但使围岩条件更加恶化，而且直接威胁施工安全，延误工期，费工费料，还影响工程质量和使用年限。因此施工中应预防坍方的发生和正确处理坍方。

一、坍方类型的划分

坍方可造成巨大的工程隐患，所以对坍方进行科学的类型划分，以便针对不同坍方采取相应的整治措施具有重大的现实意义按照坍方的表现形式，发展规模，影响范围等因素可把坍方划分为不同的类别。

根据坍方的表现形式，坍方的产生与发展可分为突发性坍方、阵发性坍方与缓慢变形性坍方。突发性坍方是在进行爆破过程中、伴随爆破作业发生的坍塌这种坍方会使施工人员和机械设备来不及撤出，造成的危害最大；阵发性坍方是伴随爆破或爆破后一段时间，由于围岩结构松动、弱化发生连续的多次坍塌。表现为先期发生一次坍塌后，间隔一段时间在原位置或附近又发生一次或多次坍塌这类坍方，一般会危及坍方处理人员，危害性较大；缓慢变形性坍方是由于隧道的开挖，破坏了原有应力场、围岩应力的释放、重组、会使结构发生弱化现象。如果围岩较好，变形后能满足强度要求，会形成天然支护体系，否则，在长期应力作用下，围岩由弹性变形向塑性变形过渡，当达到塑性极限时，便会发生坍塌。这种坍塌也会发生在做好衬砌的隧道中。由于它是逐渐发展形成的，可通过监控量测观察到它的发展，所以对工程的威胁性较小。

根据坍方的发展规模可分为大坍方与小坍方。大坍方在隧道洞身的坍塌长度一般大于20m，塌体埋没整个洞身，处于不稳定状态，如不及时处理会有更大发展的可能；小坍方的坍塌长度一般小于20m，坍方部位基本已经自稳没有外界影响，没有发展的可能。

根据坍方的影响范围可分为塌至地表的坍方与未塌至地表的坍方。前者一般发生在隧道埋深较浅或围岩较差的洞身位置。后者一般埋深较大，在坍方发生过程中会形成自然塌落拱，阻止坍方的发展。

二、坍方的预防和处理

1.坍方发生的原因

发生坍方的原因是多方面的，但综合分析不外三个方面：地质条件不良，设计定位不合理，施工方法不当。

（1）地质条件不良

①隧道穿过不稳定的软弱地层：如饱含水分的黏土层，泥沙夹砾石的堆积层，风化极

严重的岩层，成流砂状的松散层等；

②遇到断层、溶洞、裂缝、褶曲或软硬相差悬殊的岩层；

③由于地下水的作用，促使岩层稳定性降低等。从岩体结构分析，坍方与岩体结构之间有着一定的关系，散体结构最不稳定，碎裂结构稳定性差，镶嵌结构较稳定，整体结构及砌体结构基本稳定。

（2）设计定位不合理

由于勘测设计中掌握现场地质资料不够，不能正确判断特殊和不良地质条件的存在，以致把隧道设在不应该穿越的位置，结果在施工中发生坍方。

（3）施工方法不当

施工时对地质条件认识不足或缺乏全面的分析研究，因而选择了不正确的施工方法。主要表现在：

①没有将洞口的边坡、仰坡治理好，没有先修好明洞就抢先进洞；

②施工方法不适应地质条件，而又未采取相应的措施，如隧道围岩分级，开挖后与设计不符的情况是常有的，应根据实际围岩变化而改变施工方法和支护参数；

③在爆破中用药量过多，震动过大而导致坍方；

④由于支撑不合理或支护后受震松动未及时加固；

⑤由于施工安排不当，支护、衬砌未能配合开挖，使岩层暴露时间过久而引起坍方；

⑥开挖不到位而引起坍方，如因欠挖而需挑顶，或遇孤石需爆破时因方法不当引起坍方；

⑦第一次坍方处理不及时或处理方法不当而引起第二次坍方。

坍方发生的三个原因中，地质条件不良是一个客观存在的实际，只要我们认真进行调查研究，努力掌握这一客观事物，从而找出正确对策，使设计定位合理，施工方法正确，就可避免或尽可能减少坍方的发生。

2. 坍方的预防

对待坍方应"以防为主"。因坍方一旦发生，即使处理十分妥善，也要消耗许多人力和物力，影响工程进度；若处理不当，将遭受更大损失，还可能留下后患。所以应该防患于未然。

施工前应对设计所提供的地质资料进行详细的分析了解，弄清施工中的难点、重点、疑点，找出可能发生坍方的地段，从而确定适当的施工方法，并应制定出相应的防坍措施和准备好处理坍方的机具材料。

进洞前作好洞口段工程（边坡、仰坡、明洞）和洞门，使进洞施工时无后顾之忧；进洞后应遵循"先排水、短开挖、弱爆破、强支撑、快衬砌"的原则，步步为营，稳扎稳打，稳中求快，工序紧跟。严禁单工序突进，必要时采取分段顺序作业。

（1）先排水

施工前，首先研究分析地下水来源及其活动对坍方有无影响和影响程度，然后进行排水。

①对地表水系统的处理：在洞顶地表施作截水沟和排水沟，将水引、排出隧道通过的山体，该山体上的地表裂缝用黏土填塞夯实，以防地表水下渗；

②对地下水采用超前钻孔探水和排水；

③在工作面采用井点法降水，然后再进行排水。

（2）短开挖

指缩短施工环节，支护紧跟开挖，衬砌尽可能紧跟支护；若为Ⅴ、Ⅵ级围岩，则分部开挖面积要小，这样施工速度快，以减少围岩暴露的时间。

（3）弱爆破

避免围岩受震松动而造成坍方，可采用低威力炸药，稀布眼，钻线眼，并严格控制炸药用量。

（4）强支撑

加强支护工作，随挖随支护或先支护后开挖；支护时针对地质情况，要有足够的防止沉陷、侧压和底压的措施，并使支护结构有足够的强度，受力后不致有大的变形。

（5）快衬砌

衬砌作业在距开挖面的爆破安全距离之外，力求不间断地紧跟支护快速衬砌。

3. 坍方前兆

除上述措施外，施工中还应勤观测，多分析。坍方从表面看，好像是突然发生的，其实它和所有事物一样，其质变是在量变到达一定程度之后才发生的，并且在量变过程中总会出现一些征兆，只是我们常因洞内施工紧张或光线昏暗或噪音过大而忽略了这些征兆，所以认为坍方这种质变是突如其来的。围岩的变形破坏总是有个由小到大的过程，在这个过程中就会发生一些征兆。

（1）当顶部岩石裂缝旁边出现岩粉或洞内无故而发生岩粉飞扬时；

（2）顶部不断掉下小石块，或岩层产生裂缝且逐渐扩大，较大石块相继掉落等现象出现时，说明即将发生坍方；

（3）当发现支撑吃力（如接头压扁、压弯）、变形增大甚至发出响声时，说明围岩压力增大，有坍方的可能；

（4）当看到干燥的围岩突然出水，或原有的地下水流突然增多，都应引起警惕；

（5）在断层处的流水由清变浊，之后又由浊变清，水量增多。这说明开始流清水时，断层破碎带内的充填物起着过滤作用；流水变浊，说明充填物被水带出，这时已存在坍方的危险；流水再变清，且水量增多，则说明断层带内的充填物已基本被冲走，已形成空隙可使水流自由通过，故很快就可能坍方；

（6）本来滴水位置是固定的，突然滴水位置来回移动，表明岩层在逐渐变形，达到一定程度后就可能坍方；

（7）混凝土喷层出现大量的明显裂纹，说明围岩压力增大，有可能失稳塌方；

（8）隧道支护，拱脚附近的水平收敛率 0.2mm/d，或拱顶下沉量大于 0.1mm/d（d：天），并继续增大时，说明围岩仍在变形，处于不稳定状态。

诸如上述，要求我们在施工中应经常观察地质现象和地下水的变异情况，检查支护、衬砌的状态，观察地表地形地貌等。总之，要求我们应做好隧道施工中的监控量测，可以从中发现一些坍方的前兆，这也是新奥法施工中的重要内容之一。

虽然作了上述一些预防措施，但还应保持高度警惕，准备好应急的材料，防止突然发生坍方后措手不及，致使延迟处理引起更大的坍方。

4. 坍方处理

一旦发生坍方，首先必须详细调查塌方的范围和现状，以及塌落后围岩的地质结构，了解坍方发生的原因及地下水情况，迅速而慎重地制定出处理方案；然后利用坍方间隙（相对稳定期间）突击支护，防止坍方继续扩大，并先加固坍方两端的未塌地段。

坍方的大小是以坍塌的规模和坍方体的补给情况来区分的。一般讲，当坍体把拱顶完全堵塞时，坍体规模大且无法直接观察坍体补给情况，这类坍方属大塌方。

（1）小坍方的处理：小坍方是隧道施工中较常遇到的情况。由于坍体规模不大，可直接观察坍穴形状和摸清坍体的可能补给来源，因此一般利用倒塌空隙，抓紧支护住坍穴和坍方口，并在坍渣上架设临时支撑，然后清除坍体，边清边换成正式的支护，紧跟后续工序。

（2）大坍方的处理：大坍方应把坍体顶堵塞，但不能支护坍穴，而且一般连坍穴的形状和大小无法查明，因此不允许清渣，如清渣可能随清随坍，使坍方迅速扩大，而只能用"箍穿"的办法。所谓"箍"，就是首先抓紧坍方端部的支撑加固和衬砌工作，防止坍方发展延伸；所谓"穿"就是用先护后挖方法在坍体内用小导坑穿过，再紧跟后续工序。

先护后挖法：按开挖高度（拱顶要考虑预留沉降量），将钢轨成排的打入坍渣之中，然后在钢轨掩护下清渣，随着清渣工作面的推进，逐步架设支撑。小导坑扩大时，也用同样方法，横向打入钢轨，在其掩护下清除两侧坍渣，并随即架设扩大支撑。

（3）通顶坍方的处理：通顶（也叫冒顶）坍方是大坍方的极端情况。遇到此种情况，除按前述坍方处理办法抢险之外，同时应在地表陷穴口处进行防护工作：

①用适当的支撑箍紧陷穴口，以防继续坍塌；②在地面陷穴四周开挖排水沟，将地表水从这些水沟中排走而不致灌入陷穴；③用黏土将陷穴四周的地表裂缝填塞密实；④在陷穴口上面搭防雨棚，防止雨雪灌入。

（4）"治坍先治水"：水是隧道施工的大敌，它冲刷、软化、溶解某些围岩，使地质条件迅速恶化。特别是断层破碎带、堆积层和风化严重地段，水的破坏作用更为明显。许多工点的实际情况也证明了这一点。一般坍方地段多数有水，水的活动助长了坍方的发展。因此，总结以往的经验就是"治坍先治水"。处理坍方时要加强排水措施，防止地表水灌入坍方地段，并采取措施引走坍方地段的地下水。

（5）坍方地段的衬砌与回填：坍方地段的衬砌应视坍穴大小、围岩的地质情况予以加强，提高衬砌类别。坍方地段的衬砌背后，应及时回填密实。一般用浆砌片石全部填实，不留空隙。当坍穴较大时，全部用浆砌片石回填，既无必要也不经济，可在靠近衬砌的一部分空间内用浆砌片石回填，而在远离衬砌的其余空间内用弃渣回填。当坍方通顶时，除拱顶回填一定厚度的污土外，用坍渣将坍穴填满至地表，并用黏土封口夯实。

第十二章　工程项目管理

第一节　概　述

一、人力资源的优化配置

要根据工程项目对劳动力的需求情况，在各项目之间，对现实的和潜在的劳动力进行周密计划，有效流动，合理调配，充分调动人的积极性和创造性，提高劳动效率。项目经理部要按照动态平衡、统筹优化的原则，建立劳动力整体优化、实现劳动力供给与项目需求最佳组合的人力资源管理运行机制，对劳动力的分配和流向做出总体安排，保证劳动力与项目需求的总体平衡，并定期跟踪检查，进行有效监控和及时调整，使劳动力资源得到最大限度的利用。

二、项目管理要效益的重要途径

要根据项目的实际情况和不同特点，在用工高峰期适当补充外部劳务工，做到养在社会、用在企业，招之即来，挥之即去。施工企业应积极主动地同企业周边地区的社会劳动力市场接上轨，同劳务公司或相关企业保持经常的联系，使之成为劳动力资源的"蓄水池"和供应基地。当前部分施工企业对外部劳务工的使用与管理，存在着一些不规范的现象，如受人为因素的影响，违心地使用有"关系"的劳务队伍，使用一些无资质、低资质、低素质的劳务队伍，一旦出了问题，责任和损失全由企业承担，造成项目亏损。有的项目经理对劳务队伍重包轻管，以包代管，安全质量事故频发，损害了企业的信誉和形象，丢失了市场。因此，应从以下三个方面着手加强外部劳务工的管理。

1. 规范使用制度

坚持"以我为主，为我使用，合理有序，考核业绩，注重实力"的方针，坚持劳务使用"基地化、弹性化"的制度和关键、重点岗位禁用外部劳务的制度。必须同劳务公司或相关企业签订用工协议，对临时选聘的技术工人和其他人员，也要纳入劳务公司或相关企业，不得单独对个人签订用工协议。

2. 严格资质审查与分包

做到资质审查"两严"、分包"三必须"。"两严",即:严格遵循分包评价程序;严查综合实力(设备、技术、资金、业绩等)。"三必须",即:必须签订和履行规范合法的经济合同;必须保证重难点和高技术含量工程以自有队伍为骨干;必须杜绝整体分包和层层转包。

3. 加强动态管理

突出"两个原则",抓好"三个重点"。"两个原则",即:坚持"谁用工谁负责"和"教育、使用、管理并举"的原则。"三个重点",即:抓好现场代表、技术监督人员选派工作,实行分包工程施工全过程"旁站"制度,确保分包工程安全、质量和工期监管有效;抓好分包工程物资采供和验工计价等管理工作,堵塞效益流失渠道;抓好外部劳务制度化管理,适时进行政策传统、形势任务、安全质量、遵纪守法和工艺技术教育,以良好的政治、技术、管理素质和精神风貌,维护施工企业的信誉和形象。

三、加强工程项目管理的"核心"

1. 切实转变观念,强化成本意识

一是要树立"企业管理以项目管理为中心,项目管理以成本管理为中心"的经营理念;二是要树立集约经营,精耕细作和挖潜增效的观念;三是要树立责任、成本、效益意识,营造企业整体重视,项目部全员参与,施工生产全过程控制成本费用的良好氛围。

2. 建立健全项目责任成本集约化管理体系

体系应包括责任、策划、控制、核算和分析评价五方面内容。一要明确成本费用发生的项目部门、分队(班组)和岗位应负的成本效益责任,使成本与经济活动紧密挂钩;二要分时段对成本发生进行预测、决策、计划、预算等方面的策划,制定成本费用管理标准;三要综合运用强制或弹性纠偏手段,围绕增效及时发现和解决偏离管理标准的问题;四要认真加工和处理成本会计信息,以期改善管理、降本增效;五要按期进行成本偏差和效益责任的分析评价,严格业绩考核和奖惩兑现。

3. 堵住"四个漏洞",实行"六项制度"

即:堵住工程分包、材料采供、设备购管和非生产性开支等效益流失渠道。实行工程二次预算分割制、材料采供质价对比招标制、购置设备开支计划审批制、管理费用开支定额制、主办会计委派制和项目经理对资金回收清欠终身负责制,杜绝项目资金沉淀和挪用。

四、加强工程项目管理的保证

施工企业要想保证项目生产经营的良性运转和健康发展,必须发挥好企业管理层调控和服务的两大职能,建立健全有效的激励、约束、调控机制。为此,应着重做好以下三个

方面的工作。

1. 实行严格的审计监督制度

要在管理办法可行、组织制度健全、任务责任明确的基础上，重点抓好在建、竣工、分包项目的审计，对规模大、工期长的项目实行年度和终结审计，以及项目经理调离和项目部解体审计，重点是做好经营责任与效果、经营活动合法性和财经纪律等重大问题的审计工作。

2. 全面推行项目考核制度

要根据项目经营承包合同书，做好项目年度和终结考核工作。对实现经营目标和超额盈利的，要严考核、硬兑现，最大限度地调动积极性；对出现项目亏损、发生重大质量安全事故和经营越权行为等责任问题的，要给予相应的经济、行政或法律的处罚。真正形成企业与项目之间的经济责任监督与执行关系，以保证项目高质量、高效益地运行。

3. 搞好项目管理过程中的监督

落实"重大问题集体讨论、重要工作情况通报和重大问题请示报告"的制度，项目经理不搞个人说了算。坚持依靠职工群众管理好工程项目的方针，推行"厂务公开"，增强项目部经营管理的透明度，切实发挥职工民主监督的作用。

第二节　施工组织设计

一、施工组织设计的作用

1. 投标施工组织设计，既是投标文件的一个重要组成部分，又是指导现场施工的纲领性文件。一为投标服务，为工程预算的编制提供依据，向业主提供对要投标项目的整体编制策划及技术组织工作，为最终达到预期目标提供可靠的施工保证。

2. 从全局出发，为整体项目的施工做出全面的战略部署，为建设单位及监理单位编制工程计划及质量监督提供依据，统一规划和协调复杂的施工过程进行精细安排，周密计划，那么复杂的施工活动就没有统一行动的依据。

3. 拟建工程施工全过程是在施工组织设计的指导下进行的，首先，在接受施工任务并得到施工设计图纸后，就可以开始编制建设项目的施工组织设计，逐一制定个单位工程的施工组织设计，指导实施具体施工的各项准备工作和施工活动。根据施工组织设计的计划安排，组织现场施工活动，进行各种施工生产要素的落实与管理，进行施工进度、质量、成本、技术与安全的科学管理。

二、施工组织设计的编制依据

1. 招标文件、计划文件、合同文件。如国家批准的建设计划、可行性研究报告、工程项目表、分期分批投产交付使用的期限和投资计划，工程所需设备、材料的订货指标、建设地点所在地区主管部门的批件、施工单位上级主管部门下达的施工任务计划、招投标文件及工程承包合同或协议，引进材料和设备供货合同等。

2. 建设文件。施工图纸、设计说明书、建设区域的测量平面图、建筑总平面图、总概算或修正概算、建筑竖向设计等。

3. 工程勘察和技术经济资料。如地形、地貌、工程地质及水文地质、气象等自然条件，地下和地上构筑物等，建设地区的建筑安装企业、预制构件、制品供应情况，工程材料、设备的供应情况，交通运输、水、电供应情况，当地文化教育、商品服务设施情况，当地民俗和少数民族情况。

4. 类似工程的有关资料、现行规范、规程和有关技术规定。如类似建设项目的施工组织设计和有关总结资料。国家现行的施工及验收规范、规程、定额、技术规定和技术经济指标。

5. 企业 ISO2000 质量体系标准文件。

6. 企业自身的技术力量、施工能力、施工经验、机械设备状况及自有的技术资料等。

三、投标施工组织设计的编制要点

1. 以评标要求为依据，投其"所好"。国家颁布了《招投标法》，各地方也制定了相应的招标法规，投标施工组织设计的编制内容，应满足招标文件的要求，给予满意的答复，以求评得高分。

2. 通过投标施工组织设计确定项目组织，重视项目经理及技术负责人的确定，资质到位更重要的是施工经验。让业主了解施工企业队伍技术技能的水平。

3. 投标施工组织设计中工期确定、资源投入、施工方法选择等，都依赖于工程报价所提供的基础数据，而投标施工组织设计的编制反过来又影响工程报价。当地施工组织设计中采用非常规的施工方法或措施时，将导致工程费用总和平衡后再作决策。

4. 踏勘工程施工现场和招标答疑是施工企业与业主在投标前进行面对面交流和沟通的机会，因此，投标施工组织设计编制人员更应认真对待，通过踏勘现场和招标答疑，了解了工程特点、现场要求和业主意图。

5. 保证质量是工程的基本功能要求，也是业主的首先要求。承包施工企业必须在确定目标之后，真正提出可靠的质量保证措施。

四、施工组织设计编制的内容

1. 工程概况及特点分析。

（1）建设项目概况。主要包括内容、建设地点、工程性质、建设总规模、总工期、分期分批投入使用项目和期限、占地总面积、总建筑面积、总投资。主要工程的工程量、管线和道路长度、设备安装及其数量、建筑安装工作量、工厂区和生活区的工作量，生产流程和工艺特点。建筑结构类型特征以及新技术、新材料的复杂程度和应用情况等。

（2）建筑地区的自然、技术经济条件。主要包括：气象、地形、地质和水文情况，地区的施工能力、劳动能力和生活设施情况，地方建筑构件、制品生产及其材料供应情况，交通运输、水电和其他动力条件。

（3）其他方面。主要有设备、特殊污渍供应，参加施工的各单位生成能力和技术水平情况，建设单位或上级主管部门对施工的要求；有关建设项目的决议、土地征用范围和居民搬迁情况。

2. 施工管理项目组织结构（项目部成员的学历、专业、职称、职务、岗位等）。

3. 施工部署。

4. 主要项目施工方案。

5. 施工总进度计划（横道图、计算工程量汇总表）。

6. 施工准备工作计划、各项资源需要量计划（图表格），劳力需求计划表、材料需求计划表，成品及半成品需求计划表，施工机具设备计划表。

7. 施工平面图（平面图、结构图）。

8. 工期、质量、安全、冬、雨期施工、环境保护、降低成本、新技术应用、成品保护、消防保卫、文明施工、节约能源等措施。

9. 重要技术经济指标（各种表格、计算机网络图）。

五、当前施工组织设计和施工方案编制中存在的几个问题

1. 大多数的施工组织设计内容不符合国家规定、标准、技术规范的基本要求，也没有根据实际的施工现场条件及图纸要求，而流于形式。仅仅是将一些施工工艺标准等技术资料进行简单的堆砌，来应付各职能部门的检查。看过施工组织设计和施工方案后，没法认可、签署意见，令其修改，最后也是不得法。

2. 对各种不同的工程类型，施工方案未能真正做出技术指标的分析，图表、网络的设计、计算的方法等处均衡缺乏科学统一标准的状态。

3. 施工方案起不到指导施工的作用。首先，施工方案编制人员缺乏技术理论基础和相关工程技术知识。更缺乏的是具体施工经验，只能照搬照套已有技术规范的内容，没有指

导功能。尤其是三类四类施工队伍，更谈不上把施工方案作为指导性文件，忽视了它的权威性，在编制、审批、实施、修订等环节，都重视不够，不能合理地创造工程技术经济效益。

4. 施工方案文字混乱。现阶段很多编制人员计算机应用水平和写作水平较低，影响了施工方案的指导作用。

第三节 工程项目进度控制

一、工程项目进度控制管理的意义和任务

1. 工程项目进度控制管理的意义

工程项目进度控制管理主要是在工程建设的过程中，实施通过了审核的工程进度的计划。要采用多种科学合理的方法对于工程的实际开展情况进行检查和分析，并根据其实际的情况和计划的进度之间进行对比，了解实际情况和计划的情况之间存在的差距。要对于产生差距的原因进行分析和了解，并要对其原因进行合理的调控，达到实际工程进度和计划进度一样。

施工项目之中最为重要的三个部分分别是质量控制、安全控制、进度控制。工程项目的进度控制管理是保证工程质量以及工程安全控制的基础。因此，只有做好了工程进度控制，后续的工程质量和安全等才能够得到提高，符合施工项目的要求。在目前的工程项目管理之中，把工程项目的任务、施工时间、施工成本进行结合，形成了一个非常全面的综合指标，可以通过这个综合指标反映出项目建设的具体实施情况。进度控制管理是整个工程施工的重要环节，通过对于进度进行有效控制管理，不仅能够保证工程按照之前的计划完成，还能够通过对于成本的控制，提高整体经济效益。

2. 工程进度控制的任务和目的

对于工程建设项目的进度目标来说，施工单位是根据工程建设项目的相关规模、工程量、工程的难度来综合考虑制定的。同时还要充分考虑建设单位对于工期以及项目的投产时间的要求和可以实现的可能性，进行综合的分析，然后制订出工程建设项目的最佳工程进度计划。在合同工期进行确定之后，工程施工进度控制的主要任务就是根据进度的目标来确定需要实施的方案。在施工之中，要进行不断的协调和控制，这样才能够有助于达到预期的控制目标。工程管理者在执行进度的计划过程上，要不断的应用动态控制的原理，对其进行仔细检查，并将实际的施工情况和进度的计划进行比较，在找出原因之后，采取纠偏措施，从而保证工期目标可以实现。

二、工程项目进度影响的原因

1. 建设单位

有很多建设单位过多追求预期的经济收益，导致了工程项目的工期非常的紧迫。有一些建设单位在招投标的过程之中，没有正确的意识到投标标价和工期之间的关系，因此在招标的文件之中不断地缩短工程施工时间。因此导致了不能够正确合理的给出工期的要求，使得进度控制的目标不能够实现。正所谓"欲速则不达，见小利则大事不成"，许多的施工单位为了能够获得招标，在投标的文件之中不断的压缩施工的时间，没有综合的考虑到工程的复杂性，也间接地导致了在工程的实时中，进度控制目标不能够直线。

2. 勘察设计

勘察设计对于工程项目进度来说有着非常重要的意义。一些勘察设计单位为了能够简化工作环节，所出示的一些勘测资料不够准确，导致不能正确的反映出施工范围内的地址结构。此外，设计图纸提供也不及时，每个专业之间没有进行协调交流，导致了各个专业之间在设计上出现一系列的问题，知识设计的内容不全面，没有一定的深度。使用这种设计图纸，很容易导致在施工的过程之中出现返工的情况。因为以上的原因，也就直接的使工程项目进度和预期的计划存在有较大的差距。

3. 物资的供应

施工进度的依靠于所有施工的外在因素，无论是天气还是其他外在和施工有关的东西，只要出现问题，就会导致施工的进度受到严重的影响。在整个施工之中，最主要使用的就是施工材料和相关的设备。如果施工材料或者设备不能够及时的依照相关时间运送到施工的现场中，就会延误施工时间，导致施工进度受到一定的影响。除此之外，资金对于施工进度来说也有着很大的影响。在施工的过程中，需要依靠一定的资金才能够保证施工的正常进行。如果业主，或者是没有将工程预付款进行缴清，很容易影响承包单位的资金流动，从而导致施工进度遭殃。

4. 施工单位

很多施工单位没有相应的专业技术人员。导致出现比较复杂的施工工序时，施工方束手无策。因此，不能够及时的完成相关的施工方案，或者是提交的施工方案不能够真正的应用到施工作业之中，从而延误的工期。此外，在实际的工程施工之中，施工进度如果受到滞后，施工单位就必须要加大人力和设备，很多施工单位因为自身有限，不能够增加负荷要求的人力和施工设备，导致的工程不能依照计划完成。

三、工程项目进度控制原理

1. 动态控制的原理

施工项目进度控制整体是一个动态循环并且对比纠正的一个过程。在项目施工的开始，就已经进入了动态控制之中。当其实际的施工进度和计划的进度有着很大的差别时，要立即分析原因，并且要针对原因采取有效的措施来进行调整，这样才能够使工程的实际施工进度和计划进度在同样的起点之上。当出现新的影响因素时，又要对其进行重新调整。因此，可以看出施工进度控制主要就是采取的供台控制的原理。

2. 系统原理

工程项目进度控制是一个非常系统性的工作。在进度控制进度计划中，包含了技术水平、自然因素、施工环境等等。施工单位在编制进度时不能够单一的考虑一种因素，需要综合的考虑多种因素，然后系统的编制计划。

3. 信息反馈原理

信息反馈属于工程进度动态控制的一种措施。它主要通过对于信息进行收集、整理、分析来为进度计划的调整提供基础的依据，也只进度计划调整的基础。

四、做好工程项目进度控制管理的措施

施工进度控制管理属于一种周期性的循环，主要有四个阶段。分别是编制计划阶段、执行计划阶段、检查执行阶段、采取措施阶段。在整个阶段完成之后，又进入下一个循环。

1. 做好现场平面图、保证每个部分井然有序

在工程项目开始施工之前，首先就应该做好对于施工现场平面图的审查。对于平面图中存在的一些问题，必须要及时地对其进行解决。应该积极的组织相关技术人员对于施工监理的一些细则和施工技术进行全面的了解，同时还必须要熟悉整个施工项目之中的质量标准和相关工艺以及操作的流程。这样才能够保证技术人员准确的操作，避免出现返工情况影响到进度。从外，还应该提前的完成工程项目之中的分项部分的材料试验工作，例如要对于桥架线槽的布设进行确定，这样才能够及时地进行开工。在工期计划上，应该从工程项目的实际情况出发，要对于工期计划根据实际情况灵活的调整。只有全面的做好项目施工的每一个部分，才能够保证工程项目施工开展井然有序。

2. 施工现场材料控制

在工程项目进度控制中，对于施工项目需要使用相关配件、材料等等都应该提前做好相应的准备。同时，对于采购的材料，应该进行实验，保证其质量后才能够投放使用。根据工程进度的计划，承包的单位应该要提前制订好相关的物资采购计划。签订施工材料合

同时，除了要对于材料的质量提出相关的要求之外，还应该明确供货的时间以及地点，避免发生工期受到耽误。在签订材料供应合同之前，要对于相关的厂家进行充分的了解，避免上当受骗的情况发生。同时，作为建设单位应该要保证有足够的资金，这样才能够保证材料供应不会断缺。

3. 施工现场机械设备控制

在工程项目的施工之中，机械设备占据着非常重要的位置，其对于整个施工的进度也有着非常重要的影响。在施工现场的机械设备中，塔吊对于工程进度的影响最大。基于此，作为工程项目进度控制管理人员应该对于塔吊安装后的质量等进行严格的审查，同时还应该保证所有投入使用中的机械设备都要有相关的安检证明。同时，还应该严格排查无证操作人员，避免在施工职工出现不规范的行为。除此之外，各系统的交叉施工，以及接线的进度也会影响到设备安装这一环节的进度。所以，作为工程项目进度控制管理人员要保证现场的施工材料及设备到货的及时性，从而保证工程进度正常进行。

第四节　工程项目成本控制

在建筑市场竞争日益加剧的情况下，低价中标使许多施工企业的利润空间越来越低。成本作为项目的中心，是企业效益的源头，施工企业要想生存并求得发展，就要加强项目的成本控制，实现项目利润最大化。有效的成本控制应该是贯穿于投标，施工准备，施工过程，施工后期四个阶段。

一、投标阶段的成本控制

合理的高价中标能从根本上减轻成本控制的压力，为项目的盈利打下良好的基础。用合适的投标报价技巧，在投标过程中尤为关键。如不平衡报价法，作为投标报价技巧中的一种，可以达到开源节流的目的。根据招标人提供的信息和投标书中的施工组织设计，对现期开工的项目采取高报价，后期发生的项目采取低报价。因为资金具有时间价值，特别是近几年，物价波动大，利用前期的高报价工程款，储备后期工程资源，以降低项目成本，加快资金回收，减小风险。要充分预测工程量可能变化的项目，对可能增加工程量的项目单价报高，对可能减少工程量的项目单价报低。

在投标报价上，很难全盘考虑诸多动态因素，但是只凭经验降低报价，就有可能造成项目中标没开工就已经无盈利，甚至亏损的现象。因此，加强投标阶段的成本控制，认真、仔细、全面、客观地分析招标文件，合理地运用投标技巧，为后期项目的成本控制创造有利的条件。

二、施工准备阶段的成本控制

1. 分解预算成本

项目中标后,应由经营部门牵头进行成本分解,以审定的施工图预算为依据,确定预算成本。预算成本是对施工图预算所列造价,按照成本核算内容,对直接成本,其他直接成本,间接成本进行分析归类,为以后成本控制和绩效考评提供依据。

2. 确定目标成本

以标书为依据,确定目标成本。根据设计图纸和有关技术资料,对项目的特点和实施方法等进行认真的研究分析,制定出合理的目标成本。目标成本并不是越低越好,实现质量目标和安全目标所要的成本支出有一个最低额度,目标成本只能是在一定额度的区间进行。因此,一定要通过科学的预测,确定项目目标成本,杜绝各种粗放型的管理模式。

三、施工过程中的成本控制

1. 强化施工任务单

在施工过程中,施工任务单是根据项目进度计划制定的分时、分段施工任务,严格执行施工任务单是保障项目工期的首要条件,保证工期是实现目标成本的有效途径之一。因此,在保障工期的前提下,尽量降低成本,在项目目标成本控制下尽量加快施工进度。

2. 重视施工资源与成本的关系

根据工程需要选择合适的机械设备,合理安排施工机械的调遣,提高设备的利用率,减少机械使用费。

在材料的采购和管理上,重点把住材料的采购价格关,采购人员要对建材市场进行充分的调研,进行比质比价,确定各种材料的购进价格。对大宗材料,要邀请资信较好的材料供应商进行公开招标,根据各家的报价、质量、服务等情况择优选定供应商,并签订供货合同。对零星材料,采购人员要经常查阅当地物价部门发布的物价信息,避免造成照单收货,照价付款的现象发生。严格材料进场验收和限额领料制度,杜绝浪费,控制项目直接成本的增加。

3. 施工方案的经济性分析

施工方案是成本控制的重要环节,工期的长短,工程质量的好坏,施工工艺的适应性等都与成本有极大的关系。必须利用价值工程的原理,根据价值工程的实施步骤对新方案进行评价,积极采用经济合理的技术措施。

4. 工程质量的控制

长期以来,我国施工企业未能充分认识质量和成本之间的辩证统一关系,习惯于强调工程质量，而对工程成本关心不够，造成工程质量虽然有了较大提高，但增加了提高工程质量所付出的质量成本，使经济效益不理想，企业资本积累不足；项目经理部却存在片面追求经济效益，而忽视质量，虽然就单项工程而言，利润指数可能很高，但是因质量上不去，可能会增加因未达到质量标准而付出的额外质量成本，既增加了成本支出，又对企业信誉造成很坏的不良影响。

5. 项目分包商的控制

项目部对分包商的成本控制可以从以下几方面进行：一是工程量和劳动定额的控制，在工程变更时，一定要强调事先的技术签证，严格控制合同金额的增长；二是估价工程的控制，可以采取领导、技术人员和生产骨干"三结合"讨论确定估计用工的方法，按定额用工的一定比例（5%~10%）由分包商包干；三是坚持奖罚分明的原则，按照合同规定的标准，认真考核，有奖有罚。

6. 做好月进度成本分析

在项目施工过程中，要做好月度成本原始资料的收集和整理，正确计算月度成本，分析月度预算成本和实际成本的差异，对于盈亏比例异常的分项进行重点分析，并查明原因，尽快加以纠正。

7. 加强合同管理

经常检查经济合同的履约情况，对合同外项目要及时做好签证和索赔工作，争取在下月工程进度款中给予支付，避免造成成本资金的紧压，给目标成本带来风险，做到成本与进度同步追踪。

四、施工后期的成本控制

施工后期由于工程量的减少，人员的调整会造成施工人员的心理浮动，形成散漫的工作态度，对成本控制难免有所放松。因此，越是到工程后期越要加强管理制度，调整人员的心态，预防造成收尾工作拖拉，使施工阶段取得的经济效益逐步流失。

五、成本考核

由于工程项目千变万化，很少雷同。因此成本分析应以分部分项目工程为分析的基本单位，对于工程项目影响成本的可变程度，做出影响程度大小的分析。这样，在工程项目未开始时，可以根据现场调查的情况确定影响因素的种类与程度。在此基础上，分析历史数据找出其成本的变动程度，可以比较准确地估计出工程成本，不但使成本计划编制有了很好的依据，对于工程招投标工作也提供了准确的基础数据。

在工程施工中，项目管理人员还要按月或按进度进行工程成本分析，便于及时发现和纠正偏差。

在工程项目成本分析时，项目管理人员首先在确定劳务费基础上，与实际中发生的奖励与惩罚费用相结合，再与计划人工费用相比较，把人工费按分部分项工程划分后进行对比，从而确定了人工费对比分析差异。在材料使用中主要考察周转材料和主要材料的费用，分析费用变动的原因，从而对项目管理工作做出分析与评价。

成本分析的另一个重点是对采用新工艺先进施工方法的评价，通过成本分析，对项目管理人员计算出降低的成本，并通过这一手段找出可以持续操作的固定流程，将新工艺优化后固定为生产工艺流程，在优化新工艺成本后，找出稳定的工艺成本耗费，以充实基础资料。

第五节 工程项目质量控制

一、工程项目质量控制的基本概念

1. 工程项目质量控制的定义

工程项目质量控制的定义为达到工程的预期质量标准需求，所采取的作业技术和活动。工程项目质量要者按要表现为工程合同，设计文件，基数规范规定的质量标准。因此，工程项目质量控制就是为了保证达到工程合同规定的质量标准而采取的一系列措施，手段和方法。

2. 工程项目质量的特点

工程项目质量的特点：影响因素多、质量波动大、质量变异大、质量隐蔽性、终极局限大。工程项目建成后，不能像某些工业产品那样拆卸或解体来检查内在的质量，所以工程项目建成综合验收后，很难发现工程内在的，隐蔽的质量缺陷。

二、对影响工程质量因素的控制

1. 工程行为人的控制

工程行为人是直接参与工程建设的决策者，组织者，指挥者和操作者。工程行为人，作为控制的对象，是避免产生失误，作为控制的动力，是充分调动工程行为人的主观能动性，发挥工程行为人的积极性的重要作用。为了避免工程行为人的失误，增强工程行为人的责任感和质量观念，达到以工作质量保证工序质量的目的，除了要加强职业道德培训，专业知识培训，健全岗位培训制度，改善其工作条件外，还需要根据工程项目自身的特点，从工程质量出发，建立公平合理的激励制度来进行工程行为人的控制，以确保工程质量。

2. 施工材料的质量控制

施工材料是工程施工的物质条件，没有施工材料就无法施工。材料质量是工程质量的基础，材料质量不符合要求，工程质量也就不能符合标准。因此，加强材料的质量控制，是提高工程质量的重要保证，是创造正常施工条件，实现质量控制的重要保证。

3. 施工方法的质量控制

施工方法正确与否，是直接影响工程项目质量控制目标能否实现的关键之一。由于施工方法考虑不周而影响质量，所以在制定与审核施工方案时，必须结合工程实际，从技术，组织，管理，工艺，操作，经济等方面进行全面分析，综合考虑，使施工方法具有可行性。施工方法是实现工程建设的重要手段，无论方法的制定，工艺的设计，施工组织设计的编排，施工工作的开展和施工操作方法等，都必须以确保质量为目的，严加控制。

4. 施工机械设备选用的质量控制

施工机械设备是实现施工机械化的重要物质基础，是现代化工程建设中必不可少的设施，对工程项目的施工进度和质量均有直接的影响。因此，在对工程项目进行质量控制时，工程行为人必须综合考虑施工现场条件，建筑结构型式样，机械设备性能，施工工艺和方法，施工组织与管理，建筑技术经济等各种施工机械设备选用方案的制定和评审。使之合理装备，配套使用，有机联系。只用充分发挥施工机械设备选用的质量控制方法，才能保证工程质量和综合经济效益。

5. 施工环境因素的质量控制

影响工程项目质量的环境因素有很多：有工程技术环境，如工程地质，水文，气象等；工程管理环境，如质量保证体系，质量管理制度等；劳动环境，如劳动组合，劳动工具，工作环境等。施工环境对工程质量的影响，具有复杂多变的特点，往往前一项工序就是后一项工序的环境，前一分项，分部工程也就是后一分项，分部工程的环境。因此，要根据工程本身的特点和所处的环境，对影响质量的施工环境因素进行综合评估，采取切实有效的措施进行质量控制。

三、工程项目质量控制存在的问题

1. 工程项目管理的法规和配套政策需要完善

现行法律规范只是对勘察、设计、施工、监理、招标代理等有具体法律规定，而对工程项目管理和工程总承包，还没有相应的规定。另外，在工程项目管理的招投标、合同文件、收费标准等方面的政策也需要逐步完善。

2. 质量控制社会认可度低，市场推广不广泛

目前大多数外资项目业主认同工程项目管理方式，但是一些政府投资或国有投资为主的项目业主还没有充分认识到工程项目管理在工程建设中所发挥的积极作用和显著效益。

少数业主认为实施工程项目管理后，自己的权力受到了削弱，不愿意采用工程项目管理服务方式。

3. 企业结构管理体系还不适应工程管理要求

我国大多数开展工程项目管理的企业还没有建立与工程项目管理相对应的组织机构和工程项目管理体系，在服务功能、组织机构等方面不能满足工程项目管理的要求，工程项目管理的组织结构及岗位职责、程序文件、作业指导文件和工作手册等方面都不够健全，工程项目管理方法和手段比较落后，管理水平较低，工程项目管理效率不高、成效不显著，还不能满足工程项目管理规范化、科学化、标准化的运作要求。

四、解决工程管理存在问题的措施

1. 进行工程质量的最优策划

参加工程建设的施工单位普遍是独立经营，自负盈亏的私人企业，这些企业在项目建设过程中，会千方百计地使用各种手段来节约投资，降低成本，追求本企业的最大效益。然而，提高工程质量有时候会增加建设成本，造成成本与质量之间的矛盾对立。因此，工程质量必须按照工程使用功能的要求进行设计，它要经过与工期，费用优化后确定，要符合工程的整体效益目标，如果一味追求高质量而忽视其他两个目标，最终会损害工程的整体效益。所以，工程质量控制中要在满足建设项目功能，工期和成本前提下，尽可能地追求高效益，即策划最优工程质量。

2. 确定质量控制程序和权利

质量控制程序和权利由合同条件，规范和项目管理规范规定，通常要在合同中有明确的质量控制权利和责任的划分，确定主要控制过程，工程的检查验收规定，在规范中包含分项的质量检查标准过程，要求，时间和方法。对每一项检查要明确检查内容，检查方法，检查地点，检查人员及检查制度。要实行有效的质量控制，必须与如其他工程款支付，合同处罚等控制手段结合起来。要明确项目经理的责任，对出现质量问题的项目进行处罚；对高质量的工程项目要有奖励措施。

3. 依照合同内容进行质量控制

一些企业在实施质量控制时要求异常严格，甚至出现了超出其管理范畴合同之外的问题，而导致赔偿问题发生。一方面，要利用合同对质量实施有效的控制，同时，也要在合同范围内进行质量管理。这就要求在签订合同时，要注意对质量控制相关条款的体现，如在合同中应该规范施工单位的质量责任，划分界限，赋予项目管理者以绝对的质量检查权；合同中对质量要求的说明文件应表述正确，详细，清晰；对可能损害工程质量的多层次的分包或将工程肢解后再分配的行为要严格控制。

4. 质量控制要充分考虑其外部影响

质量控制是一项综合性的管理工作，并非独立操作的。除了考虑企业内部的环境外，还应该考虑其外部环境。主要要评估上游企业和社会质量环境的影响。质量控制工作，通常是由建设单位委托的监理公司来实施。监理公司在实际质量控制中，绝大多数要依附于其上游企业——建设单位的意愿工作，往往不能坚持其质量第一的立场，致使其监督管理出的项目不符合质量要求。另外，质量控制还受到社会质量大环境的影响，国家或地区对质量管理的重视程度都会影响实施质量控制管理者的行为。因此，为其上游企业，国家和地区都要给建设项目的质量管理者提供一个科学，严谨的质量控制环境。

5. 质量控制要按种类进行合理分配

质量控制对于项目管理来说比成本控制要重要，因为质量管理需要投入大量的人力，而投入额度是非常难以计算的。对于一些项目中的特殊部分，如主体承重部分，超平地面，有防火要求的特殊通道等，则应有细致严密的质量控制计划。这种不同种类的项目，不同项目部位实施，不同程度的质量控制，可以保证质量控制发生的总成本不变的情况下，资金合理分配并有效利用，很好地解决了质量控制费用与成本限额之间的矛盾关系。

综上所述，建设工程质量控制与进度控制，成本控制并称为工程项目管理的"三大控制"，在项目管理中占有非常重要的地位。工程项目质量控制工作实施的好坏，直接关系到建设工程的优劣，建筑供应链相关企业的发展，国家和人民生命财产的安危。在质量控制的实际工作中，相关工程管理者要真正认识到质量控制的重要地位，科学，规范，合理的实施质量控制，确保建设工程项目质量，使建设项目真正具有适用性，科学性，安全性和环境适应性。

第六节 工程项目安全控制

一、建设工程项目安全管理的特点

1. 工程项目安全管理是一次性安全管理

因为建设工程的设计和施工都具有单一性，因此其与其他产业如制造业的重复生产有着本质的区别，建设项目的一次性特征，对项目生产的知识和经验的累积都有着较高的要求，而且本次安全管理的知识和经验，无法或者说很难再应用到其他工程项目的安全管理中。

2. 施工现场具有不确定性

建设项目施工过程往往是高空露天作业，很容易受到自然条件的影响，而且在工程项目中的生产地点也带有一定的随意性，工程项目需要不断地变换场地，具有较大的流动性，而且生产周期很长，影响作业质量的可变性因素较多，现场施工安全管理工作难度较大。

3. 资金投入金额较大

建设项目往往都是以大量的资金投入作为基本前提，比如三峡工程，仅一天的工程投资就达到了3223万元，巨大的资本投入使得项目安全管理受到多方面条件的制约，一方面是对施工资源具有较大的约束，另一方面对社会经济的影响也较大。同时也受到社会政治的影响。

二、建设工程项目安全管理的措施

1. 建筑工程项目勘察设计阶段安全管理措施

在建筑工程项目勘察设计阶段，建设单位务必要以书面形式与具备相应资质的勘察设计单位所提供施工现场及毗邻区域水、电、气、热、邮电通讯等。地下管线及地质资料等相关事项签订合同，这样起到在建设工程项目过程中的制约作用。具体要求勘察设计单位在建设工程项目进度中应当提供建筑工程全面、准确的地质测量和水文资料，并按照建筑安全标准进行设计，以保证建筑结构的安全和作业人员的安全。

2. 建筑工程项目准备阶段安全管理措施

建筑工程项目单位在编制招标文件时，由具有一定资历理论基础和丰富工程项目经验的专业建设工程安全工程师和技术人员同共参与，其中在承揽项目的技术和安全要求上具体载明；在建设工程项目施工过程中的相关作业环境和建设工程项目相关安全措施，所需费用以专项费用来计提，不要列入建设工程项竞价来算；建设工程项目招标规范中，承包单位建设全程安全业绩要纳入评标标准；由相关建设工程项目安全专家来参与安全方面的评标工作。制定合理工期，建设单位要与具备相应资质等级的施工单位监督单位签定合同。建设单位在申请施工许可证之前，应当向当地建筑工程安全监督机构提交工地安全方案，其中包括建设单位与施工单位各自的安全责任、该项目的安全风险评估报告、安全生产保证体系及安全生产专项施工措施。建筑工程项目单位在备一切相关建设工程项目材料中，不得购买或者强行要求建设施工单位购买、提供、使用不符合安全卫生标准的建筑材料、防护用品及机械设备；不得为施工单位指定上述产品的生产厂、供应商、生产经营单位为建筑工程提供的安全防护用品、零配件、建筑材料等应当符合安全卫生标准和噪声控制标准，并按照生产和安装标准对其产品配齐有效的保险、限位等安全设施和装置，同时提供检测合格证明及下列资料：产品的生产许可证；产品的有关技术标准、规范；产品的有关图纸及技术资料；产品的技术性能、安全防护装置的说明。在建设工程项目施工中要加大力度抓好材料管理。这项工作对建设工程项目的性能，保质，安全上起重要作用。要做到把材料全方位、全过程的安全检测、评测、验收管理。在建设工程项目的现场勘察、设计到竣工验收等一系列安全工作上有意识科学地进行策划、组织、指挥协调、监督控制和改进来发展安全管理工作。公司和项目部组织施工技术人员编制施工安全方案。审批后的施工安全方案即是作为建设工程全程项目安全施工的依据。施工安全单位，由材料部门根据项目部编制方案产品来采购和领用，如施工过程中发现超出安全的用料，材料管理人员必须立即查核，必须保证建设工程项目安全用料方案标准来对材料使用，强化材料安全的严格性。公司材料采购实施招投标，建设工程项目的施工材料由公司安编制审核通过的方案清单来对材料采购，来例于安全范围的其他材料由项目部自行采购，采购时采用"安全评测，总量订货，分批采购"出现安全和积压、浪费，材料的采购量和单价要有专门机构监控。项目部应使用委托书约定所委托的采购材料的质量、价格、服务、验收办法、交货时间，保证工程的进度而出现安全问题。

3. 建筑工程项目实施阶段安全管理措施

建筑工程项目监理单位要将建筑工程施工方案的安全审查相关内容纳入建设工程项目监理范围，具体要做到建设工程项目实施安全、质量、工期和投资四项同步控制。建设工程项目单位不得要求施工单位违反建筑工程安全生产法律、法规和强制性标准进行施工。建筑工程项目施工单位应当建立以本单位安全生产第一责任人为核心的分级负责的安全生产责任制，设立安全生产管理部门，配备与工程规模相适应的安全工程师，并向工程项目派驻项目安全工程师。项目安全工程师负责有关安全生产保证体系有效运行和实现安全管理目标的人员、物资、经费等资源计划，对项目安全生产保证体系实施过程进行监督、检查，组织参与安全技术交底和安全防护设施验收，纠正和制止违章指挥、违章作业，验证预防措施和应急预案。建设工程项目施工单位应当接受建筑工程安全监督机构的监督管理，分阶段向当地建筑工程安全监督机构申请安全审核。建设工程项目施工单位应当针对下列工程编制专项安全施工方案：土方开挖工程；模板工程；起重吊装工程；脚手架工程；施工临时用电工程；垂直运输机械安装拆卸工程；拆除、爆破工程；其他危险性较大的工程。同时，进入施工现场的垂直运输和吊装、提升机械设备应当经检测机构检测合格后方可投入使用。建设工程项目施工单位应当根据不同施工阶段和周围环境及天气条件的变化，采取相应的安全防护措施。建设工程项目施工单位的项目经理、安全管理人员应当经过上级安全培训、考核合格后，持证上岗。

4. 建筑工程项目竣工验收阶段安全管理措施

在建筑工程项目施工完成之后，施工单位需要对工程质量进行检测，同时对相关资料进行收集和整理，对项目竣工阶段的各项指标进行安全评价，同时向安全监督机构提交《单位工程竣工施工安全管理资料》，只有提供完备的项目竣工安全管理的相关资料，才能够对施工现场安全管理工作的成效给予客观的评价，施工企业提供的安全管理相关的资料，也是评价建设工程施工过程中是否实现了全过程的安全管理的一个重要依据，同时也是工程监督机构对工程项目成果进行评价和考察的一个参考依据。同时应当注意的是，提交的安全管理资料应当确保其正确性和客观性，该资料的完善程度和准确程度，直接体现了建设工程项目施工和管理的相关工作是否有效的执行，这其中应当包括：台账、报表、原始记录等，并按有关规定去建立、收集和整理，确定种类、格式；确定安全部门或相关人员，收集、整理包括分包单位在内的各类安全管理资料，进行标识、编目和立卷，并装订成册；安全记录的贮存和保管，要有专人负责，贮存的环境应利于保存和检索。

第七节 工程项目合同控制

在建设工程中贯彻法治理念，实施"合同之治，契约之理"，是世界贸易组织平台上适应市场经济体制条件的唯一选择。通俗地讲，工程合同管理就是在贯穿于工程项目整个生命周期，体现建设者与承建者共同意思的表达，也是对双方工程项目开展共同的一种约束文件，而对于它的管理就可以理解为工程合同管理。

一、合同管理的基本原则

1. 合同管理要基于法律法规，唯有此，合同才能切实保障建设者的根本利益，促进项目的稳健开展。

从现阶段来看，与工程合同相关的法律法规有两大类，一类是民事商事法律，如物权法、合同法；一类是经济法，如招投标法、建筑法等。作为合同管理人员，应该能足够清楚以上法律的相关条文，并能较为熟练地应用，以此来保证合同条款的合法性、合理性，最终保障合同的有效性。国家法律赋予建设者种种权力和利益，是要让建设者根据合法的合同条款进行维权，若条款因为违背法律而没有效力，那相应的权利也就无从保障。

2. 合同的管理应当与工程项目的实际情况相匹配，一个项目的出发点、落脚点主要体现于项目的质量、进度、成本三要素上面，要使之在平稳、可控的条件下顺利完成项目竣工并投入使用才是根本目的。

对于合同管理应该根据工程的实际情况制定相应的科学解决方案，编制出可操作的合同条款，同时，也要重视质量、进度、成本三大目标，应是包括合同管理工作在内的所有工程管理工作的纲领，可以说，任何项目在签订合同时都应该体现和贯彻上述目标，也只有如此，合同管理才会在工程项目管理中发挥出较大的推进作用。

3. 合同管理不能是被动管理，管理者应该具有前瞻性，要能做到提前防范纠纷、索赔风险的发生。

预防是进行风险控制的有效方法之一，建设者和承建者都应当综合考虑各种合同管理过程中的风险因子，并尽可能互相协调，制定出双方都能认可的风险控制方案，同时，也应当确保合同条款的明确、具体，避免歧义和含糊。

任何合同条款都包含了合同主体之间利益的相互制约和相互促进，工程项目的各类合同中，建设者与其他工程参建方的利益不会是完全的对抗关系，也不可能是完全的一致关系，他们之间的利益通过各个合同条款表现出相互制约和相互促进的特点。建设者在进行合同管理时应把握自己的合法利益与非法利益的界限，把握保护自身利益的恰当限度。

二、目前工程合同管理中的一些不足

1. 在一些小微型企业中，有些急功近利的企业主过分关注企业利润的获取，而没有建设高可靠度的合同管理制度，只是简单地签订项目合同，这往往导致不明确的合同条款的出现，成为建设者与承建者矛盾的导火索。

2. 合同签订双方法律意识淡薄。针对第一点，第二点是关于建设者与承建者双方的思想意识薄弱。在纷繁复杂的经济社会，不仅仅是建设者急功近利，承建者也存在这种现象——急于获取工程，不进行周全规划，与建设者匆匆签订完合同后迅速开工。这种现象并不少见，由合同双方"未尽事宜"引发的纠纷也不在少数。这种草率的行为，到头来，受损失的极有可能是合同双方。

3. 缺少后续监督。合同签订不是一项一次性工作，它的生命周期应当贯穿于整个项目，只要项目没结束，合同管理就应该持续进行。但有些项目中，建设者简单地将签订好的合同归档存放，承建者也只是简单地进行设计图纸化地施工，双方都有可能忽略合同中的相关细节。这体现的就是缺少合同管理的监督，有些企业因此出现越权行事、合同恶意篡改、财务漏洞等情况。

4. 缺少专业人才。其实这一点是由合同管理意识淡薄所引发的次生性问题，正是因为管理者缺乏这方面的意识，所以在配备合同管理人员时可能是很随意的，如其他部门人员兼任、应付检查时临时任命等，这种操作只会使合同管理流于形式。

三、合同管理中需要着重注意的细节

1. 合同双方的纳税资格。签订合同时要考虑服务提供方是一般纳税人还是小规模纳税人，提供的结算票据是增值税专用发票还是普通发票，增值税率是多少，能否抵扣，再分析、评定报价的合理性，从而有利于节约成本、降低税负，达到合理控税，降本增效的目的。

2. 合同签订前期审查对方的履约能力。说白了就是审查对方的信誉，在签订合同初期，这项工作可以说是必备的，不进行相应的市场调查，很难了解对方的实际履约能力。尤其是在当今社会，眼花缭乱的企业名称，极有可能遇到的是信誉能力低下的企业，贸然签订合同，会使自己处于极大的风险当中。所以，对方的营业执照、法人代表证明、授权委托权限、企业年检证明等材料的审查是必不可少的。

3. 严格审查各项合同条款。这就要求我们必须摒弃急功近利的思想，踏踏实实地对合同内容进行仔细审查，遇到不明白的甚至还要像法律顾问进行请教。比如合同双方的权利与义务划分、交货地点、交货方式、交货时间、费用结算方式等，都需要一一明确，不能模棱两可。

4. 避免签订无效合同。如因欺诈、胁迫而签订的合同，损害国家、公众利益的合同等；

注意合同的规范与完整，要尽可能以书面形式签订合同，虽然法律上允许口头形式的合同，但为避免日后麻烦，还是建议白纸黑字签订纸质合同；重视仲裁条款，在合同中尽量注明合同双方一致认可的仲裁机构，以便日后发生争议时，可以向双方认可的仲裁机构申请仲裁。

四、如何进行高效的合同管理

1. 建立标准化合同模板。标准合同模板的建立，一方面是针对那些经常使用且变化不大的合同类型可以建立一个合同模板批量用之，从而减少起草合同时浪费是时间和精力，另一方面可以为合同管理提供便利。但要注意的是，不同项目可能会产生差异较大的合同条款，这当中所涉及的合同格式或许会有细微差异，所以在签订合同时可以以模板作为基础，但不能完全照搬，以免出现不符合要求的合同内容。同时，对合同的审查也是重要的一环，建立标准化合同模板不代表简单代入就是完成合同的签订，它不是一劳永逸的，在签订合同后，还是需要对合同中的各项条款进行仔细确认。

2. 将合同进行分类。一个企业的正常运营不可能只有一种合同类型，如除了买卖合同，还存在维修合同、租赁合同、运输合同等，因为将每类合同按照一定的标准进行分类管理，会提高查找合同的效率，也更容易进行对比从而不断改进合同文本和合同管理。有些大型企业所经营的范围可能比较广，不仅仅是针对某单一领域，所以讲合同进行分类就显得很有必要了，合同管理人员要分门别类地对不同类型合同进行归类，这样做最直接的好处就是在进行项目合同查找时能较为轻易地调阅出相关文件，提高工作效率。

3. 设立专门的合同管理部门。企业在生产过程中其资料是越来越多的，如果只是靠临时人员进行管理势必会出现重要文件丢失、损坏的情况，所以，对于项目合同这种重要文档，要设立专门管理机构，不仅对纸质版本进行分类存放，还应进行复印件扫描，存为电子文档，进行长久保留。与此同时，专业管理人员也应当具备专业管理素养，有条件的企业应当招聘招投标专业人员，发挥他们的专业技能，更好地从事工程合同管理工作。

4. 进行硬件投资。建立一个合同管理室，将每年的合同按照不同的类型编号后装订成册管理，并派有专门负责人员管理合同，如果其他人需要合同原件，应登记后交给办理人员，并确保办理人员及时归还合同原件。重要文件的管理不能成为纸上谈兵，在将合同调出管理室时要及时做好时间、授权人、归还时间、调阅用途、是否缺损等方面的记录。

结　语

　　科技的不断进步创新，我国的铁路事业取得了举世瞩目的飞跃式的发展。我国的铁路事业正面临着巨大的挑战。为了增强在交通运输业的竞争能力，火车为了满足乘客以及货物运输的需要已经对火车进行了数次较大范围的提速，这也意味着我国铁路事业取得了巨大的发展。然而在铁路工程的建设过程中，我们要切实对其工程中路基施工的工作做好做到位，严把质量关，对其进行严格的技术指导，只有这样才能保证整个铁路系统的施工质量，才能保证铁路系统的安全运行。

　　同时在施工的过程中，对工程项目的管理也是非常重要的。工程项目管理在提高工程项目质量、保障工程施工安全和控制建筑项目施工成本等方面起着重要的作用。企业只有认识到工程管理中存在的问题，将工程管理贯穿于工程项目建设施工的整个过程，做好各项管理措施的贯彻落实，才能真正地提高工程管理质量，在确保企业经济效益的基础上，促进行业的稳定持续健康发展。